마인드 더 갭
제2성전기 유대 문헌으로 예수 이해하기

마인드 더 갭: 제2성전기 유대 문헌으로 예수 이해하기

지음   마티아스 헨제
옮김   신철호
교정   박이삭, 신철호

발행처   마온하우스
발행인   신철호
주소   경상북도 경주시 외동읍 산업로 1769
팩스   0303-3442-0710
이메일   flows1@hanmail.net

초판발행   2023. 9. 20.
ISBN 979-11-984550-0-0 (93230)

ⓒ 2017 by Fortress Press Publishing Company
Originally published in English as *Mind the Gap: How the Jewish Writings between the Old and New Testament Help Us Understand Jesus* by Fortress Press, PO Box 1209, Minneapolis,
All rights reserved.

This Korean translation edition ⓒ 2023 by Maon House Publisher, Gyeongju, Republic of Korea.
This Korean edition is published by arrangement of Fortress Press through rMaeng2, Seoul, Republic of Korea.

이 한국어판 저작권은 알맹2를 통하여 Fortress Press와 독점 계약한 마온하우스에 있습니다. 신 저작권법에 의하여 한국 내에서 보호받는 저작물이므로 그 어떤 형태로든 무단 전재와 무단 복제를 금합니다.

제2성전기 유대 문헌으로 예수 이해하기

마인드 더 갭
Mind the Gap

마티아스 헨제 지음
신철호 옮김

마은하우스

일러두기

1. 모든 성경 본문은 개역개정이다.
2. 이 책에 나오는 제2성전기 문헌의 본문은 모두 역자 사역이다.
3. 선지자와 예언자는 의미의 차이가 없으므로 번갈아가며 사용했다.
4. 진한 글씨체는 저자의 강조이다.
5. 영어로 된 단행본은 한글로 번역하지 않았고 한국어로 출판된 책은 역주로 소개했다.
6. 인명은 주로 표준국어대사전을 따랐으며 알렉산더와 같이 익숙해진 인명을 그대로 사용했다.

목 차

추천사 • 6
서문 • 16

1부

**간격을 염두에 두라!
구약과 신약 사이 읽기**

1. 구약성경은 언제 기록되었나? 간략한 연대기 • 32
2. 고대 유대교와 그 문헌들 • 49

2부

유대인 예수

3. 예수, 이스라엘의 메시아 • 72
4. 귀신과 더러운 영들의 세계 • 112
5. 예수는 모세의 율법을 폐지하였나? • 146
6. 죽은 자의 부활과 천사와 함께하는 삶 • 186
7. 에필로그 • 225

감사의 말 • 242
더 읽을 자료 • 244
용어집 • 250
저자 및 주제 색인 • 269
고대 이름 및 장소 색인 • 270
고대 문헌 색인 • 272

추천사 1

◆

이 책의 저자 마티아스 헨제 박사는 독일에서 신학 수업을 시작하여 가족과 함께 미국으로 건너와 성경과 고대 중동 연구로 관심사를 넓혔다. 그는 구약성경과 제2성전기 주전 515년 - 주후 70년 전문가로서 묵시 문학과 사해 사본에 해박하다. 이번에 신철호 목사님 덕분에 한글로 빛을 보게 된『마인드 더 갭 Mind the Gap: 제2성전기 유대 문헌으로 예수 이해하기』는 정경 연구를 위한 비정경 문헌의 적절한 활용에 관한 헨제 박사의 오랜 학술적 노고가 일반 독자들에게 평이한 용어로 소개된 첫 작품이다. 나는 십 칠년 전에 나의 박사 과정 지도 교수로서 그를 만났다. 칠년 동안 나는 언제나 그의 정연한 학문을 존경했고 그의 선량한 인품에 감사했다. 석사 과정을 힘겹게 마치고 서툴기가 그지없던 나의 글쓰기를 헨제 박사는 정말 부지런히 담금질해 주었다. 무릇 논술이란 시작부터 끝까지 한치의 단절 없이 흘러가야 하며, 조금이라도 확실하지 못하면 가차없이 잘라내라는 식이었다. 독자께서도 구약과 신약 사이의 간격에 존재하는 광범위한 문헌의 내용과 성격을 다루는 헨제 박사 특유의 그런 담백하고 민첩한 움직임을 느끼실 수 있을 것이다.

헨제 교수는 이 분야에 지대한 관심을 가졌다. 그는 나에게 구약학 수업보다는 초기 유대교나 신약학, 혹은 관련 문헌 수업을 수강하도록 이

끌었다. 학위 논문 주제를 다니엘서의 해석적 성경 사용으로 정하고, 이스라엘 텔-아비브 학파의 문학적 인유 연구를 방법론으로 삼을 수 있었던 것도 헨제 박사의 탁월한 식견과 이해로만 가능했다. 미국 성서 학회의 수많은 프로그램 중에서 위경 분과는 언제나 가장 넓은 장소에서 다양한 청중들의 열기를 뿜으며 열리기 마련인데, 그곳에서 벌어지는 논쟁적 토론들을 지켜보던 헨제 박사의 아쉬운 표정과 몸짓을 나는 지금도 생생히 기억한다. 그는 비정경 문헌의 용도와 가치를 결코 과장하지도 않았지만, 부당하게 폄하하는 것을 누구보다 더 크게 슬퍼했다. 그에게는 구약을 아는 데서 출발하여 신약으로 도착하는 것이 당연하고, 유대교와 기독교, 비정경과 정경은 각자가 실상 그대로 드러나는 데에 효과적이라면 얼마든지 함께 읽힐 수 있다. 그의 글에서는 모세와 예레미야처럼 에녹과 바룩이 등장하고, 가브리엘의 계시 비문처럼 새로 발견된 자료에도 가장 먼저 동료들을 모집하여 함께 연구한 결과를 내 놓는다.

본서에서 헨제 박사는 신약성경과 예수 그리스도를 배우는 데에 필요한 것들이 오직 제2성전기 유대교와 그 문헌 속에만 들어있는 사례들에 그의 연구 관심을 집중한다. 제1부에서 그는 바벨론 귀환자들이 성전을 다시 세운 때로부터 시작하여 로마가 그 성전을 파괴하고 그 이후 바르 코흐바의 반란이 제압되기까지의 기간을 네 시대로 나누고, 각 시대별 특징들과 대표적 문헌들을 개관한다. 더 흥미로운 제2부에서 헨제 박사는 예수 그리스도께서 유대 땅을 밟고 활동하시던 시기의 주요 특징들을 구신약을 잇는 다양한 문헌들에 기대어 네 가지 주제로 탐구한다. 당연한 말이겠지만, 이 복잡하고 어려운 분야의 모든 것을 헨제 박사가 일거에 해결해 주리라 기대할 수는 없을 것이다. 나 역시 본서와 그의 다른 저작들 속의 여러 주장과 판단에 이견을 갖고 있다. 다만, 상세하고 전문적인 영역으로 들어가 스스로 입장을 마련하기 전에 일반 독자들이 대강의 식견을 얻는 데에는 충분히 유익하리라 믿는다. 다시 한번 이 책의 번역과 출간에 힘써 주신 신철호 목사님의 노고에 감사드린다.

2023년 가을의 문턱에서

김대웅 (총신대학교 신학대학원 구약학 교수)

추천사 2

◆

예수님은 비록 누가복음 24장 엠마오 도상의 두 제자들에게 모세와 예언자들과 시편이 모두 자신을 가리키는 것이라고 주장하지만, 구약성경만으로 나사렛 예수의 하나님 나라 복음과 강력한 축사사역 그리고 천지개벽적 새로운 세계를 가져오는 종말과 부활에 관한 복음을 충분히 이해할 수 없다. 특히 공관복음서 내내 예수님과 대립각을 세우는 바리새인들의 신학과 전통 장로의 유전은 구약성경 어디에서도 발견되지 않는다. 따라서 복음서의 나사렛 예수를 더 온전히 이해하고 공감하려면 그가 살던 1세기 유대인들의 삶, 문화, 종교와 신념체계에 대한 선이해가 필수적이다. 마티아스 헨제는 바로 이런 선이해를 제공하는 간략하지만 매우 유익한 책을 출간했다. 이 책은 나사렛 예수의 하나님 나라 복음, 사도들의 땅끝 파송 복음 그리고 사도 바울과 이방인들 사이에 뿌리 내리는 초기 기독교를 이해하는 데 결정적으로 유익한 책이다. 저자는 구약과 신약 사이에는 400년간의 간격이 있다는 사실을 바탕으로, 그 틈새 시기에 생성된 문서들인 외경 the Apocrypha, 위경 Pseudepigrapha 그리고 사해문서 the Dead Sea Scrolls 등을 광범위하게 참조하여 나사렛 예수의 세계를 재구성해 보려고 분투한다. 특히 저자는 사해 문서가 나사렛 예수와 그의 하나님 나라 복음 메시지를 이해하는 데 유익한 틀을 제공한다는 점을 강조한다. 메시야 대망 사상, 천사들, 귀신들, 율법 준수의 의미 그리고 죽은 자의 부활 등에 대한 예수와 신약의 메시지들은 이 신구약 중간 시기의 간격을 의식하고 그것을 복원하려는 학문적 노력에 의해 더욱 온전히 파악될 수 있다. 이 책의 또 다른 의의는 유대교와 기독교 사이에 신앙적, 신학적 대화를 가능케 하는 길을 제시하는 데 있다. 향후 기독교 신학의 과제는 유대교와의 이 대화를 얼마나 창조적으로 전개하는 가는가에 달려 있다고 할 정도로 유대교와 유대교 문헌의 중요성은 아무리 강조해도 지나침이 없다.

김회권 (숭실대학교 기독교학과 교수)

추천사 3

◆

신약성경의 저자들과 일차 독자들은 역사의 진공 상태에 살지 않았다. 이들은 제2성전기 문화—문헌, 개념, 사조, 시대를 형성했던 문화—에 심겨졌고, 그 문화에 뿌리를 내렸으며, 그 문화 속에서 열매를 맺었다. 마치 물과 물고기가 불가분의 관계인 것처럼, 마치 새와 창공이 불가분의 관계인 것처럼, 제2성전기 문화와 신약성경의 저자들/독자들도 때려야 뗄 수 없는 관계였다. 이러한 사실은 신약성경을 통해서도 확인된다.

예컨대 베드로후서 2장에는 하나님께서 범죄한 천사들을 심판 날까지 타르타루스에 던지셨다는 내용이 나온다4절. 유다서에도 천사들을 영원한 사슬로 매어 어둠 속에 가두시는 내용6절, 천사장 미가엘이 모세의 시체를 놓고 마귀와 다투는 내용이 나온다9절. 어디 이 뿐인가? 공관복음에는 사람을 괴롭히는 "더러운 영들"이 갑자기 등장하고, 계시록에는 무저갱에 갇혀 있던 악령들이 느닷없이 출몰한다. 우리가 알다시피 이러한 내용들은 구약성경에 나오지 않는다. 그렇다면 신약성경의 저자들은 이런 내용들을 어디에서 접했던 것일까? 바로 제2성전기 문헌이다. 이 문헌에 담겨진 내용들은 1세기의 유대인들과 기독교인들에게 널리 알려져 있던 배경 지식이었다. 따라서 성경의 저자들은 제2성전기 문헌에 등장하는 이야기들을 자유자재로 활용해 신약성경의 의미를 구성하는 요소로 사용했다.

이런 사실은 21세기의 현대인들에게 중요한 사실을 부각시킨다. 제2성전기에 대한 배경 지식이 없다면 신약성경의 의미를 온전히 이해하는 데 어려움이 따른다는 점이다. 안타깝게도 21세기의 현대 기독교인들에게 제2성전기에 대한 배경 지식은 매우 생경하다. 우리가 신약성경을 읽을 때 많은 의미의 공백들을 만나는 이유가 바로 여기에 있다. 우리와 1세기의 기독교인들 사이에는 문화 뿐만 아니라 정치, 경제, 가치관, 지역, 그리고 세계관의 차이로 인해 벌어진 커다란 간격이 있다. 이 간격은 단순히 성경의 텍스트를 분석함으로 메울 수 있는 거리가 아니다. 설상가상으로 하루가 멀다하고 변화되는 현대 문명은 1세기와 21세기의 간격을 끝없이 미분시킨다. 그래서 1세기 기독교인들에게는 상식처럼 쉬웠던 배경 지식들이 21세기의 현대인들에게는 노력하지 않으면 찾을 수 없는 연구의 대상이 된다.

이와 같은 이유로 요즘 학계에서는 제2성전기의 관점으로 신약성경을 조명하려는 시도가 매우 활발하게 진행되고 있다. 이는 너무 반가운 소식이 아닐 수 없다. 그러나 한국 교회는 아직 제2성전기 문화의 중요성에 대해 절감하지 못하는 것 같다. 더 솔직히 말하자면 교회는 제2성전기에 전혀 관심이 없거나 심지어 터부시 하는 경우도 있다. 이런 분위기가 생성된 이유가 무엇일까? 여러 가지 이유가 있겠지만 "구약과 신약이면 구원받기에 충분합니다"는 개념이 오용되고 있기 때문이다. 이 개념을 구원론적 관점으로 볼 때는 동의할 수 있다. 하지만 해석학적 관점으로 볼 때는 동의할 수 없다. 우리가 알다시피 구약과 신약은 하늘에서 뚝 떨어진 요술 문서가 아니다. 대신 하나님께서 저자들—역사의 진공 상태에 살지 않았던 저자들—을 통해 이들의 문체로 당신의 계시를 담은 책이다. 따라서 구약에는 고대 근동의 배경 지식들이 의미의 구성 요소로 들어가 있고, 신약성경에는 제2성전기의 배경 지식들이 의미의 구성 요소로 들어가 있다. 그러므로 신약의 경우 제2성전기의 배경 지식을 공부하는 일은 건전한 성경해석을 위한 "선택적 작업"이 아니라 "필수적 과업"이 된다.

이로 미뤄보아, 『마인드 더 갭』의 번역본이 한국어로 출판됐다는 사실은 매우 기쁜 일이 아닐 수 없다. 『마인드 더 갭』은 제2성전기 문헌에 담긴 방대한 내용들 중에서 예수님을 보다 깊이 이해할 수 있도록 돕는 주제들을 선별해 소개하는 입문서이다. 저자 마티아스 헨제 Matthias Henze 는 간결하고 명료한 필치로 복잡하고 어려운 제2성전기 내용들을 쉽게 풀어나간다. 그래서 제2성전기 문화에 대한 기초 지식이 없는 독자들도 그의 설명을 따라가다 보면 어느새 제2성전기의 문화를 호흡하고 있는 자신을 발견하게 된다. 비록 책에 각주가 없기 때문에 아쉬울 때도 종종 있지만 책의 후반부에 집중적으로 소개된 학술 서적들은 독자들을 제2성전기의 깊은 연구로 초대하기에 충분하다. 게다가 역자인 신철호 목사님의 탁월한 번역은 금상첨화이다. 독자들은 번역서를 통해 의미의 손실이나 이해의 장벽 없이 원서의 내용을 접할 수 있다. 그러므로 이 책은 한국 교회에 분명히 유의미한 공헌을 할 것이다. 이 책이 한국 교회로 하여금 제2성전기 문헌에 관심을 갖도록 하는 마중물 역할을 감당하기를 진심으로 바라며 여기에서 펜을 놓는다.

이상환 (미국 미드웨스턴 신학교 성경해석학 조교수)

추천사 4

◆

버나드 램Bernard Ramm은 『성경해석학』이라는 책에서 "올바른 성경 해석을 위해서는 성서 시대와 독자 시대 사이의 간격을 좁혀야 한다"고 말하며, 좁혀져야 하는 간격들로서 네 가지를 언급한다. 그것들은 언어, 역사, 문화, 지리 네 가지 영역이다. 이것은 성경의 내용을 바로 이해하기 위해서 반드시 메워져야 할 '공백'들이다. 『마인드 더 갭』"간격을 염두에 두라"은 이와 유사한 문제의식을 보여준다. 성경을 단순히 '구약과 신약'으로 이루어진 책이라고 이해하고, 구약에서 곧바로 신약으로 이어진다는 생각을 가지고 성경을 읽으면 쉽게 풀 수 없는 문제들을 많이 만나게 된다. 저자가 밝히듯이 회당, 랍비, 바리새인, 귀신과 같은 내용들은 구약성경에서 직접적으로 찾아볼 수 없는 것들이다. 이것들은 예수께서 사셨던 1세기 유대교의 배경을 이해할 때 비로소 풀릴 수 있는 문제들이다. 이 책은 구약과 신약 사이에 있는 '간격'을 인식하게 하며 그 '간격'에 대한 앎을 통해 올바른 예수 이해의 길을 찾을 수 있다는 사실을 일깨운다. 저자는 먼저 구약성경의 기록과정을 설명하고 신구약 중간기에 생성된 문헌들을 소개한다. 그런 다음 '유대인 예수'를 제대로 이해할 수 있게 하는 네 가지 핵심 주제를 다룬다. 신구약 중간기 문헌의 자료들을 통해 메시아사상, 귀신과 더러운 영들의 세계, 율법의 문제, 죽은 자의 부활과 천사와 함께 하는 삶에 관한 복음서의 기록을 이해하도록 이끈다. 여기에서 다루어지고 있는 주제들은 예수 당시의 사람들에게는 당연한 것들이어서 설명이 필요하지 않았던 것들이다. 하지만 이것들이 현대 독자들에게는 쉽게 채울 수 없는 커다란 '공백들'이다. 이러한 간격과 공백들이 좁혀지고 메워질 때 올바른 예수 이해의 길이 열린다. 한마디로 요약하면, 이 책은 올바른 예수 이해의 길로 인도하는 안내서이다. 이 책을 통해 들려지는 목소리가 독자들에게 "골짜기가 돋우어지며 산마다, 언덕마다 낮아지며 고르지 않은 곳이 평탄하게 되며 험한 곳이 평지가 되어" 주의 오실 길을 곧게 만드는 "광야의 외치는 자의 소리"가 되길 소망한다.[사 40:3-4; 막 1:2-3.]

하경택 (장로회신학대학교 구약학 교수)

서문

◆

이스라엘에서 온 방문자

독일 북부 하노버에서 성장했던 10대 시절, 나는 초기 기독교에 관해 관심을 가지게 되었고 성경을 읽기 시작했다. 어느 날 동네 서점을 둘러보다가 샬롬 벤-코린Schalom Ben-Chorin이 예수에 대한 대중 강연을 하기 위해 마을에 온다는 안내문을 보았다. 샬롬 벤-코린은 예루살렘에 살고 있는 유대인 저널리스트이자 학자로 강연과 강의를 하기 위해 그의 고향인 독일을 자주 방문했다. 수년 동안 벤-코린은 홀로코스트 이후 독일-유대인 간의 대화를 시작하는데 중요한 역할을 했다. 안내문에 따르면 그의 강연 제목은 '형제 예수: 유대인의 눈으로 본 나사렛 사람'이었다 몇 년 후에 그는 같은 제목으로 책을 출간하였다. 나는 예수에 관한 것은 고사하고 유대인 학자의 발표를 한 번도 들어본 적이 없었기 때문에 매우 기대가 되었고 이것은 내가 참석해야 하는 특별한 행사라고 생각했다.

그날 저녁 강당은 꽉 찼고 청중들은 그의 강연에 매료되었다. 나는 그의 강의의 자세한 부분들을 다 기억하지는 못하지만 그날 저녁 내가 그에게서 받은 인상은 지속되었다. 샬롬 벤-코린의 말은 부드러웠고 태도는 온화하였으며 학식은 깊었다. 불과 40년 전에 있었던 홀로코스트는 지금도 생생한 기억 속에 남아있으며 전쟁의 상흔은 어느 곳에나 있다. 놀랍게도 멀리 이스라엘에서부터 와서 화해의 표시로 손을 내민 유대인 학자가 있었는데 그가 벤-코린이며 그는 우리와 함께 공부하기 위해 이곳까지 왔다. 그의 강연에는 책망이나 비난의 흔적이 없었고, 함께 나아가고 공부하며 유대적 관점에서 신약을 읽고자 하는 열망만 가득했다. 나는 예전에 그가 했던 것과 같은 그러한 행동을 한 사람을 본 적이 없었으며 청중들의 반응으로 볼 때 그것은 나만의 생각이 아니었다.

그러나 나를 감동시킨 것은 단지 전후 독일에서 유대인 학자에게 배웠다라고 하는 특정한 상황만은 아니었다. 샬롬 벤-코린의 강연을 들으면서 내가 신약성경을 공부해 왔음에도 불구하고 예수의 세계에 대해서 거의 아는 것이 없다는 것을 깨닫게 되었다. 예수는 그의 시대의 유대 세계에 완전히 잠겨 있었지만 나는 그 세계의 많은 부분을 알거나 이해하지 못했다. 오히려 나에게는 낯설고 멀게 느껴졌다. 내가 알고 있는 것은 구약 밖에 없었기 때문에 나는 예수의 유대교를 알지 못했다. 그러나 구약의 종교는 예수의 유대교가 아니다. 신약에서 예수는 회당에서 공부하고 가르쳤지만 구약에는 회당이 없다. 신약에서 예수의 제자들은 그를 랍비라고 불렀지만 구약에는 랍비가 없다. 신약에서 예수는 종종 바리새인들과 대화에 참여하셨지만 구약에는 바리새인이 없다. 신약에서 예수는 귀신과 더러운 영들을 쫓아내셨지만 구약에는 귀신은 없다. 이러한 목록들은 계속 이어진다. 이것들은 예수의 생애에서 부수적인 문제가 아니었다. 이 모든 것들은 예수가 속해 있었던 유대 세계, 내가 신약에서 읽은 것 외에는 거의 알지 못했던 세계에서 유래된 것이다. 나는 내가 성경을 잘 이해할 수 있는 지식을 갖춘 준비된 독자는 아니라고 느꼈지만 샬롬 벤-코린에게는 이러한 것들에 대해 낯선 것이 전혀 없었다. 분명히 그는 회당이 무엇이고, 랍비는 무엇이며, 바리새인들은 누구인지 들을 필요가 없었다. 오히려 그는 자신의 '형제 예수'의 세계를 아주 잘 알고 있었다.

기독교 신앙의 중심 인물인 요셉과 마리아의 아들 나사렛 예수가 기독교인이 아니라 유대인이라는 사실을 깨닫게 되면 무엇인가 당혹스러움을 느끼게 된다. 내 경우에, 예수 자신의 종교적 배경에 대해 아는 것이 거의 없다는 사실을 깨닫는 것이 그다지 도움이 되지 않았다. 만약에 내가 고대 유대교를 잘 알지 못했다면 어떻게 예수를 이해할 수 있었을까? 예수를 정확히 오늘날 우리와 같은, 동일한 신학과 동일한 정치적 관점과 동일한 종교를 공유하는 누군가로 생각하는 것이 훨씬 편하다. 언젠가 들었던 것처럼, 하나님은 자신의 형상대로 인간을 창조하셨고 _{창 1:26-27에서 인간의 창조에 대한 암시} 우리는 신속히 그 은혜에 보답한다. 우리는 하나님과 예수님이 우리와 똑같은 것처럼 생각하기를 좋아한다. 그러나 그렇게 성경을 읽으면 성경에서 이상하거나 놀라운 것은 아무것도 발견하지 못한다. 왜냐하면 성경을 우리 자신밖에 볼 수 없는 거울로 바꾸어 놓았기 때문이다. 그러면 우리는 실제로 거기에 무엇이 있었는지—회당, 랍비, 안식일, 바리새인, 귀신, 부활, 즉 간단하게 말해서 예수의 세계—알 수 없다.

오랫동안 나는 이것이 기독교 성경이 구약과 신약, 두 부분으로 된 이유라는 인상을 받았고 단순히 구약은 기독교 성경의 유대인인 부분이고 신약성경은 기독교적인 부분이라고 생각했다. 또한 구약성경의 목적은 기독교인들에게 유대교를 설명하는 것이고 우리가 예수 시대의 유대적 배경에 있는 신약성경을 읽을 때마다 우리가 구약으로 돌아가서 거기 어

단가에서 예수의 유대적 세계에 대한 설명을 찾을 수 있을 것이라 생각했다. 그러나 구약 어디에서도 그에 대해 설명하는 적절한 부분을 찾을 수 없었다는 것이 유일한 문제였다. 내가 발견한 부분은 실제로는 내가 찾고 있었던 것에 대한 설명이 아니었다. 그리고 그 이유가 나의 성경 지식이 부족했기 때문이라고 확신했다. 나는 단지 잘못된 곳에서 찾고 있었을 뿐이었다. 나중에서야 그것이 내 실수가 아니였다는 것을 알게 되었다. 구약은 예수의 유대 세계에 대해 아무것도 설명할 수 없음에도 불구하고 나는 회당, 랍비, 바리새인에 대한 구절들을 그것들이 있지도 않은 구약에서 찾고 있었다.

예수의 유대 세계

예수는 그 시대의 유대 세계에 깊이 잠겨 있었다. 오늘날 신약을 읽는 대부분의 기독교 독자들은 그 세계를 이해할 수 없다. 왜냐하면 구약에 묘사되어 있는 것은 예수 시대의 유대교가 아니기 때문이다. 구약성경은 예수 시대의 유대교의 종교적 믿음과 관습들을 설명할 수 없는데 그것은 구약은 예수가 살던 시대보다 수백 년 전에 쓰여졌기 때문이다. 구약은 확실히 예수와 그의 추종자들에게 기본적인 신성한 문서로 남아 있었지만 그것은 다른 시대에 기록되었다. 예수 시대까지도 유대교는 여러 가지 중요한 방식으로 발전해 왔다. 유대인들은 끊임없이 변하는 정치적 환경에 대응해야 했고, 지속적으로 변하는 다양한 외세의 영향력에 노출되었다. 오래된 사상은 발전하고 새로운 사상이 도입되었으며 다른 종교 운동과 유대 종파들이 형성되었고 다양한 종교 기관들이 설립되었다. 구약에서 찾아 볼 수 없는 새로운 문학적 표현들이 번성했으며 새로운 책들이 많이 기록되었다. 예수의 유대 세계는 더 이상 구약의 종교 세계가 아니었다. 그것은 이스라엘의 1세기 유대교였다.

예수와 그의 메시지를 이해하기 위해서 우리는 1세기 유대교에 대한 기본적인 이해를 가져야 한다. 그 이해를 얻기 위해서 단지 구약을 읽는 것만으로는 충분하지 않다. 예수의 유대 세계는 구약에서 온 것이 아니라 그의 시대의 유대교로부터 왔다. 만약 구약이 우리에게 신약시대의 유대 세계를 이해하는데 필요한 정보를 제공해 주지 못한다면 무엇이 그러한 정보를 제공해 줄 수 있을까?

성경은 고대 이스라엘로부터 지금까지 내려오는 모든 문헌들을 포함하지 않는다. 사실 구약성경은 단지 예수 시대에 유통되었던 방대한 고대 유대 문헌의 한 부분만을 나타낼 뿐이다. 고대 시대에는 성경 외에도 필사되고 읽혀졌던 많은 고대 유대 문헌들이 있었고 그 중 일부는 초기 기독교인들에게 다소 잘 알려져 있었다. 다행히도 이 문헌들 중에 많은 것들이 살아남아 오늘날에도 사용 가능하다. 그 문헌들은 우리 성경의 일부가 아니기 때문에 잘 알려져 있지 않다. 고대 이스라엘의 이 잊혀진 책들이 오늘날 잘 알려져 있지 않기 때문에 고대에도 똑같이 잘 알려져 있지 않다는 것을 의미하지는 않는다. 에녹 1서나 희년서와 같은 문헌들은 일부 고대 종파들에 의해 성경과 같이 영감 있고 권위 있는 책으로 여겨졌다. 최근 몇십 년 동안 이 오랫동안 잊혀진 고대 유대 문헌들에 대한 관심이 상당히 높아졌다. 이제 학자들과 일반 독자들에게도 고대 유대교와 기독교의 기원을 연구하는데 있어 이러한 유대 문헌들의 중요성에 대한 인식이 높아지고 있다. 1940년대와 50년대에 발견된 사해 사본은 이 점에서 실제로 판도를 바꾸어 놓았다. 이 고대 유대 사본은 기독교 이전의 유대교라는 매혹적이고 복잡한 세계의 창을 열어 고대 유대교에 대한 엄청난 관심을 불러 일으켰다. 이 책의 목적은 사해 사본을 포함한 이러한 잘 알려지지 않은 문헌들의 일부를 소개하고 신약의 구체적인 사례 연구를 통해 그것들이 어떻게 예수의 삶과 메시지, 특별히 그가 살았던 세계를 조명할 수 있는지 설명하는 것이다.

이 책의 구성에 관하여

이 책은 두 부분으로 구성되어 있다. 1부 "간격을 염두에 두라! 구약과 신약 사이 읽기"는 고대 이스라엘의 역사와 문헌을 간략하게 소개한다. 1장은 고대 이스라엘의 역사를 주요 시기로 나누는 역사 연대표로 시작한다. 고대 이스라엘의 가장 중요한 시기와 연대를 아는 것은 성경의 책들이 언제 기록되었는지를 더 잘 이해하는데 도움이 된다. 연대표는 구약과 신약 사이에 수백 년이라는 상당한 시간적 간격이 있다는 것을 시각적으로 보여준다. 2장은 구약과 신약 사이의 시간적 공백기 동안에 기록된 일부 책들을 소개한다. 이것은 신약의 유대 세계에 대해 매우 중요한 정보를 제공해주고 우리가 무시할 수 없는 고대 유대 세계의 잊혀진 책들이다. 따라서 책 제목이 '간격을 염두에 두라 Mind the Gap'이다.

이 책의 2부 "유대인 예수"는 5개의 장으로 구성되어 있다. 첫 번째 네 개의 장들은 성경 외의 고대 유대 문헌들이 예수를 이해하는데 어떻게 도움이 되는지를 보여주는 특정한 사례 연구에 집중한다. 3장은 기원후로의 전환기에 유대교의 메시아 대망 messianic expectations에 대해 논의한다. 사복음서 저자들은 이러한 메시아 대망을 예리하게 인식하고 있었으며 마리아와 요셉의 아들 예수가 사실은 이스라엘이 기다리던 메시아라는 것을 주장하기 위해 이 문헌들을 사용했다. 4장은 귀신과 더러운 영들의 세계를 다룬다. 이러한 영적 존재들은 신약에서는 당연한 것으로 받아들여졌기 때문에 성경 어디에도 그것에 대해 설명하지 않는다. 그러나 성경 외의 유대 문헌은 귀신과 더러운 영들의 기원에 대한 엄청나게 많은 정보를 제공하고 예수의 축귀 행위가 왜 그렇게 중요하게 여겨졌는지 이해하도록 돕는다. 5장은 예수와 모세 율법이라는 고전적인 주제를 다룬다. 예수와 그의 사도 바울은 율법을 버렸다는 일반적인 믿음과는 반대로 마태복음과 로마서를 주의 깊게 읽으면 예수와 바울 모두는 율법의 중심성을 지지하고 그것의 의미를 재정의했다는 것을 알 수 있다. 6장은 죽은 자의 부활과 천사와 함께 하는 삶에 대한 믿음을 다룬다. 그 믿음은 이미 예수 시대 이전 유대교에 널리 퍼져 있었다. 성경 외의 문헌들은 그것이 구약성경 이후에 어떻게 발전되어왔는지 보여준다.

이 책의 2부는 예수가 유대교의 관습을 지키는 practicing 유대인이었다는 것을 진지하게 받아들일 때 정확히 위태로운 것이 무엇인지 설명하는 에필로그로 끝을 맺는다.

21세기의 신약성경 읽기

하노버 홀에서 샬롬 벤-코린의 강의를 들으면서 나는 모든 성경 해석은 시간의 특정한 어떤 시점에 발생한다는 것을 새삼 깨닫게 되었다. 그 시점은 우리가 성경을 어떻게 읽어야 하는지에 있어서 매우 중요하며 성경 본문에서 우리가 찾고 있는 것이 무엇인지를 결정하는데 있어서 적지 않은 부분을 차지한다. 1세기 이스라엘에서 예수를 따르는 자들은 오늘날 우리가 읽는 것과는 다르게 그들의 경전 Scriptures을 읽었다. 현대 성경 해석이 그것의 특정한 맥락에 놓여 있는 것처럼 고대 성경 해석도 역사적인 맥락에 두어야 한다. 이 책 또한 고대 이스라엘에 대한 학문적 연구에 특정한 위치를 차지한다. 지난 반세기 동안 학자들이 신약성경의 유대 세계에 접근하고 보는 방식에 매우 중요한 변화가 일어났다. 신약에 접근하는 이 새로운 방식은 이 책에서 구약성경 안과 밖에 있는 고대 유대 문헌을 다루는 방식에 매우 많이 반영되어 있다.

19세기 후반 많은 기독교 학자들은 고대 유대 문헌이 직접적으로 예수를 가리킨다고 생각했다. 그리고 예수와 그의 추종자들의 출현으로 유대교는 기독교와의 연관성을 잃어버렸고 더 깊은 신학적 의미를 도출할 수 있는 정당성을 잃었다고 생각했다. 이러한 기독교 학자들 중 일부는 유대교는 더 이상 타당하지 않다고 생각했으며 이는 그들 중 많은 사람들이 오랫동안 예수 시대의 유대교 연구에 대한 편견을 가지고 있었던 이유를 설명해 준다. 그들은 이렇게 말한다. 왜 유대 종교의 변질된 형태를 연구해야 하는가? 어떤 사람들은 더 심하게 나아갔다. 그들에게 이스라엘은 더 이상 하나님의 선택된 민족이 아니며 이스라엘은 교회에 의해 대체되었다. 신약성경을 특별하게 여겨 오직 예수에게만 초점을 맞춰 고대 유대 본문을 읽는다면 유대교가 예수와 항상 함께 존재했다는 단순한 사실을 간과하게 된다. 유대교는 십자가에서 죽지 않았다. 유대교는 1세기 이후에도 계속 존재해 왔으며 그것은 더 이상 우리와 무관하지 않게 되었다. 이 사실을 간과하면 나쁜 역사에 이르게 되고 나쁜 역사는 나쁜 신학을 낳게 된다. 따라서 특히 이 책의 핵심 부분을 형성하는 고대 유대 본문을 읽는 기독교 독자들은 고대 유대 문헌의 현대적 해석이 이 본문들이 신약에 대해서 무엇이라 말하는가라는 질문으로 축소될 수 없다는 점을 염두에 두는 것이 매우 중요하다. 유대 문헌은 무엇보다 먼저 그 자체로 읽어야 한다. 그런 다음에 우리는 그것들을 신약성경과 나란히 놓고 함께 읽어야 한다. 직설적으로 말해서, 고대 유대 문헌을 신약의 배경 문헌으로 축소시키는 것이 아니라 신약을 훨씬 더 큰 고대 유대교 세계의 일부로 이해해야 한다.

용어와 방법론

이 책 전반에 걸쳐 사용하려는 일부 용어들을 간략히 설명해야 할 필요가 있다. 그래서 이 책의 끝에 성서 학자들이 사용하는 좀 더 기술적인 용어들과 많은 개인 이름들과 책 제목을 설명하는 용어집을 두었다. 유대인은 누구이며 그리고 유대교의 시작을 정확히 표시하는 것은 무엇인지에 대한 질문은 이론의 여지가 많고 매우 논쟁적인 문제이다. "구약에 in 있는 종교는 구약의 of 종교와 같지 않다"는 말을 듣는다. 다른 말로 하면, 구약에 묘사된 종교는 성경을 경전으로 따르고 그대로 살아가는 성서 후기 postbiblical 의 유대인과 기독교인 공동체의 종교와 매우 다르다. 물론 기독교에 대해서도 동일하게 말할 수 있다. 오늘날 기독교를 포함하여 성서 후기 시대를 사는 기독교인들의 종교는 신약에 묘사된 종교와 거의 같지 않다. 이 연구를 위해 그리고 학문적 관습이 된 것을 따라 나는 후기 성서 시대와 그 이후의 '유대인'과 '유대교'에 반대되는 개념으로 구약 시대에 살았던 사람들을 '이스라엘인'으로, 그리고 그들의 종교를 '이스라엘 종교'라고 부를 것이다.

현대 영어에서 기독교인 그리스어로 chrisianos로 "그리스도에게 속한 사람"이라는 뜻이다 이라는 용어는 유대교와 구별된 종교적 믿음과 관습을 가진 독립된 종교로써 기독교의 존재를 암시한다. 신약 시대에는 그러한 형태의 기독교는 없었다. 초기의 예수를 따르는 자들은 예수와 같이 유대인이었고 기독교는 예수 시대 이후 오랜 시간이 지나서야 독자적인 종교로 발전했다. 기독교인이라는 용어는 신약에서 세 번 발견된다 행 11:26; 26:28, 벧전 4:16. 이 구절들에서 이 용어는 예수가 이스라엘의 메시아임을 믿게 된, 예수를 따르는 자들에 대한 용어로 사용되었다. 이 용어는 그 이후로도 계속 사용되었다. 신약에서 그것은 오늘날 우리가 일반적으로 사용하는 용어인, 유대교에 독립적인, 자체 종교로써 기독교의 존재를 의미하지 않는다. 따라서 나는 신약에서 예수를 믿는 사람들을 '예수의 추종자' 또는 예수를 따르는 자로 부를 것이고, 성경 이후 시대에 믿는 자들을 위해 '기독교인'이라는 용어는 남겨둘 것이다.

구약이라는 용어는 기독교 성경의 첫 번째 부분에 대한 기독교적 명칭이다. 구약은 초기 기독교인들이 유대교에서 신성한 문서로 채택한 고대 유대교 문헌 모음집이다. 그때 이 모음집은 그들의 성경이 되었다. 사실, 예수를 따르는 자들에게 이것은 그들의 유일한 성경이었다. 구약이라는 말은 신약이 있다는 것을 의미한다. 따라서 구약은 전적으로 기독교 용어이다. 유대교에서 이 유대적인 책을 지칭하는 몇 가지 용어들이 있다. 더 일반적인 용어가 히브리 성경 Hebrew Bible이다. 오늘날 이 용어는 성서 학자들에게 가장 널리 사용된다. 히브리 성경이라는 용어는 단순히 원래 히브리어로 쓰였다는 것을 의미한다는 점에서 매우 기술적 descriptive이고 기독교가 유대교보다 특별하다는 것을 나타내지 않는다는 장점이 있다.

내가 이 책에서 구약이라는 용어를 사용할 때 그 용어 자체가 배타적인 용어라는 것을 인정하지만 그렇다고 해서 유대 독자들을 제외시키고 싶지는 않다. 오히려 나의 의도는 예수를 따르는 자들에게 유대 경전 Jewish Scriptures이 가지는 특별한 중요성을 강조하려는 것이다. 오늘날 일부 기독교인들이 그런 것처럼 포괄적이려는 노력으로 구약이라는 용어를 피하는 것은 우리가 그것을 무엇이라 부르든 상관없이 히브리 성경이 신약과 연결될 때만 기독교인들에게 신학적으로 관련성이 있다는 점을 놓치는 것이다. 다른 말로 하면, 기독교인들에게 히브리 성경은 언제나 구약일 것이다.

구약이 한 가지 이상의 형태로 존재한다는 것은 성경 본문 역사에 기이한 사실이다. 그런 면에서 유대교의 히브리 성경이나 이슬람의 꾸란이 시간이 지나도 형태가 변하지 않는 것과는 다르다. 구약의 다양한 형태는 어떤 형태를 말하는가? 첫째, 히브리어로 기록된 유대 성경이 있다. 그것은 세 부분—토라모세의 다섯 개의 책으로 모세 오경[Pentateuch]이라고도 불린다, 예언서, 성문서—으로 이루어진 고대 유대 책들의 모음집이다. 오늘날 회당에서 사용하는 유대 성경과 그것의 영어 번역본은 모두 구약의 히브리어 원문에 기초한다. 둘째, 개신교의 구약이 있다. 그것은 유대 성경과 매우 가깝고 같은 책들이 포함되어 있지만 책의 순서는 다르게 배열되어 있다. 셋째, 로마 가톨릭과 몇몇 정교회Orthodox Churches의 구약이 있다. 그것은 유대 성경의 히브리어 본문이 아니라 70인역이라고 열려진 히브리어 본문의 그리스어 번역본에 기초한다2장에서 70인역의 기원과 의미를 설명할 것이다. 70인역에는 유대 성경그리고 개신교의 구약의 모든 책들이 포함되어 있지만 오늘날 외경그리스어 apokryphos에서 유래한 것으로 '숨겨진, 모호한, 비밀로 유지된'이라는 뜻이 있다이라고 알려진 다수의 추가된 책들도 포함되어 있다. 따라서 로마 가톨릭 구약은 유대 성경과 개신교의 구약성경보다 더 광범위하다. 로마 가톨릭 구약에 추가된 책들은 모두 제2성전 시대기원전 6세기부터 기원후 1세기까지에서 온 것들이다. 넷째, 마지막으로 다수의 정교회는 로마 가톨릭 구약보다 훨씬 더 많은 책들이 포함된 구약을 가지고 있다. 예를 들어, 에디오피아 정교회는 유대 성경과 개신교 구약 또는 로마 가톨릭 구약의 일부가 아닌 책들이 그들의 구약에 포함되어 있다. 에디오피아 정교회에서 정경biblical이라고 여기는 두개의 책은 에녹 1서와 희년서이다. 나중에 이 두 책들에 대해 설명할 것이다. 내가 이 책에서 구약이라는 용어를 사용할 때는 개신교의 구약을 언급하는 것이다. 마지막으로 방법론에 대해 한마디 하려고 한다. 예수 자신은 그 어떤 것도 기록하지 않았다. 신약성경 어디에도 예수께서 자신의 가르침을 기록하기 위해 앉으셨다는 이야기는 없다. 우리는 예수께서 친히 기록하셨다고 주장하는 단 하나의 본문도 가지고 있지 않다. 우리가 가지고 있는 모든 것은 이후에 살았던 다른 작가들이 기록한 예수에 대한 분문들뿐이다. 예를 들어, 신약의 사복음서 저자들 중에 어느 누구도 예수를 본 적이 없었다는 것은 성경 학자들 사이에 일반적으로 합의된 것이다. 그들이 복음서를 쓸 때 사복음서 저자들이 증인들의 목격담과 예수 시대의 문서 자료에 의존했을 가능성이 있으며 심지어 사실일 수도 있다눅 1:1-4을 보라. 그러나 오늘날 우리가 가지고 있는 복음서는 예수가 살았던 시대 이후에 기록된 것이 분명하다.

방법론적으로 말해서, 이것은 우리가 학자들이 말하는 '역사적 예수', 즉 다양한 형태의 문서 고고학을 통해 재구성하기 원하는 고대 이스라엘의 예수와 신약성경에서 묘사하는 예수를 구별할 필요가 있다는 것을 의미한다. 이 둘은 같지 않다. 예를 들어, 우리가 마태복음을 읽을 때 실제로 예수가 했던 말과 마태가 추가하거나 변경한 것들을 어떻게 알 수 있는가? 마태와 신약의 모든 저자들이 그들이 받은 자료를 재배열하여 그것에 자신들의 해석을 부여했다는 것은 의심의 여지가 없다. 사복음서가 종종 그런 것처럼 서로 일치하지 않을 때 누구의 설명이 역사적 예수에 가장 가깝다는 것을 어떻게 알 수 있는가? 이 책에서 나는 역사적 예수에 대해서 관심을 갖지 않는다. 오히려 나는 사복음서와 바울 서신에서 읽는 예수에 대해 초점을 맞출 것이다. 나는 역사적 예수와 신약의 예수를 구별하는 것이 얼마나 중요한지 안다. 그러나 이 연구를 위해서, 역사적 예수를 재건하기 위해 본문 이면에 도달하려고 노력하지 않고 우리가 가지고 있는 성경을 읽는 것으로 만족한다.

간격을 염두에 두라

내가 이 책의 제목으로 사용한 '간격을 염두에 두라 Mind the Gap'라는 문구는 사람들이 자주 이용하는 런던 지하철에서 가져왔다. 그렇게 해도 상관없다고 생각한다. 거기에 있는 문구, '간격을 염두에 두라'는 열차를 탑승하려는 승객들에게 경각심을 주어 역 승강장과 열차 문 사이의 간격에 주의하도록 한다. 내가 이 책에서 말하는 간격은 공간적인 간격이 아니다. 그것은 구약과 신약 사이에 있는 수백 년이라는 시간적 간격을 말하며 개신교 성경에서 그 시간적 간격에 있는 책들이 보존된 것은 없다. 이 시간적 간격을 자세히 살펴보면 이 시기는 고대 이스라엘에서 비범한 창의성의 시기였으며 많은 양의 문헌이 생산된 시기였다. 이 시기에 쓰여진 책들은 결코 유대 성경 또는 결과적으로 개신교 구약성경의 일부가 되지 못했고 그것은 왜 이 고대 유대 문헌들이 대부분의 현대 유대인들과 기독교인들에게 똑같이 알려지지 않았는지를 부분적으로 설명해 준다.

만약 우리가 예수의 유대교에 대해서 진지한 관심을 가지고 배우고 싶다면 그 시대와 그 풍부한 문헌들을, 단지 우리가 가지고 있는 성경이 그것에 대해 언급하고 있지 않다는 이유만으로 무시할 수 없다는 것이

나의 주장이다. 이것이 샬롬 벤-코린이 하노버 홀에서 '형제 예수'라는 강연으로 우리를 가르쳤을 때 사용했던 문헌들이다. 이 문헌들을 신약성경의 예수에 관한 초기 기록과 함께 함께 읽으면 이 잊혀진 유대 문헌들은 예수의 유대 세계를 간결하게 포착하여 우리에게 보여준다.

1부

간격을
염두에 두라!
구약과 신약
사이 읽기

1. 구약성경은 언제 기록되었나? 간략한 연대기

성경은 한 명의 저자에 의해 쓰여진 책이 아니다. 성경은 도서관과 같아서 다양한 사람들에 의해, 다양한 장소에서, 다양한 시대에, 다양한 청중들을 위해, 심지어 다양한 언어로 구약은 일부 아람어도 쓰여진 부분을 제외하고 대부분 히브리어로, 신약은 그리스어로 쓰여졌다 쓰여진 다양한 책들의 모음이다. 18세기와 19세기에 현대 성서학이 학문 분야로 발전했을 때 학자들은 성경의 책들을 누가, 언제, 어디서 썼는지에 대해 알아낼 준비가 되어 있었다. 그 이후로 많은 발전이 있었다. 아직 많은 질문이 남아있긴 하지만 오늘날 우리는 성경의 역사와 그 주요 연대에 대해 상당히 많은 것을 알고 있다.

이러한 연대와 사건을 더 자세히 살펴보기 전에 구약과 신약을 구분할 필요가 있다. 구약과 신약은 모두 상당한 기간 동안 쓰여졌지만 구약보다 신약이 쓰여진 기간이 훨씬 짧다. 신약의 책들은 기원후 1세기 후반에 쓰여졌다. 유대인이면서 동시에 지금까지 문서가 남아 있는 최초의 기독교 저자 여기서 기독교인은 '예수를 따르는 자'라는 의미이다 인 사도 바울은 예수가 죽고 대략 이십 년 후인, 1세기 50년대에 그의 편지를 썼다. 그의 편지는 우리가 가지고 있는 가장 오래된 기독교 문서이다. 복음서는 기원후 70년에 로마에 의해 예루살렘이 멸망되고 수십 년 이후에 쓰여졌고 기독교 성경의 마지막 책인 요한계시록은 기원후 1세기 말에 쓰여졌다. 즉, 신약은 대략 기원후 50년에서 100년 사이의 약 50년에 걸쳐 쓰여졌다.

반대로 구약은 훨씬 더 오랜 기간 동안 쓰여졌다. 구약에서 가장 오래된 문서의 연대에 대해 학자들 사이에 일치된 의견은 없다. 대부분의 학자들은 출애굽기 15장의 미리암의 노래, 신명기 32장의 모세의 노래, 사사기 5장의 드보라의 노래와 같이 현재 성경 이야기에 삽입되어 있는 일부 노래와 시가 구약에서 가장 오래된 문서라는 것에 동의할 것이다. 이러한 고대 시들은 이미 기원전 11세기나 12세기에 쓰여졌을 수 있다. 우리는 구약의 가장 후기 책의 연대를 결정할 때 확고한 기반 위에 있는데 그것은 어느 정도 확신을 가지고 기원전 2세기 중반의 것으로 연대를 추정할 수 있는 다니엘서이다. 요약하면, 구약성경은 기원전 11세기부터 2세기까지, 최소 900년의 기간을 다루고 있다. 만약 가장 초기 문서의 연대를 12세기까지 끌어 올린다면 그 기간은 온전한 1천년일 수도 있다.

이 책은 구약성경, 특히 구약 역사의 후기 시대인, 제2성전 시대에 초점을 맞출 것이다.

이 장은 세 부분으로 구성되어 있다. 나는 성경 이스라엘의 역사에 대한 매우 간략한 개관으로 시작할 것이다. 성경의 주요 연대와 사건에 대한 기본적인 지식은 성경의 책들을 적절한 역사적 맥락에 배치하는 데 반드시 필요하다. 다음으로 나는 구약의 몇몇 책들의 구성 연대에 대해 간략히 논의할 것이다. 여기서 목표는 두 가지이다. 첫째는 구약성경이 쓰여진 연대의 일반적인 개관을 제공하는 것이고, 둘째는 구약과 신약 사이에 꽤 큰 시간적 간격이 있다는 것을 지적하는 것이다. 그 시간적 간격에 해당하는 고대 이스라엘 역사의 수백 년의 기간 동안 만들어진 어떠한 책도 기독교 성경에 포함되지 않았다 다음 장에서 설명하겠지만, 그 상황은 70

인역의 경우와는 다르다. 구약의 마지막 책들은 기원전 4세기에 기록되었다. 그리고 기원전 2세기에 기록된 다니엘서가 있다.

우리는 신약과 함께 기원후 1세기로 건너뛸 것이다. 다니엘서를 제외하고 구약과 신약사이에 약 사백 년의 간격이 있다. 물론 이것은 유대 서기관들이 기록하는 것을 멈췄다는 의미는 아니다. 사실은 그 반대이다. 구약과 신약 사이의 기간은 고대 이스라엘에서 강렬한 문헌 활동이 있었던 시기였다. 구약에는 이러한 문헌들이 거의 포함되어 있지 않다. 그리고 구약은 고대 이스라엘에서 생산된 모든 문헌들의 완전한 모음이 아니다. 사실은 그것과 거리가 멀다. 유대 서기관들은 개신교 성경의 유대 부분에 되지 못했던 책들을 계속해서 썼다. 유대 서기관들은 계속해서 책을 썼고 그 책들은 히브리 성경이나 개신교 성경의 일부가 되지 못했다. 나는 그 시간적 공백기에 쓰여진 이 잊혀진 책들 중 일부를 다음 장에서 더 자세히 소개할 것이다.

이 장의 세 번째 부분에서 마지막으로 구약 책들의 배열에 대해 간략히 설명할 것이다. 보통 우리는 구약성경에 있는 책들의 정경적 순서에 대해서 그리 주목하지 않는다. 그러나 그 순서는 중요하다. 그 책들은 주의 깊게 배열되었고, 그 배열은 많은 사람들이 알고있는 것 보다 우리가 구약과 신약의 연결성에 대해 생각하는 방식에 훨씬 더 심오한 의미를 가진다. 개신교 구약성경의 마지막 책은 예언서 말라기이다. 그것은 마지막 때의 종말론적 예언으로 끝이 난다. 거기서부터 개신교 성경의 독자들은 신약성경의 첫 번째 책인 마태복음으로 곧장 이동한다. 마태복음은 예수의 족보로 시작한다. 그 족보의 목적은 아브라함까지 거슬러 올라가며 예수의 선조들을 추적하는 것과 동시에 예수가 구약에 얼마나 깊이 뿌리를 내리고 있는지를 세대와 세대를 이어가며 보여주기 위한 것이다. 따라서 신학적으로 구약과 신약은 매우 밀접하게 연결되어 있다. 독자는 성경의 예언서에서 예수의 탄생으로, 또는 예언적 약속에서 메시아적 성취로 매끄럽게 이동한다. 그러나 연대기적 전환은 그리 매끄럽지 않다. 말라기서와 마태복음 사이에 오백 년이나 되는 유대 역사가 지났고, 그 오랜 기간 동안 고대 이스라엘의 종교와 문학은 중요한 방식으로 변화했다. 그리고 그것은 예수의 세계를 이해하는데 매우 중요한 변화였다.

고대 이스라엘 역사의 간략한 개요

고대 이스라엘 역사는 가장 충격적인 사건이었던 신바벨론 왕 느부갓네살 2세의 예루살렘과 예루살렘 성전 파괴에 의해 나뉘어진다. 기원전 597년에 느부갓네살 왕은 예루살렘으로 진격하여 그 도시를 점령하고 성전을 약탈하며 시드기야를 그의 허수아비 왕으로 왕위에 앉혔다. 10년 후에 시드기야가 느부갓네살에게 반역했을 때 그 바벨론 왕은 신속하게 예루살렘으로 돌아와서 다시 그 도시를 점령했다. 이 때 성전은 파괴되었고 교육받은 자들과 부유한 자들은 바벨론으로 이송되었다. 이 모든 것은 기원전 587년에 일어났다. 알려진 바와 같이 바벨론 유배Babylonian exile는 바벨론이 고대 근동의 또 다른 초강대국인 페르시아에 의해 패할 때까지 약 반세기 동안 지속되었다. 기원전 539년에 페르시아 왕 고레스는 큰 저항 없이 바벨론의 도시를 정복할 수 있었고 바벨론 제국을 멸망시켰다. 바벨론인들은 어떤 문명이든 약탈하는 무자비한 정복자인 반면 페르시아인들은 그들의 종속 국가를 존중하며 다스렸다. 그들은 바벨론으로 포로로 잡혀간 사람들이 집으로 돌아와 그들의 집과 성전을 지을 수 있도록 했다. 따라서 느부갓네살이 예루살렘을 파괴한 기원전 587년부터 시작된 바벨론 유배는 고레스 왕이 바벨론을 정복하여 이스라엘 사람들이 예루살렘으로 돌아가 그들의 성전을 지을 수 있도록 공포한 지불과 1년 후인 기원전 538년에 끝나게 되었다. 많은 이스라엘 사람들이 돌아왔으며 약간 지연된 후 기원전 515년 예루살렘에서 제2성전이 지어졌고 재봉헌되었다.

학자들이 고대 이스라엘 역사에 대해 말할 때 그들이 가장 먼저 구분하는 것은 포로기 이전기원전 587년 이전의 이스라엘 역사과 포로기 또는 단순히 바벨론 포로기기원전 587-538년 그리고 포로기 이후기원전 538년 이후이다. 바벨론 유배는 제1성전 시대와 제2성전 시대를 분리한다. 제1성전은 기원전 10세기 예루살렘을 다스렸던 다윗 왕의 아들이며 그의 계승자인 솔로몬 왕에 의해 지어졌다. 성전은 대제사장이 거주하고 이스라엘 백성들이 희생 제물을 가져오는 이스라엘 예배의 종교적 중심지였다. 성전은 또한 언약궤가 보관되고 하나님의 영광이 거하는 곳으로 이스라엘 백성이 그들 가운데 임하셔서 보호하시는 하나님의 임재하심을 확증하는 장소였다. 제1성전 시대는 기원전 10세기부터 솔로몬 성전이 바벨론에 의해 파괴된 기원전 6세기까지 지속되었다. 기원전 515년 3월 제2성전의 재봉헌으로 제2성전 시대가 시작되었다. 그 시대는 제2성전이 기원후 70년 로마에 의해 파괴될 때까지 거의 여섯 세기six centuries 동안 지속되었다. 오늘날까지 남아 있는 더 넓은 제2성전의 가장 중요한 부분은 헤롯 왕에 의해 세워진 성전산의 남서쪽 가장자리에 남아 있는 서쪽 벽의 한 부분인 통곡의 벽Western Wall이다. 오늘날까지 통곡의 벽은 유대인들에게 가장 중요한 의미를 지니고 있다. 기원후 70년 이후로 유대교에는 예루살렘에도 그 어디에도 더 이상 성전이 없었다.

간략한 성경 연대표

구약
(제2성전 시대)

토라/모세오경(기원전 5/4세기)

학개(기원전 525)
이사야 56-66장(기원전 515 이후)
말라기(기원전 5세기)

에스라/느헤미야(기원전 4세기)
역대기 상하(기원전 4세기)
에스더(기원전 4세기)
전도서(기원전 4세기)

다니엘서(기원전 167-164년)

기원전 539년   기원전 332년   기원전 164년   기원전 63년

페르시아 시대   헬레니즘 시대   마카비 시대   로마 시대

고대 유대 문헌

70인역(LXX)
사해 두루마리(기원전 3세기-기원후 68년)

감찰자들의 책(기원전 300년)

솔로몬의 시편(기원전 63년 이후)

희년서(기원전 2세기 중반)

바룩 2서/에스라 4서
(기원후 1세기 후반)

신약
사도 바울(대략 기원후 50년)
사복음서(대략 기원후 70-100년)

기원후 70년

예루살렘 파괴

이 개관의 초점은 이스라엘 역사에서 종종 간과되긴 했지만 전체적으로 주목할 만한 시기인 제2성전 시대와 특히 그것의 마지막 세기에 있다. 제2성전 시대를 구성하는 대략 600년은 다시 4개의 뚜렷이 구분되는 시대로 나눌 수 있다 연대표 참조. 각 시대마다 발생한 역사적 변화 때문만이 아니라 각 시대마다 이러한 변화를 반영하고 종종 직접적으로 대응한 유대 문헌들이 생산되었기 때문에 그 시대들을 분리하는 것이 중요하다.

네 시대 중 첫 번째 시대는 페르시아 시대로 약 200년 동안 기원전 539-332 지속되었다. 이미 언급한 것처럼 고레스 왕이 바벨론 제국을 멸망시키고 유배자들이 고향으로 돌아갈 수 있도록 허락했을 때 시작되었다. 고레스는 예루살렘 성전을 재건하라는 칙령을 공포했다. 성서에 나와있는 칙령의 내용이 실제로 고레스 왕의 말인지 아닌지는 알 수 없다 스 1:1-4; 6:1-5. 그러나 우리는 이 시대에 대한 정보를 제공하는 고고학적 유물을 알고 있다. 이것은 표면에 비문이 새겨진 고레스 시대의 고대 점토 실린더로 잘 알려진 고레스 실린더이다. 아카드어 설형 문자 cuneiform로 쓰여진 이 비문에서 고레스 왕은 그가 어떻게 바벨론을 정복했고 정복된 나라들이 그들의 고국으로 돌아가도록 했는지 설명한다. 이 비문에는 이스라엘 사람들이 언급되어 있지 않지만 고레스가 그의 실린더에서 말한 것은 우리가 성경에서 그에 대해 읽는 내용과 상당히 유사하다. 바벨론에서 유배자로 살았던 많은 이스라엘 사람들은 고레스의 명령을 따라 고국 유다로 돌아갔지만 유배자 중 일부는 바벨론에 남기로 결정했다. 수 세기 후에 그들은 유대인들의 삶과 문화에 많은 영향을 주는 중요한 유대 디아스포라 공동체로 성장했다 그리스어 디아스포라[diaspora]는 '흩어짐'이라는 의미이다. 따라서 이것은 유대 공동체가 이스라엘 밖으로 분산되는 것을 의미한다. 그러나 성경은 예루살렘으로 귀환한 사람들에 대해 말한다. 그들의 주요 과업은 고국에서 그들의 삶을 재건하는 것이었다. 유배 생활을 했던 사람들과 그 땅에 남아 있던 사람들 사이에 계속되는 갈등으로 재건의 과정은 더뎠다. 재건은 다양한 방면에서 이루어졌다. 예루살렘의 물리적 회복은 도시와 성벽의 재건도 포함되었다. 종교적 회복은 제2성전의 건축과 재봉헌에 집중되었다. 사회적 회복은 유대인이 된다는 것이 무엇을 의미하는지에 대한 어려운 논쟁을 포함했으며, 이것은 국가 용어가 아닌 종교적 용어로 점점 이해되었다. 또한 페르시아 시대는 구약성경에 포함된 마지막 책들 중 일부가 쓰여진 창조적 시기였다. 다음 장에서 페르시아 시대의 성서 문헌을 다룰 것이다.

제2성전 시대 중 두 번째 시대는 헬레니즘 시대 기원전 332-63년이다. 헬레니즘이라는 용어는 '그리스'를 의미하는 그리스어 hellen에서 왔다. 헬레니즘 또는 그리스 시대는 페르시아를 무너뜨리고 메소포타미아와 인도까지 이르는 광대한 그리스 왕국을 세운 탁월한 마케도니아-그리스 왕 알렉산더 대왕 기원전 356-323년과 함께 시작되었다. 기원전 333/332년 알렉산더 대왕이 소아시아와 이스라엘 땅을 정복했을 때, 예루살렘은 항복했고 그로 인해 멸망을 면했다. 기원전 323년 알렉산더가 33살의 나이로 죽었을 때 그의 광활한 왕국은 분열되어 나뉘어졌고 알렉산더의 장군들 사이에 오랜 기간 동안 권력 다툼이 일어났다. 기원전 301년 이래로 예루살렘이 수도인 유다는 프톨레마이오스 왕가 이집트에서 프톨레미 왕조를 세운 그리스 장군 프톨레마이오스의 이름을 따라 명명됨의 통치 아래 있었던 이집트 왕국의 일부가 되었지만 기원전 200년에 유다는 셀레우코스 왕가 이전에 알렉산더의 휘하에서 복무한 또 다른 그리스 장군 셀레우코스 1세 니카토르가 세운 왕조의 통치 아래 있었던 시리아 왕국에 의해 정복되었다. 이것은 헬레니즘 시대에 이스라엘 사람들은 다른 그리스 통치자들의 그늘 아래 살았다는 것을 의미했다. 헬레니즘 시대를 그토록 중요하게 만든 것은 그리스가 유대인들을 포함한 그들의 정복 국가에 미친 엄청난 문화적 종교적 영향력 때문이다. 학자들은 이러한 현상을 헬레니즘 또는 헬레니즘화Hellenization라고 부른다. 이것은 기원전 4세기 알렉산더 대왕과 함께 시작되어 기원후 7세기 아랍인들에 의해 정복될 때까지 1천 년 이상 어떤 형태를 띠고 지속된 그리스어, 문화, 종교, 삶의 방식 그리고 정치의 발전을 의미한다. 또한 그리스가 지배한다는 것은 공용어가 그리스어Greek이고 사회적 관습과 문학이 그리스적Greek이며 종교가 그리스 정교회Greek라는 것을 의미했다. 헬레니즘은 그리스의 통치 아래 살고 있는 모든 사람들에게 부과된 삶의 방식이었다. 이것은 유대인들에게 몇 가지 중요한 도전을 주었다. 헬레니즘 시대의 이스라엘과 디아스포라 유대인들이 직면한 도전은 그리스어와 그리스적 삶의 방식을 받아들이냐 아니냐의 문제가 아니라—그것은 단순히 주어진 것이었다—오히려 여전히 자신들의 뿌리와 유대적 정체성에 충실하면서 어느 정도까지 헬레니즘을 받아들일 것인지를 결정하는 것이었다. 이것은 헬레니즘 유대교에 큰 도전이었다. 헬레니즘 시대를 살았던 유대인들은 그들의 유대적 정체성을 손상시키지 않으면서 자신들의 종교와 모순되지 않게 양립할 수 있다고 생각하는 헬레니즘 문화의 측면을 자신의 삶에 통합하는 방법을 찾기 위해 노력하였다.

 페르시아와 헬레니즘 시대는 큰 반란없이 대체로 평화로웠다. 이러한 국면은 셀레우코스그리스-시리아 왕 안티오코스 4세 에피파네스기원전 175-164년, '신의 현현'이라는 의미와 유다에 살았던 유대인들 사이에 대규모 충돌이 있었던 기원전 160년대에 변화가 일어났다. 충돌의 원인이 되는 사건이 정확하게 무엇인지 분명하지는 않지만 분명한 것은 기원전 167년 그리스 문화의 적극적인 지지자였던 안티오코스가 예루살렘으로 관심을 돌려 성전을 약탈하고 성전에 제우스 올림피우스Zeus Olympius를 위한 제단을 세워 그리스 신에게 제사를 드렸다는 것이다. 그는 성전을 더럽혔을 뿐 아니라 할례나 샤밧 준수 같은 유대교의 많은 전통적인 관습을 금지시켰다. 그러나 모든 유대인들이 안티오코스를 반대한 것은 아니었다. 예를 들어, 안티오코스 시대에 예루살렘의 대제사장이였던 야손Jason은 예루살렘에 경기장gymnasium을 세웠고 많은 유대인들이 이용했다 마카비 2서 4:7-17. 유대인들이 안티오코스와 협력하는 것으로 인해 그에 대한 반대는 더욱 강화되었다. 오래지 않아 유대인들에 대한 그의 박해는 마카비 혁명이라고 알려진 무장 봉기 사건을 일으켰다. 반란을 주도한 가문은 하스모니안 또는 마카비라고 알려져 있다. 그들의 아버지는 모디인Modein 출신의 제사장 마타디아스였고 그의 아들들 유다 마카비, 요나단, 시몬 그리고 엘르아살은 계속해서 마카비 왕조를 세웠다. 기원전 164년에 유다는 예루살렘 성전의 통제권을 되찾았다. 같은 해 제2성전을 재봉헌한 사건을 유대 절기인 하누카로 기념한다. 다음 세기 기원전 164-63년 동안 유다는 왕권과 대제사장 직분을 모두 맡았던 하스모니안 가문에 의해 다스려졌다. 엄밀하게 말해서, 세 번째 시대인 마카비 시대는 헬레니즘 시대를 대체하지 않기 때문에 분리된 시대는 아니다. 그러나 유다 주민들의 상황은 크게 바뀌었다. 마카비 혁명이 있은지 수십 년 후에 셀레우코스 통치자들은 마카비 왕국의 독립을 받아들일 수밖에 없었다. 안티오코스의 성전 모욕과 유다 박해에 대항한 제사장 가문의 반란으로 적어도 한 세기 동안 이어진 유대 독립 국가가 설립되었다.

제2성전 시대의 마지막 네번째 시대는 로마 시대이다. 기원전 63년 폼페이는 예루살렘을 정복하고 유다를 로마 제국에 복속시켰다. 폼페이우스의 정복은 일정 부분 하스모니안 왕조의 내분에 의해 촉진되었다. 폼페이우스의 승리는 유다 독립의 종말과 로마 시대의 시작을 의미했다. 기원후 70년에 티투스가 이끄는 로마군은 유다 반란을 진압하고 예루살렘 성전을 파괴했다. 성전은 이제 다시 재건될 수 없는 폐허가 되었지만 제2성전 시대는 완전히 끝나지 않았다. 기원후 132년에서 135년까지 이 지역에 로마의 통치에 대항하는 마지막 유대인 반란이 일어났다. 지도자의 이름을 따라 명명된 바르 코크바 '별의 아들'이라는 뜻 반란은 로마의 지배에서 벗어나 유다에 대한 통제권을 다시 찾으려 했지만 실패한 마지막 시도였다. 로마는 재빨리 반란을 진압했고, 이것은 제2성전 시대가 최종적으로 끝났다는 것을 의미했다.

    제2성전 시대의 유대교는 여러 가지로 다양한 양상을 띠었다. 정치적 지형은 페르시아부터 헬레니즘, 마카비 그리고 마지막으로 로마 시대까지 지속적으로 바뀌었다. 유대교가 하나의 일련의 규칙들로 지배되는 단일하고 동질적인 그룹이었던 적은 없었다. 유대교는 언제나 제각기 다른 종교적 믿음과 관습을 가지고 있는 다양한 그룹으로 구성되어 있다. 우리가 예수의 유대 세계를 이해하려고 할때마다 '단일 유대교'라는 진부하고 단순화된 표현 cliché을 피해야 하고 대신 초기 유대교는 복잡한 만큼이나 생동감 있다는 것을 반드시 인식해야 한다.

구약성경은 언제 기록되었나?

    제2성전 시대 역사의 대략적인 개관을 염두에 두고 이제 성경 책들의 구성 연대를 살펴볼 것이다. 나는 모세의 다섯 책, 토라로 시작할 것이다. 오랫동안 학자들은 토라가 바벨론 포로기 동안 현재의 형태에 도달했다고 주장했다. 이것은 전체 성경과 마찬가지로 토라가 이전의 독립 자료들에서부터 수 세기 동안 함께 성장했다는 것을 가정한 것이다. 이러한 점진적인 성장 과정은 고대 서기관들이 포로기 이전의 문서 자료들을 모아 오늘날 토라의 형태로 편집한 바벨론 포로기에 최종 마무리되었다. 최근 몇십 년 동안 점점 더 많은 학자들이 그러한 모델 또는 적어도 그 연대에 의문을 가졌다. 토라가 제1성전 시대에서 나온 다양한 자료들에서 편집되었다는 것은 의심할 여지가 없지만 현재 많은 학자들은 그 형성 과정이 포로기를 넘어 5세기로 확장된다고 주장하며 일부 학자들은 기원전 4세기, 즉 페르시아 시대까지로 소급된다고 주장한다. 그때까지 토라는 완성되었다.

예언서의 상황도 비슷하다. 주요 예언서인 이사야, 예레미야, 에스겔서는 바벨론 포로기가 끝난 이후 오래지 않아 완성되었다. 이사야서의 마지막 부분인 56-66장[1]의 연대는 일반적으로 유배자들이 고향으로 돌아온 이후인 기원전 6세기 말로 본다. 기원전 525년의 예언자 학개는 제2성전 재건이 지연되는 것에 대해 기록했다. 그리고 제2성전이 봉헌된 지 수십 년 후에 말라기서를 쓴 마지막 예언자 말라기는 새 성전이 제사장들에 의해 운영되는 방식을 강도 높게 비판했다. 말라기서와 더불어 고대 이스라엘의 예언서 기록은 끝이 났다.

일반적으로 기원전 4세기의 것으로 보는 몇 개의 구약 책들이 있다. 그 중에는 예루살렘 회복의 주역인 에스라서와 느헤미야서가 있다. 에스라는 바벨론에서 예루살렘으로 귀환의 물결을 주도한 학사scribe 겸 제사

---

[1] 역주- 독일 개신교 신학자 베른하르트 둠이 구분한 제1이사야(1-39장), 제2이사야(40-55장), 제3이사야(56-66장) 중에 제3이사야를 말한다.

장이었다. 느헤미야 8장에는 에스라가 예루살렘에 도착해서 커다란 나무 강단에 서서 큰 회중들에게 모세의 토라를 읽은 이야기가 나온다. 유대교에서 에스라는 귀환자들에게 토라를 전해주고 해석해 주어 계명에 대한 백성들의 재헌신을 주관했던 학사로 존경받는다. 느헤미야는 다른 역할을 감당했다. 그는 예루살렘의 재거주, 성벽 건설, 그리고 수많은 종교개혁을 단행했던 책임자였다. 에스라와 느헤미야는 기원전 5세기 중반에 활동했지만 많은 학자들은 그들의 이름이 붙은 책들은 기원전 4세기까지는 기록되지 않았을 것이라고 믿는다.

역대기 상하는 성경 이야기를 재진술한 것인데, 아담으로 시작하여 기원전 538년 페르시아 왕 고레스가 포로로 잡혀 있던 나라를 고국으로 돌려보내는 선언으로 끝난다. 대부분의 역대기 자료는 사사 시대부터 바벨론 포로기가 끝날 때까지의 이스라엘 역사인 사무엘서와 열왕기서를 재구성한 것이다. 역대기 상하의 저자들은 성서 본문을 다루는 데 있어 자유로웠다. 그들은 많은 원자료들을 생략하고 덧붙였으며 중요한 부분은 다시 썼다. 성경 이야기를 다시 쓰는 이러한 과정은 성경 저자들이 성경 본문에 새로운 의미를 불어넣으면서 자신의 신학적 관점과 관심을 나타낼 수 있도록 하는 성경 해석의 매우 초기 형태이다.

에스더서는 신분이 상승하여 페르시아 여왕이 된 젊은 유대인 고아의 이야기를 들려준다. 거기에서 에스더는 그녀의 사촌 모르드개와 함께 동방 디아스포라 유대인 학살을 겨우 모면한다. 이 책은 오로지 동방 유대인의 삶에 초점이 맞추어져 있고 이스라엘 땅과 예루살렘 성전은 전혀 언급되지 않는다. 따라서 에스더서는 아마도 페르시아 시대 말기에 동방 디아스포라 유대인에 의해 기록되었을 것이다. 마지막으로 코헬렛 Qoheleth으로도 알려진 전도서는 매우 다른 종류의 책이다. 역대기 상하는 광범위한 유대 역사 범주에 속해 있고 에스더서는 디아스포라들의 이야기로 분류될 수 있는 반면, 코헬렛은 성서의 지혜서에 속한다. 즉 이 책에는 세상의 본질과 세상을 만드시고 다스리시는 하나님, 그리고 세상에서 인간의 운명에 대해 코헬렛이라는 사람이 개인적으로 성찰한 내용이 담겨 있다. 일인칭 단수로 말하는 이 지혜자는 자연 질서의 순환, 시간의 개념 전도서 3장에서 지혜자의 시로 가장 잘 나타나 있다, 사람의 수고로부터 오는 즐거움, 인간 지혜의 한계에서 오는 좌절, 항상 존재하는 삶의 불확실성 그리고 죽음, 이러한 것들을 포함한 광범위한 주제를 다룬다. 코헬렛의 구성 연대는 논쟁적이어서 일부는 헬레니즘 시대의 것으로 주장하고 다른 어떤 사람들은 페르시아 시대 후기의 것이라고 주장한다. 성서의 시편, 잠언 그리고 솔로몬의 노래 중 일부도 페르시아 시대의 것이라고 하지만 이 모든 경우에 실제 구성 연대는 훨씬 더 불분명하다.

구약에서 가장 후기에 기록된 책은 다니엘서이다. 이 책은 길이는 대략 같지만 문학적 성격과 기원이 다른 두 부분으로 나뉘어진다. 1-6장은 에스더 왕후와 다름없이 외국 군주의 궁정에서 신분이 상승한 다니엘과 그의 세 친구에 관한 6개의 이야기로 구성되어 있다. 이 이야기에 뒤이어 나오는 7-12장은 다니엘의 네 가지 연속적인 묵시적 환상으로 구성되어 있다. 다니엘서의 전반부 이야기는 디아스포라 유대인들의 삶에 관한 것이다. 그것들은 거의 틀림없이 디아스포라 유대인에 의해 쓰여졌고 이스라엘 땅 밖에 사는 유대인들이 직면한 도전들을 반영한다. 구성 연대는 확실하지 않지만 아마도 기원전 3세기였을 것이다. 다니엘서 7-12장의 묵시적 환상은 다소 다르고, 상당히 적대적인 상황을 반영한다. 여기에서 이방 제국은 상대적으로 호의적인 나라 단 1-6장에서 바다에서 솟아오르는 묵시적인 짐승 단 7장으로 변했다. 일반적으로 묵시 문학의 저자들, 특히 다니엘서 7-12장의 저자들은 그들의 현재 상황에 대한 구체적인 암시를 그들의 환상vision에 담아 작동시키기 때문에 우리는 다니엘서의 이 장들을 마카비 혁명 말기로 안전하게 연대를 결정할 수 있다. 이 묵시적 환상은 기원전 167-164년 안티오코스 4세 에피파네스Antiochus IV Epiphanes의 유대인 박해에 대한 반응으로 쓰여졌다.

마지막으로 우리에게 이스라엘 땅에서의 삶에 대한 정보를 제공해 주는 마지막 성경의 책들은 에스라서와 느헤미야서이다. 이 두 책들은 역대하에서 고레스 왕의 귀환 명령으로 끝나는 이야기의 줄기를 잡아서 이어간다대하 36:22-23과 스 1:2-4을 비교해보라. 에스라와 느헤미야의 핵심 내용인 회복과 종교 개혁은 기원전 5세기로 올라간다. 이것은 제2성전 시대의 시작을 의미한다. 에스더서는 제2성전 시대가 시작되는 페르시아 시대가 배경이다. 다니엘서 1-6장과 마찬가지로 에스더서는 고대 이스라엘의 새로운 현실과 디아스포라 유대인의 삶을 반영하고 이스라엘 땅에 대해서는 관심을 보이지 않는다. 마지막으로 코헬렛전도서은 제2성전 시대 중기, 페르시아 시대 후기나 헬레니즘 시대 초기로 연대를 추정할 수 있다. 이 책은 고대 지혜 문학과 시간에 따른 그것의 변형을 연구하는 사람들에게 특별히 유익하지만 포로기 이후 이스라엘의 삶에 대해서는 그 어떤 것도 거의 알려주지 않는다. 개신교 구약성경은 기원전 1, 2, 3세기의 책들다니엘서는 제외은 포함하지 않는다. 즉 제2성전 시대 후반부의 유대 문헌들은 그 문헌들이 많이 있음에도 불구하고 구약성경에는 전혀 보이지 않는다. 나는 다음 장에서 그 문헌들 중 일부를 다룰 것이다.

구약에서 신약으로: 개신교 성경에서 책들의 배열

성경 사본에서, 특히 70인역으로 알려진 구약성경의 그리스어 번역본에서 책들이 배열되는 순서는 약간 다르다. 개신교 구약성경의 마지막 책은 예언서인 말라기서이다. 거기서부터 기독교 독자들은 곧바로 신약의 첫 번째 책인 마태복음으로 간다. 말라기서는 주께서 악한 자를 물리치고 의인들에게 상을 주는 그 큰 날에 대한 예언적 선포로 끝난다. "보라 용광로 불 같은 날이 이르리니 교만한 자와 악을 행하는 자는 다 지푸라기 같을 것이라......내 이름을 경외하는 너희에게는 공의로운 해가 떠올라서 치료하는 광선을 비추리니" 말 4:1-2. 마지막 때에 하나님은 메시아 시대의 사자, 예언자 엘리야를 보내어 대대로 화목하게 하시고 크고 두려운 날을 위해 이스라엘을 준비시키실 것이다. 이러한 종말론적 끝맺음은 예언서의 적절한 결론이다. 일부 학자들은 이 마지막 구절이 성서 예언서들의 이차 결론으로 후대에 말라기서에 첨가된 것이라고 제안하기도 했다. 마태복음은 명백히 말라기 3장 1절과 4장 1절을 가지고 와서 세례 요한을 엘리야와 동일시했다. 마태복음에서 세례 요한은 메시아의 전임자precursor로 엘리야의 역할을 감당했다 마 3:1-2; 11:2-15, 특히 17:12을 보라. 따라서 독자들은 마지막 때에 대한 예언적 선포와 구약의 마지막 끝부분에 나오는 엘리야의 귀환으로부터 신약이 시작되는 메시아 예수의 족보와 탄생으로 쉽게 이동한다.

신학적으로 이러한 배열은 타당하고 고대 이스라엘에서 기독교의 기원으로 부드럽게 전환될 수 있도록 해준다. 약속과 성취의 개념은 구약과 신약을 연결하는 효과적이고 신학적으로 중요한 방법이다. 마찬가지로 예언과 예수가 마태복음 전반에 걸쳐 연결된다. 마태복음은 자주 구약의 예언서로 돌아가 언급하고, 특정 구절을 인용하며 고대 예언자들이 약속한 것이 예수의 생애를 통해 이루어졌음을 강조한다 마 1:22-23; 2:5-6, 15, 17-18을 보라. 그리고 더 많은 예들이 있다. 더욱이 마태가 그리는 예수의 초상은 성경 예언자들의 묘사를 따라, 특히 모세의 묘사를 따라 그려졌다. 신명기는 이미 이스라엘의 모든 예언자의 가장 중요한 자격은 그가 "모세와 같이" 되어야 한다는 것을 분명히 했다 신 18:15-22; 34:10. 따라서 마태는 구약의 예언자들과 예수를 더욱 밀접하게 연결시켰다. 이 모든 것은 예수를 이스라엘의 과거와 연결시키려는, 구체적으로 말해서 예수가 이스라엘의 예언적 전통에 뿌리내리고 있다는 것을 의도하고 있다. 그것은 예수가 이스라엘의 예언자들 중에서 직접적으로 등장했으며 그들의 전통을 계속 이어가고 있다는 인상을 준다.

그러나 연대기적으로 우리는 성경 독자들이 페이지를 넘기면서 기원전 5세기, 말라기 시대에서 곧바로 마태복음이 구성된 기원후 1세기로 넘어간다는 것을 염두에 두어야 한다. 말라기서와 마태복음은 오백 년이나 되는 시간적인 간격으로 분리되어 있다. 다음 장에서 우리는 더욱 밀접하게 이 시간적 간격을 살펴 볼 것이고 이 기간 동안 만들어진 풍부한 문헌들을 조사할 것이다.

2. 고대 유대교와 그 문헌들

간격을 염두에 두라!

우리는 이전 장에서 구약과 신약 사이에 상당한 시간적 간격이 있다는 것을 보았다. 다니엘서를 제외하고 개신교 성경은 기원전 4세기와 기원후 1세기 사이에 쓰여진 어떠한 책들도 포함하고 있지 않다. 다른 말로 하면, 개신교 성경에는 약 사백 년 간의 기간이 빠져 있다. 성경의 독자들은 그 시대에 대해 거의 아무것도 배우지 못하기 때문에 그것을 성경 문학의 어두운 세기라고 부르는 것은 정당하다. 성경에서 그 시대는 대충 넘어가고 누락되어 있다.

다행히 우리는 오늘날까지 그 시대로부터 전해져 내려온 상당한 수의 문헌들을 접할 수 있다. 이 고대 유대 문헌들은 구약과 신약 사이의 기간 대한 방대한 정보를 제공한다. 이 문헌들이 묘사하는 그림은 전혀 어둡지 않다. 이 기간은 고대 이스라엘에서 전문적으로 훈련된 서기관들이 점점 더 중요한 역할을 했던 때였다. 그들은 종교적 전통에서 깊이 배우고 교육받은 일반인laypeople이었다. 이 고대 서기관들은 결국 구약성경이 된 책인 고대 문서들을 보존하고 전승하는데 헌신된 자들이었다. 그들은 고대 문서를 필사하고 전파했다. 그리고 그것을 해석하기 시작했다. 고대 문서가 권위를 얻게되고 신실한 자들의 공동체가 의미를 찾기 위해 그 문서에 관심을 갖게되면서 신성한 문서를 해석할 필요가 생겼다. 권위를 얻게되는 어떠한 문서라도 어느 시점이 되면 해석이 필요하다.

그러나 서기관들은 고대 문서를 관리하고 전승하고 해석하는 것 이상을 실행했다. 그들은 또한 제2성전 시대 유대교의 새로운 문헌들을 풍부하게 생산했다. 우리가 전 장에서 본 것처럼 이 새로운 문헌들은 오늘날 유대인과 기독교인에게 잘 알려져 있지 않다. 왜냐하면 그것들은 유대교 성경과 개신교 성경의 일부가 되지 못했기 때문이다. 상대적으로 그 문헌들은 거의 관심을 받지 못했기 때문에 19세기와 20세기 초에 재발견될 때까지 서구 2천년 동안 거의 잊혀졌다. 오늘날 이 문헌들은 점점 더 알려지고 연구되고 있으며 우리가 고대 유대교와 예수 그리고 초기 예수 운동에 대해 생각하는 방식을 변화시키기 시작했다.

우리가 구약과 신약 사이의 시간적 간격 동안 서기관들의 활동에 주목해야 하는 여러 가지 이유가 있다. 첫째, 아마도 가장 분명한 것은 성경이 고대 유대교에서 생산되고 유포된 유대 문헌들의 일부만을 보존해 왔다는 것이다. 우리 중 많은 사람이 성경을 잘 알고 있을지라도, 그렇다고 해서 성경에 고대 이스라엘에 있었던 모든 문헌들을 포함한다는 의미는 아니다. 익숙한 성경의 책들 외에도 그 당시에 쓰여졌던 몇몇 다른 문헌들이 있었다. 성경 외에 남아 있었던 책들 중 많은 것들은 다양한 유대교 그룹에게 매우 중요했다.

이 시간적 간격을 주목해야 하는 두 번째 이유는 구약의 가장 오래된 사본이 바로 이 시기에서 나왔다는 것이다. 이 사본들은 사해 두루마리에서 발견되었고 그것들은 성경의 본문 역사에 대한 말할 수 없이 귀중

한 정보를 제공해 준다. 1940년대와 1950년대에 사해 두루마리가 발견되기 이전에는 우리가 성경 형성의 가장 초기 단계로 거슬러 올라갈 수 있는 희망이 거의 없었지만 지금은 사해 두루마리을 통해 성경이 어떻게 형성되었는지에 대한 가치 있는 정보에 접근할 수 있다.

셋째, 제2성전 시대 문헌들은 우리에게 기독교 이전 유대교에 대해 엄청나게 많은 것을 말해준다. 그 문헌들은 심하게 분열되어 더 작은 그룹, 분파, 동맹으로 나뉘어진 유대교에 대해 증언해준다. 이 모든 다양한 그룹들은 그들이 고대 이스라엘의 후손이라고 주장하지만 또한 서로 상당한 차이점도 있다. 기록된 문헌을 남기는 것은 그들의 권위를 주장하고 그들의 종교적 믿음과 실천이 다른 그룹들과 어떻게 다른지를 설명하는 한 가지 방법이었다. 오늘날 우리에게 그들이 생산했던 문헌은 많은 문제들을 놓고 유대인들이 치열하게 토론하고 논쟁했던 매혹적인 시대로 들어가는 창을 열어준다. 그들의 문헌은 얼마나 많은 새로운 주제와 쟁점들이 담론으로 등장했으며 이러한 문제들이 얼마나 광범위하고 격렬하게 논의되었는지를 보여준다.

오늘날 우리가 성경 시대 이후로 유대교에서 논의되어 왔다고 생각할 수 있는 많은 종교적 주제들이 있다. 그러나 자세히 살펴보면 구약에는 그것들에 대한 논의가 거의 없거나 전혀 없다는 것을 알 수 있다. 이러한 주제가 종교적 담론의 주요한 현안이 된 것은 오직 신구약 사이의 시간적 공백기 동안이었다. 그러한 주제는 이스라엘의 회복을 가져오기 위해 마지막 때에 오실 신적 대리자인 메시아에 대한 기대, 우주론과 귀신 그리고 더러운 영들에 대한 관심, 유대인의 관습과 정체성을 정의하는 규칙서로써 토라에 대한 초점, 사후에 인간에게 일어날 일들에 대한 관심, 그리고 죽은 자의 부활과 내세에 대한 희망을 포함한다. 다시 말해서, 구약이 사후의 삶에 대해 말하는 내용으로 가득 차 있을 것이라고 예상하지만 어떤 이유에서인지 성경의 저자들은 사후에 우리에게 일어날 일들을 생각하지 않는다. 이 주제들과 추가될 수 있는 다른 주제들은 모두 사실상 구약에서는 나오지 않지만 제2성전 시대 후기에는 등장하고 종교적 논쟁의 중심이 되었다는 공통점이 있다. 그것들은 그 이후에 유대교의 일부가 되었다.

예수 시대에도 고대 이스라엘 종교는 발전했다. 이것은 더 이상 구약의 시대가 아니라 제2성전 후기의 유대교 시대였다. 예수는 구약에 묘사된 고대 이스라엘인들의 종교에 잠겨 있었던 것이 아니었다. 그는 1세기 유대교의 일부였다. 물론 이스라엘 종교와 초기 유대교 사이에 절대적인 단절이 있었던 것은 아니다. 두 종교는 모두 하늘과 땅을 창조하시고, 아브라함을 부르시며, 그의 선택된 백성으로 이스라엘을 선택하시고, 그들과 언약을 맺으시고, 토라를 주신 한 분 하나님에 대한 믿음을 공유한다. 그리고 둘 모두는 이스라엘 땅, 특히 예루살렘과의 특별한 연결을 강조한다. 그러나 시간이 지날수록 유대교는 많은 변화를 겪었고 기원후 1세기에는 그 종교적 지형은 더 이상 예전과 같지 않았다.

복음서를 읽으면 예수가 그의 시대의 종교적 논쟁에 깊이 관여되어 있는 것을 발견한다. 그는 메시아에 대한 기대에 대해 염려하였고, 귀신을 쫓아내었으며, 바리새인들과의 대화에서 토라를 해석하고, 마지막 때에 관해 설교했으며, 죽은 자의 부활을 기대하고, 사두개인들과 함께 사후 세계에 대해 논의했다. 오직 구약의 배경에서만 예수의 말씀을 이해하려는 신약을 읽는 현대 독자들에게 예수는 급진적으로 보일 것이다. 왜냐하면 그가 말하는 것은 실제로 우리가 구약에서 읽는 것과 닮지 않았기 때문이다. 그러나 우리가 예수를 그의 역사적 종교적 맥락—1세기 이스라엘의 유대교—에 둘때 우리는 많은 것을 이해하기 시작할 것이다.

즉 예수가 신약에서 배경으로 설정되어 있지만 결코 설명되지 않는 훨씬 더 넓은 세계의 일부이고, 예수는 신약보다 훨씬 더 광범위한 계속되는 종교적 논쟁에 참여하고 있었으며, 예수가 논쟁하고 설교했던 바로 그 이슈들이 많은 다른 그룹들과 종교 기관에 의해 논의되고 설교되고 있다는 것을 이해하기 시작할 것이다. 맥락은 중요하다. 구약성경은 예수의 유대교를 설명할 수 있는 맥락을 제공하지 않는다. 그러기 위해서 우리는 성경을 넘어서 구약과 신약 사이에 기록된 책들을 살펴보아야 한다. 한마디로 예수의 유대 세계를 이해하려면 '간격을 염두에 두는 것'이 필요하다.

간격 또는 공백은 무엇인가? 간격은 개신교 성경의 문학 기록에서 빈 공간이다. 이 간격은 기독교 성경에서 기독교 성경에 포함되어 있지 않은 책들 다니엘서는 제외이 속해 있는 약 사백 년의 공백이다. 어떻게 이 간격이 생겼을까? 간격은 성경 구성 과정 the making of the Bible의 결과이다. 히브리 성경과 개신교 성경에 포함된 책에는 후기 제2성전 시대 문헌이 많이 포함되어 있지 않다. 의심할 바 없이, 성경이 구성된 것, 즉 학자들이 정경적 과정이라고 부르는 것은 테이블에 둘러앉은 종교 권위자들이 어떤 책을 성경에 포함해야 할지 그리고 어떤 책을 포함하지 않을지를 결정하는 것보다 훨씬 더 복잡했다. 최종적으로 성경에 포함된 책들의 목록은 시간이 지날수록 꾸준히 증가하였다. 이 점진적인 문학적 성장의 복잡한 과정의 결과가 초기 유대교 문헌의 반 천년 가까이를 생략한 성경이다. 물론 유대교는 그 기간 동안 계속해서 발전했고 유대 공동체는 이스라엘 안과 밖 여러 곳에서 번성하였다. 사실 서기관들은 그 기간 동안 매우 활동적이었다. 역사적으로 말하자면, 그때에 공백은 없었다. 유대 공동체는 번성했고 서기관들은 계속해서 고대 문서를 전승하고 새로운 문서를 작성했으며 유대교는 빠르게 발전했다. 공백은 개신교 성경의 문학적 현상이지 고대 이스라엘의 역사적 현상이 아니다. 그것은 우리가 보았듯이 오직 완전하지 않은 개신교 문학 기록에서만 존재한다. **고대 이스라엘의 역사, 종교, 문학에서 공백**gap**은 없다.**

이 장의 목적은 두 가지이다. 이 장의 주요 목표는 독자들이 잘 알지 못하는 시간적 공백기 동안 쓰여진 유대 문헌의 적은 견본을 소개하는 것이다. 이 문헌들은 제2성전 후기 시대의 방대한 유대 문헌의 일부에 불과하고 우리의 관심을 끌 만한 다른 문헌들도 추가될 수 있다. 나는 이 특정 문헌들이 초기 유대교와 초기 예수 운동을 이해하는데 중요하기 때문에 선택했다. 다음 네 개의 장에서 그 문헌으로 돌아가 특정 구절을 다룰 것이다. 이 장의 두 번째 목표는 제2성전 시대의 재능있는 서기관들이 도입한 문학적 특징과 기법을 보여주는 것이다. 그들 직업의 진정한 대가인 이 서기관들은 그들의 선조들인 성경의 저자들로부터 물려받은 문학적 도구를 확장시키는 것을 부끄러워하지 않았다. 그들이 기록했던 많은 책들은 성경의 책들을 모델로 삼았는데, 이것은 그들이 유대 성경 Jewish Scriptures의 규범적 권위를 인정하고 그 가치를 존중했다는 것을 분명히 보여준다. 그러나 동시에 그들은 전통적인 문학적 관습을 넘어 새로운 문체와 문학 장르를 도입했다. 새로운 종교 사상은 새로운 문학적 표현 양식을 요구했다.

신약과 구약 사이 읽기: 고대 유대교와 그 문헌들

고대 유대교의 책들은 특히 이전에 한 번도 읽어 본 적이 없는 현대 독자들에게 항상 이해하기 쉬운 것은 아니다. 그것들은 성경의 책들과 달라서 이해하기 어려울 수 있다. 그러나 약간의 설명이 있으면 고대 유대교의 오랫동안 잊혀진 기록들이 생생하게 살아날 것이다. 처음에는 어렵고 이상하거나 어색해 보일 수 있는 것들이 금새 매력적이고 풍부하며 적절한 것으로 살아난다. 우리가 성경 외의 고대 유대교 문헌들을 연구할 때 초기 유대교에서 가능했던 것을 엿볼 수 있다. 제2성전 후기 시대의 초기 유대교 사상가들이 새로운 종교 개념을 탐구하고, 새로운 사상을 생각하고, 새로운 문서를 기록한 용기는 정말 놀랍다. 몇 세기 후에 기독교 운동이 된 예수와 그를 따르는 자들의 출현은 제2성전 후기 시대의 유대 작가들이 없었다면 생각지도 못했을 것이다.

사해 두루마리

제2성전 시대 서기관들의 주요 과업은 고대 문서를 보존하고 새로운 문서를 생산하는 것이었다. 그들의 작품 중 가장 훌륭한 예는 틀림없이 20세기가 가장 중요한 사본인 사해 두루마리의 발견이다. 사해 두루마리는 사해의 북서쪽 해안에 있는 유대 광야에서 발견된 고대 유대 사본이다. 1946/47년 겨울에 젊은 베두인Bedouin이 7개의 고대 두루마리가 발견된 동굴을 발견했다. 그 후 10년 동안 전체 11개의 동굴에서 사본이 발견되었다. 고고학자들은 쿰란이라고 불리는 곳에서 동굴 주변에 있는 작은 정착지를 발굴했다. 정착지와 동굴에서 발견된 토기 때문에 그 두루마리는 쿰란 정착지에 살았던 사람들의 것이었다는 것이 분명해졌다.

쿰란은 100-300명의 회원이 있는 작은 유대 공동체였다. 쿰란을 발굴했던 고고학자들은 그 유적이 개인 거주지 단위가 아니라 회합 공간과 식사 공간이 있는 공동체 센터로 사용되었을 것이라고 판단했다. 그들은 또한 사해 두루마리 원본의 일부가 기록되었을 수도 있는 하나의 커다란 직사각형 방을 발견했는데 그것을 필사실이라고 확인했다. 오늘날 대부분의 학자들은 쿰란 공동체를 에세네파의 분파라고 믿는다. 에세네파는 비록 그것이 쿰란 문서에서는 전혀 언급되지 않지만 요세푸스Josephus, 플리니우스Pliny, 필로Philo를 비롯한 몇몇 고대 서기관들에 의해 묘사된 유대교 종파 중의 하나이다. 에세네파는 긴밀하게 연결된 공동체, 재산의 공유, 부의 부정, 그들 장로들에 대한 엄격한 복종과 존경 그리고 공동체의 계층 구조로 특징지어지는 엄격한 삶의 방식으로 잘 알려져 있다. 이 모든 특징들은 쿰란 문서 자체에서도 묘사되어 있다. 우리에게 사해 두루마리를 남긴 쿰란 공동체는 기원전 2세기 후반에 그 지역으로 이주했을 가능성이 높으며, 그 정착지는 기원후 68년 로마에 의해 파괴되었다. 따라서 쿰란 공동체는 약 200년 동안 존속했다.

쿰란과 그 주변 11개 동굴에서 발견된 전체 사본의 수는 대략 900개이다. 그 문서 중 일부는 잘 보존되어 있다. 예를 들어, 1번 동굴의 원original 두루마리 중 하나는 크기가 734cm24피트가 조금 넘음이고 이사야서 66장 모두를 담고 있는 큰 이사야 두루마리이다. 그것의 복사본은 오늘날 예루살렘에 있는 이스라엘 박물관의 특별 전시관인 책의 전당Shrine of the Book에서 볼 수 있다. 그러나 대부분의 두루마리는 심하게 손상되었고 부패되었으며, 일부는 손바닥이나 우표보다 크지 않다. 대부분의 사본은 고대 두루마리의 일부인 양피지 조각양피지는 매끄럽게 쓸 수 있도록 부드러운 표면을 제공하기 위해 특별히 준비된 동물 가죽이다이다. 이 양피지 조각들을 함께 꿰매어 두루마리로 둘둘 말았다. 이 문서들은 양피지 위에 검은 잉크로 쓰여졌다. 대부분의 사해 두루마리는 히브리어와 아람어로 기록되어 있지만 일부 문서들은 그리스어로 기록되어 있다. 두루마리의 연대는 다양하다. 대부분은 기원전 2세기에서 기원후 1세기까지 300년 동안 쓰여졌다. 일부 두루마리는 쿰란 공동체보다 더 오래되었다. 이것은 그들이 그 문서들을 다른 곳에서 가져왔다는 것을 의미한다.

사해 두루마리는 무엇에 관한 것인가? 두루마리의 대략 4분의 1은 성경의 책들의 사본이다. 에스더를 제외한 구약성경의 모든 책들의 사본이 사해 두루마리에서 발견되었다. 대부분의 성경의 책들은 여러 개의 사본으로 입증되었다. 이것들은 지금까지 존재하는 가장 오래된 성경 사본이다. 성경 사본 외에도 사해 두루마리에는 성경 해석에 관한 몇 가지 주요 문서들도 포함되어 있으며 공동체 생활, 지도력, 조직 그리고 믿음에 대해 언급하는 문서들도 있다. 또한 다수의 예전 문서, 시와 감사 찬송, 쿰란 달력을 설명하는 문서, 그리고 마지막 때에 일어날 일들을 예견하는 묵시적 문서들도 있다.

사해 두루마리는 기원후로의 전환기에 유대교에 대한 가치 있는 정보들을 제공해 주기 때문에 우리에게 특히 중요하다. 우리가 특히 염두에 두어야 할 두 가지 측면이 있다. 첫째, 쿰란에서 발견된 모든 문서가 쿰란에서 쓰여진 것이 아니다. 오늘날 우리는 꽤 많은 수의 사본이 이스라엘의 다른 곳에서 쿰란으로 들어왔다는 것을 잘 알고 있다. 이것은 모든 사해 두루마리가 쿰란 공동체의 사상을 반영하는 것이 아님을 의미한다. 또한 그것은 쿰란 서고library의 발견을 더욱 의미있게 만든다. 사해 주변에서 발견된 것은 상대적으로 작은 분파의 부차적인 자료들이 아니다. 오히려 사해 두루마리는 고대 이스라엘에서 널리 유포된 유대 문헌으로 들어가는 창을 열어 이 분파 이상의 사상을 알 수 있도록 한다. 둘째, 사해 두루마리가 일부 사람들이 주장하는 것처럼 기독교 문서가 아니라는 점을 강조하는 것이 중요하다. 사해 두루마리는 유대교 사본이다. 사해 두루마리에서 기독교 문서는 발견되지 않았다. 쿰란 공동체의 일원이 예수나 그를 따르는 자들을 알고 있었다고 암시하는 것은 아무것도 없으며 신약의 인물들은 사해 두루마리에서 전혀 언급되지 않는다. 그러나 사해 두루마리에서 예수나 그를 따르는 자들이 전혀 언급되지 않는다 하더라도 여전히 그것은 예수와 초기 예수 운동을 이해하는데 최고로 가치있는 자료이다. 사해 두루마리는 고대 유대교에 대한 우리의 이해를 극적으로 증가시켜주고 기독교 이전 시대의 다양한 유대 종파들과 그것들의 믿음 그리고 관습들에 많은 빛을 비춰 준다. 좀 더 구체적으로 말하면, 일부의 경우에 신약 복음서에서 사용된 특정한 언어가 사해 두루마리에서 발견되는 언어와 놀라울 정도로 유사하기 때문에 몇몇 학자들은 복음서 저자들이 유대교 믿음과 심지어 쿰란에서 발견된 문서도 알고 있었는지에 대해 의문을 가졌다. 이 문제를 분명히 하기 위해 몇 가지 구체적인 예를 살펴볼 것이다.

70인역

제2성전 시대의 서기관들은 존중받는 문서의 필사자이며 보존자였다. 또한 그들은 첫 번째 번역자였다. 유대 성경의 첫 번째 번역본을 70인역이라고 한다. 아리스테아스의 편지 Letter of Aristeas로 알려진 고대 유대 문서에는 70인역의 기원에 관한 이야기가 나온다. 그 이야기는 그리스 왕 프톨레마이오스 2세 필라델포스 Ptolemy II Philadelphus가 이집트 알렉산드리아에 있는 그의 거대한 도서관에 토라 사본을 포함시키기 원했던 것과 관련있다. 그는 예루살렘에서 72명의 장로를 이집트로 초청하여 히브리어 토라의 그리스어 번역본을 준비하도록 했다. 그들이 예루살렘에서 도착했을 때 그들은 따뜻한 환영을 받았다. 그들은 번역 작업을 신속하게 마쳤고 그것이 왕을 너무나 기쁘게 한 나머지 새로운 번역에 변화가 생기는 것을 엄격하게 금지시켰다. 아리스테아스의 편지에 따르면 이 모든 것이 기원전 3세기에 일어났다.

오늘날 그 이야기는 흥미롭기는 하지만 허구라고 여겨진다. 그러나 '칠십'일부 다른 고대 자료에는 72인의 번역자 대신에 70인을 언급하기 때문에을 뜻하는 라틴어 *septuaginta*에서 온 셉투아진트Septuagint라는 이름이 남아 있다. 원래 셉투아진트라는 용어는 예를 들어, 아리스테아스의 편지에서와 같이 토라의 그리스어 번역만을 의미했지만 결국에는 구약의 모든 책과 심지어 전혀 번역본이 아닌 일부 책을 지칭하는 데도 사용되었다. 히브리어 본문을 그리스어로 번역하는 프로젝트가 이집트의 알렉산드리아에서 기원전 3세기에 시작되었지만 그 후 몇 세기 동안 계속되었고 아마도 고대 이스라엘을 비롯한 다른 지역에서 더 많은 번역자들이 참여했다는 것도 분명해졌다.

왜 70인역이 중요한가? 몇 가지 대답이 있다. 첫째, 히브리 성경이 기원전 3세기에 이르러 그리스어로 번역될 필요가 있었다는 사실은 그리스어와 그리스 문화가 이집트, 이스라엘 그리고 디아스포라 유대인들에게 미친 영향력이 엄청나게 컸음을 증명한다. 알렉산더 대왕의 통치기원전 336-323년와 그의 소아시아 정복이스라엘 포함, 헬레니즘, 즉 그리스 언어, 문화, 정치 그리고 생활 방식의 진보는 알렉산더가 세운 거대한 제국 전체에 퍼져있다. 유대인들 역시 그리스 문화의 일부가 되었고 특히 이스라엘 땅 밖에 살고 있었던 일부 유대인들은 쉽게 그리스어와 관습을 받아들였다이스라엘에 있는 많은 유대인들도 그리스어를 말하고 그리스어로 썼다. 따라서 유대 성경의 그리스어 번역본인 70인역은 제2성전 후기 시대의 유대인들이 헬레니즘화된 정도를 강력하게 표현한 것이다.

70인역이 특히 현재 연구를 위해 중요한 두 번째 이유는 그것이 곧 초기 기독교의 성경이 되었다는 것이다. 이미 사도 바울 시대에 초기 예수 운동은 그리스어를 사용하는 세계 전역으로 빠르게 퍼져나갔다 신약의 다른 모든 책들과 마찬가지로 모든 바울 서신도 원래 히브리어나 아람어가 아닌 그리스어로 쓰여졌다. 초기 예수를 따르는 자들에게 70인역이 그들의 성경이 되었다. 신약의 저자들이 구약을 인용할 때마다 자주 그렇듯이 70인역, 즉 구약의 히브리어 본문이 아닌 히브리 성경의 그리스어 번역본을 인용했다. 우리가 신약에서 발견하는 많은 어휘들과 심지어 일부 종교적 개념들도 직접적으로 70인역에 기초한다. 오늘날까지 70인역은 로마 가톨릭과 일부 정교회 포함 몇몇 교회의 구약 성경이다. 우리가 예수를 따르는 자들이 어떻게 성경을 이해했는지를 알기 위해서는 70인역이 필수적이다.

마지막으로 셋째, 70인역은 그것이 단지 언어뿐 아니라 내용도 히브리 성경과 다르기 때문에 중요하다. 이전 장에서 우리는 70인역에 포함되어 있는 '여분의 extra' 책들인 소위 외경의 중요성에 대해서 논의했다. 고대 유대 서기관들이 그들의 유대 성경을 그리스어로 번역을 시작했을 때 그들이 번역한 책들 중에 히브리 성경에 포함되어 있지 않은 몇몇 책들이 있었다. 이 책들은 외경이라고 알려져 있다. 창세기와 예레미야와 같이 우리에게 익숙한 책들의 경우에도 70인역과 히브리어 본문은 다르며 때로는 상당한 차이가 있다. 다른 말로 하면, 70인역 창세기는 히브리어 본문의 창세기와 같지 않다. 아래에서 70인역 성경 본문으로 돌아가 그것을 구약의 히브리어 본문과 비교할 것이다. 이 비교의 핵심은 두 버전이 서로 어떻게 다른지, 그리고 이 차이점이 초기 유대 성경 해석에 관해 우리에게 무엇을 말해주는지를 정확하게 조사하는 것이다.

에녹 1서

제2성전 시대의 서기관들은 놀라운 속도로 계속해서 새로운 책을 기록했다. 그 책은 새 것이지만 일반적으로 그 책의 인물들은 그렇지 않다. 그들은 성경에서 친숙한 인물들이다. 그리고 이 성경 인물 중 한 사람이 그가 등장하는 책의 가상 저자가 되는 것은 매우 일반적이다.

제2성전 시대의 고대 서기관들은 새로운 책을 쓸 때 자신의 이름을 쓰지 않는 것이 일반적인 관습이었다. 그들은 누구이고 왜 썼는지를 말하는 것보다 가명으로 쓰는 것을 선호했다. 초기 유대교에서 가장 인기 있는 가명은 구약의 인물들이었다. 성경 시대 이후 오랜 기간 살았던 서기관들은 종종 성경 인물을 선택하여 새로 쓴 책을 마치 성경 시대에 쓰여진 것처럼 그 인물의 이름으로 돌렸다. 어떤 의미에서 이것은 표절과는 반대이다. 여기서는 문학적 권위자의 아이디어를 훔쳐서 문서의 출처를 제대로 밝히지 않고 자신의 이름으로 쓴다기보다는, 그렇지 않으면 알려지지 않았을 저자가 책을 써서 그것을 과거의 권위있는 인물의 입에 두려는 것이다. 학문에서는 이러한 일반적인 문학적 기법을 '거짓 제목을 가진'을 의미하는 그리스어 단어 *pseudepigraphos*에서 온 위경 pseudepigraphy이라고 부른다. 위경은 과거 성경의 저자의 것으로 거짓으로 돌려진 책을 말한다.

오랜 동안 현대 학자들은 고대 유대교의 이러한 다소 일반적인 문학적 관습으로 인해 어려움을 겪었다. 위경은 고대 유대교에만 있었던 것이 아니라 기독교와 라틴 작가들에게도 폭넓게 사용되었다. 19세기와 20세기의 학자들은 다른 누군가의 이름으로 글을 쓰는 것은 잘못된 것이라고 생각했다. 그들의 이해로는 서기관들은 자신의 책을 자신의 것이 아닌 것으로 의도적으로 독자들을 속인 것이다. 이 책들은 명백한 위조였으며, 저자들은 자신의 책에 숨어 독자들로 하여금 이것이 고대의 위대한 권위자들이 쓴 영감 있는 책이라고 생각하도록 오도했다. 학자들은 최근에 와서야 저자가 하는 것이 합당한지 그렇지 않은지에 대해 현대적 감각을 사용하는 것과 현대적 기준에 대한 책임을 고대 저자에게 묻는 것은 효과가 없다는 것을 이해하기 시작했다. 위경을 위조의 행위로 생각하기보다 그 안에서 긍정적인 의미를 찾아야 한다.

성경 인물의 이름으로 글을 쓰는 것은 고대 서기관들에게는 그들이 계속해서 성경의 양식style으로 쓰고 있다는 것을 의미했다. 어떤 의미에서 그들의 책들은 성경의 속편을 의도한 것이었다. 서기관들은 성경 독자들에게 이미 친숙한 어휘를 선택하고 독자들이 성경에서 볼 수 있는 문학 표현 양식을 사용했으며 계속해서 성경 이야기를 말하면서 그것에 새롭고 흥미로운 반전을 주었다. 가명을 선택한 것은 전통, 예를 들어, 족장 아브라함의 전통, 율법의 수여자 모세의 전통, 예언자 예레미야의 전통이 계속되고 있다는 것을 독자들에게 보여주는 신호였다.

제2성전 서기관들에 의해 쓰여진 가장 중요한 책 중 하나는 오늘날 에녹 1서로 알려져 있다. 그 책은 구약성경에서 덜 알려진 인물인 족장 에녹에게 돌려졌다. 에녹은 창세기에서 매우 짧게 등장한다. 그는 창세기 5장 21-24절의 아담부터 노아까지 10명의 족장 명단에서 일곱 번째로 언급된다. 네 구절밖에 되지 않는 그의 이야기에서 그를 두드러지게 만드는 몇 가지 특징이 아니었다면 그를 놓치기 쉬웠을 것이다. 첫째, 우리는 그의 수명이 같은 명단에 있는 다른 모든 족장들의 수명보다 훨씬 짧다는 것을 알 수 있다. 에녹은 365년을 살았는데 이것은 태양력의 날 수를 즉시 생각나게 하는 숫자이다. 둘째, 나레이터narrator는 에녹이 "하나님과 동행했다"고 두 번 언급한다. 이것은 그 족장이 의인으로 여겨졌고 특히 하나님과 친밀했다는 것을 의미한다. 셋째, 에녹은 구약에서 결코 죽지 않는 몇 안 되는 인물 중 한 명이다. 그의 삶은 하나님께서 "그를 데려가셨을" 때 끝이 났다. 해석을 불러일으키고 상상력의 확장을 요구하는 네 개의 신비로운 구절들에는 많은 자료들이 있다.

그리고 이것은 바로 창세기가 완성된 이후에 일어난 일이다. 기원전 3세기 초에 에녹이라는 인물은 인기 있는 가명이 되었고 유대 서기관들은 에녹의 이름으로 글을 쓰기 시작했다. 우리가 에녹 1서라고 부르는 이 책은 그 자체가 몇몇 작은 책들의 모음이다. 20세기 중반에 한 학자는 에녹 1서는 다섯 권의 책으로 구성되어 있고 이 다섯 권의 책은 성경에서 모세의 다섯 권의 책과 유사하도록 의도되었다고 제안했다. 그러나 오늘날 에녹 1서는 다섯 권이 넘는 에녹 계열의 책들, 아마도 15권 정도를 결합한 것이 분명하다. 에녹은 매우 인기있는 인물이다. 에녹 1서의 다수의 필사본이 사해 두루마리에서 발견되었고 쿰란의 서약자들 covenanter은 그 책을 매우 존경했다는 증거가 많이 있다.

에녹의 책들 중에 가장 중요한 것은 첫 번째 책인, 감찰자들의 책 the Book of the Watchers, 에녹 1서 1-36장이다. 그것은 감찰자 잠을 자지 않기 때문에 그렇게 불림로 알려져 있는 일부 하늘 천사들에 관한 이야기를 들려준다. 그들은 인간 여자들과 성관계를 하기 위해 하늘에서부터 내려온 천사들이다. 이 이야기는 창세기 6장 1-4절에 매우 축약된 형태로 나와 있다. 감찰자들의 책에서 이 이야기는 크게 확장되어 있으며 하나님 앞에서 그들을 대신하여 중재하기 위해 선택받은 사람이 바로 에녹이다. 무엇보다 에녹은 "하나님과 동행"했다. 즉 그는 하늘 보좌에 들어갔다. 타락한 천사들의 이야기는 초기 유대교에서 큰 인기를 얻었으며 다양한 버전으로 전해지고 있다. 우리는 아래에 다시 에녹서로 돌아가 그것에 대해 논의할 것이다.

희년서

제2성전 시대의 서기관들 중 일부는 최초의 성경 번역자였고 일부는 새로운 책을 썼으며 다른 사람들은 최초의 성경 해석가였다. 우리가 오늘날 성경 해석에 대해 생각할 때 성경의 한 부분, 예를 들어, 짧은 단락이나 한 구절, 심지어 한 단어를 인용한 다음 그것을 해석하는 사람들이라고 생각하는 경향이 있다. 이러한 형태의 성경 해석은 이미 초기 유대교에서 알려져 있었고 사해 두루마리에서 그 예를 찾아 볼 수 있다. 그러나 그것은 고대 유대인들이 성경을 해석하는 유일한 방법은 결코 아니다. 다양한 형태의 성경 해석에서 고대 주석가들은 성경 본문과 성경 본문에 대한 그들의 특정한 해석을 혼합하려고 했다. 이러한 성경 해석의 형태는 성경 본문을 다시 쓰거나 다르게 표현하는 형태였다. 해석가들은 특정 구절을 인용하고 그것을 해석하기보다는 성경 본문의 특정 부분을 빼거나, 재배열거나, 새로운 부분을 추가하면서 전체 성경 구절을 해석자 자신의 말로 재진술하였다. 현대 독자들에게 이것은 문제—성경 본문의 해석이라기보다는 성경 본문으로 들어가 읽기를 간섭하는—가 있는 것처럼 보일 수 있다. 그러나 고대 이스라엘에서 이러한 성경의 해석학적 재진술은 성경 해석의 창조적인 형태였다. 요점은 단지 본문에서 어떤 측면을 강조하거나 명확히 하려는 것이 아니었다. 오히려 성경 이야기를 자신의 말로 재진술하면서 성경 본문은 해석자가 자신이 가지고 있는 종교적 개념과 법적 문제를 좀 더 깊이 표현하는 수단이 되었다.

이러한 종류의 성경 해석의 좋은 예가 기원전 160년경에 기록된 희년서 Jubilees이다. 희년서는 창세기와 출애굽기 절반을 재진술한 책이다. 창세기 1장의 창조 이야기로 시작해서 이스라엘 백성들이 광야에서 배회하다가 시내산에 이르렀고 모세가 하나님의 율법을 받기 위해 시내산에 오른다는 출애굽기 24장까지의 성경 이야기를 대략 따른다. 희년서라는 이 책의 제목은 그 저자가 역사를 49년의 단락으로 나눈다는 사실에서 유래한다. 레위기 25장에서 희년은 달력 주기에서 50년째 되는 해이다. 달력은 희년서 저자의 주요한 관심사였다. 희년서는 진짜 달력은 오늘날 유대교에서 따르는 음력이 아니라 364일의 태양력이라고 주장한다. 이것은 쿰란 공동체의 일원들이 따랐고 에녹 1서의 근저에 있는 동일한 태양력이다.

에녹 1서와 마찬가지로 희년서는 쿰란 공동체의 일원들이 가장 존중했던 문서였다. 사해 두루마리에서 15개나 되는 희년서 사본이 발견되었는데 이것은 엄청난 인기를 보여주는 놀라운 숫자이다. 다마스쿠스 문서로 알려진 쿰란의 기본 법률 문서 중 하나에서 그 저자는 다른 곳에서 성경을 인용하는 것과 거의 같은 방식으로 희년서를 인용한다. 이것은 또한 희년서가 권위있는 문서로 존중받았다는 것을 암시한다. 사해 두루마리에서 발견된 희년서의 단편은 히브리어로 쓰여졌는데 이것은 그 책이 원래 히브리어로 쓰여졌다는 것을 말해준다. 그런 다음 희년서는 그리스어로 번역되었고 그리스어에서 다른 언어로 번역되었다. 오늘날 존재하는 희년서 전체의 완전한 사본은 고대 에디오피아어인 게에즈어 Ge'ez로 되어있다.

희년서는 그것이 창세기와 출애굽기를 해석하는 방식 때문이 아니라 저자가 표현하는 종교적 관심 때문에 우리의 목적에 있어서 중요하다.

창세기를 다시 쓰고 중요한 새로운 자료를 성경 본문에 집어 넣음으로써 저자는 희년서가 기록된 연대인 기원전 2세기의 특정한 종류의 유대 신학을 엿볼 수 있도록 한다. 다른 말로 하면, 우리의 관심을 끄는 것은 희년서를 읽음으로써 창세기를 배우는 것이 아니다. 우리의 관심은 저자의 종교적 관심과 독창적인 사상 그리고 이러한 사상들이 성서 해석이라는 수단을 통해 어떻게 표현되는가에 있다. 희년서에서 그것의 신학적 입장을 정의하는 반복되는 주제들이 있는데—몇 가지 예를 들면, 364일 태양력과 주로 종교 절기에 대한 관심, 순결 문제에 대한 집착, 이방인과 분리에 대한 주장—그 중에서 특별히 흥미로운 것은 천사와 귀신의 세계에 대한 묘사이다. 토라에서 천사는 단지 중요하지 않은 인물이고 이름도 없으며 이야기plot에서 실제 등장 인물만큼 발전하지도 않는다. 그와는 대조적으로 희년서에서 천사는 훨씬 더 많은 주목을 받는다. 그리고 저자는 천사를 자주 성경 이야기에 집어 넣는다. 그리고 희년서만 그런 것은 아니다. 기원전 2세기부터 천사들과 영들은 신약을 포함하여 그 어느 때보다 많은 유대 문헌에서 훨씬 더 두드러진 역할을 한다. 다음 장에서 이에 대한 몇 가지 예를 볼 것이다.

바룩 2서와 에스라 4서

성경 외의 많은 초기 유대교 책들이 언제 쓰여졌는지, 특히 역사적 인물을 언급하지 않고 구체적인 역사적 사건을 언급하지 않는 경우에 정확히 결정하는 것은 여전히 어렵다. 우리가 검토할 두 권의 마지막 책인 바룩 2서와 에스라 4서는 훨씬 더 확고한 입장에 있다. 기원후 66년 고대 이스라엘 유대인들은 로마에 대항하여 항쟁revolt을 일으켰다. 이 항쟁은 후에 유대 전쟁the Great Jewish War으로 알려졌다. 항쟁은 이스라엘 북부에서 시작되었지만 빠르게 퍼져나갔다. 이 같은 폭동 사태에 대해 거의 관용이 없었던 로마는 빠르게 진압했다. 그 전쟁과 아무런 관련이 없었던 쿰란 공동체는 기원후 68년에 파괴되었고 예루살렘 성전은 기원후 70년에 완전히 불타버렸으며 마사다라 불리는 유대 광야의 산악 고원 지대의 꼭대기에 진을 치고 로마군에 저항한 소수의 유대 반란군들의 마지막 저항은 기원후 73년에 진압되었다.

이 두 권의 책, 바룩 2서와 에스라 4서는 예루살렘이 함락된 한두 세대 후인 기원후 1세기 후반에 기록되었다. 두 권의 책은 성전의 비극적인 파괴와 그 원인과 결과에 대한 설득력 있는 성찰이다. 어떻게 하나님께서 로마와 같은 이방 민족이 하나님의 백성을 파괴하고 예루살렘 성전을 허물며 성전에서 하나님의 보호하심의 임재와 관련된 모든 소망과 약속을 지워버리는 것을 허용하실 수 있는가? 이것은 고립된 사건이었는가? 아니면 하나님께서 이스라엘 위해 예비해 두신 무엇이 있는가? 이스라엘은 여기서 어디로 가야 했는가?

바룩 2서와 에스라 4서는 공통점이 많다. 두 책은 모두 기원후 1세기 후반에 대부분 이스라엘에서, 아마도 예루살렘 안이나 그 주변에서 쓰여졌을 것이다. 두 책은 원래 히브리어로 쓰여졌고 나중에 다른 언어로 번역되었지만 히브리어 원문이 있는 사본은 하나도 없다두 책 모두 쿰란이 파괴된 이후에 기록되었기 때문에 사해 두루마리에 그것들의 사본은 없다. 두 책에서 각각의 단어가 일치하는 여러 구절들이 있다. 그것은 두 책들이 분명히 서로 관련이 있다는 것을 의미한다. 그러나 학자들은 어떻게 그렇게 되었는지 정확하게 설명하지 못한다. 비록 바룩 2서와 에스라 4서가 실제로는 바룩과 에스라가 살았던 이후에 쓰여졌지만, 에녹 1서가 그런 것처럼 바룩 2

서와 에스라 4서도 성서 인물이 경우에는 바룩과 에스라의 이름을 따라의 것으로 돌려진다. 구약성경에서 바룩과 에스라는 모두 서기관이다. 바룩은 예언자 예레미야의 절친한 친구이자 서기관이고예레미야 36장을 보라 에스라는 바벨론 포로였던 사람들과 함께 돌아와 이스라엘 앞에서 공적으로 토라를 읽고 해석해 준 학사 겸 제사장이었다느헤미야 8장을 보라. 바룩과 에스라가 모두 1차 예루살렘 성전 파괴와 관련되어 있다는 사실은 그들의 이름을 2차 성전 파괴에 대한 응답으로 기록된 텍스트에 대한 매력적인 가명으로 만들어 주었다. 몇몇 책들이 바룩과 에스라의 것으로 돌려졌으며 따라서 바룩 2서70인역의 외경인 바룩 1서, 단순히 바룩서와 구분하기 위해와 에스라 4서에스라라는 이름의 몇몇 책들이 있다라는 이름이 붙여졌다.

이 두 개의 닮은sister 묵시 문헌은 그것들이 신약 시대에 쓰여졌기 때문에 우리에게 중요하다. 바룩 2서와 에스라 4서 만큼 신약 시대에 가깝게 쓰여진 유대교 문헌은 없다. 우리는 이 두 권의 유대 문헌과 신약의 책들 사이에 중요한 주제들이 겹치는 것을 발견할 수 있다. 로마가 예루살렘을 파괴한 피해를 복구하는 유일한 방법은 하나님의 개입를 통해서였다. 바룩 2서와 에스라 4서는 과거에 머물기보다는 하나님이 이스라엘의 마지막 적들을 물리치시고, 예루살렘을 회복시키시고 포로된 자들을 고향으로 돌아오게 하며, 메시아를 보내 죽은 자를 살리시고, 썩지 않는 새로운 세상으로 인도하시는 미래를 상상한다. '죽은 자의 부활과 천사와 함께 하는 삶'에서 그것들을 더 자세하게 살펴볼 것이다.

이스라엘을 영원히 변화시킨 시간

구약성서는 기원전 12세기부터 기원전 2세기까지, 대략 천년의 기간에 걸쳐 기록되었다. 그것은 제2성전 시대와 함께 끝났다. 19세기 독일 학자들은 제2성전 후기 시대의 유대교를 슈패트유덴툼*Spätjudentum*, 즉 '말기 유대교'라고 불렀는데 이것은 그들이 의도적으로 선택한 용어이다. 이 용어는 성서 후기 시대의 유대교를 폄하하고 후기의 타락하고 생명 없는 유대교를 묘사하기 위해 사용되었다. 그들은 제2성전 시대가 끝날 무렵에 제1성전 시대의 성경 예언자들에 의해 가장 분명하게 구현되었다고 보았던 고대 이스라엘 종교의 순수한 기원은 아무것도 남아 있지 않았다고 생각했다. '말기 유대교'라는 용어는 이스라엘은 그 멸망의 길을 갔으며 제2성전 시대에 유대교가 남긴 것이 무엇이든지 그것은 신자들에게 다시 새로운 영성을 불어넣는 진정한 종교인 기독교로 바뀌게 될 것이라는 점을 남기기 위한 것이었다. 머지않아 기독교는 그 자체로 수명이 다 되었고 낡아 빠진 유대교를 대체하게 될 것이다.

제2성전 시대에 대한 이러한 부정적인 인식은 명백한 반유대주의적 의미가 내포되어 있다는 것을 알게된 이후에도 20세기까지 오랫동안 지속되었고 일부 지역에서는 오늘날 까지 여전히 건재한다. 제2성전 시대의 유대교를 부정적으로 보는 이유는 복잡하다. 후기 성서 시대에 관한 일반적인 지식이 부족했기 때문이기도 하고 특히 유럽 개신교 신학자들 사이에서 남아 있는 반유대적 정서가 유대교를 부정적으로 보게한 분명한 이유였다. 고대 유대교 문헌의 사백 년을 건너뛰는 개신교 성경의 문학적 기록의 간격은 제2성전 시대 유대교를 오해하는 원인이 되었다.

최근에 제2성전 시대의 유대교 개념이 바뀌기 시작하면서 이 기간 동안 발생했던 변화의 의미를 점차 인식하게 되었다. 역사적으로 말해서, 제2성전 시대는 다아스포라*diaspora*가 영구적인 현실이 되었던 시기, 최초의 회당이 세워진 시기, 서기관과 랍비가 새로운 종교직으로 등장한 시기였다. 이스라엘의 문학에 영향을 미친 변화도 똑같이 중요했다. 고도로 훈련받은 새로운 계급인 서기관들은 유대 문헌을 모아서 필사했다. 이것은 궁극적으로 성경 형성으로 이어졌다. 기원전 4세기에 구약의 마지막 책들 중 몇 권이 쓰여졌고 기원전 2세기에는 다니엘서가 쓰여졌다. 가장 오래된 성경 사본은 이 시기에 만들어진 것이다. 서기관들은 최초의 유대 성경 번역본인 70인역을 만들었다. 그들은 성경을 해석하고 디아스포라 이야기 단 1-6장; 에스더나 묵시 문학 단 7-12장; 에녹 1서; 바룩 2서; 에스라 4서과 같은 새로운 문학 장르를 만들었다. 그리고 제2성전 후기 시대의 유대 저자들은 풍부한 책들을 생산했고 이스라엘을 영원히 변화시킨 새로운 사상을 종교 논쟁에 도입했으며 이 모든 사상은 다시 선택되어 후에 랍비의 글에서 광범위하게 논의되었다는 것이 우리의 목적에 가장 중요한 사실이다.

한 세기 전만 해도 학자들은 이 놀라운 시대의 엄청난 에너지와 혁신적인 정신을 볼 수 없었다. 다음에 나오는 장들에서 나는 같은 시대의 다른 해석, 즉 그 시대에서 예수의 위치에 대해 얼마나 극적으로 다른 해석을 보여줄 수 있는지 제안할 것이다. 제2성전 시대의 유대교를 정체되고 한물간 것이라고 말하는 대신 그것의 생동감에 대해 논의하고 유대교 역사에서 그것의 독특한 의미를 보여줄 것이다. 그리고 예수가 동시대 유대교에 반대했다는 입장을 취했다고 말하지 않고 예수가 그의 시대의 유대교에 깊이 잠겨 있었다고 주장할 것이다. 신약성경을 내가 이 책에서 소개하는 유대교 책들과 함께 읽을 때 예수가 그 시대의 종교 논쟁에 얼마나 적극적으로 참여하셨는지 알 수 있을 것이다. 예수의 유대 세계는 바로 제2성전 후기 시대의 유대교 세계이다.

2부

유대인 예수

3. 예수, 이스라엘의 메시아

장차 오실 분

예수의 초기 추종자들은 마리아와 요셉의 아들 나사렛 예수가 이스라엘이 기다리는 메시아라는 믿음으로 하나가 되었다. 이러한 믿음의 효과에 대한 진술은 신약 전반에 걸쳐 묘사되어 있다. 예를 들어, 요한복음 1장에서 요한은 예수가 그의 첫 번째 제자들을 어떻게 만났는지에 대한 이야기를 들려준다. 그들 중 한 명인 안드레는 세례 요한이 예수에 대해 증언하는 것을 들었다. 그는 그의 형제 시몬 베드로를 찾아가 그에게 "우리가 메시아를 만났다"라고 기뻐하며 말했다. 그때 안드로와 베드로는 예수를 따랐다. 잠시 후 그 장면이 되풀이되지만 이번에는 다른 두 제자가 등장한다. 바로 빌립과 나다나엘인데 빌립은 나다나엘에게 "모세가 율법에 기록하였고 여러 선지자가 기록한 그분을 우리가 만났으니 요셉의 아들 나사렛 예수니라"라고 말했다. 나다나엘이 얼마 후 예수를 만났을 때 그는 예수에게 "랍비여 당신은 하나님의 아들이시요 당신은 이스라엘의 임금입니다"라고 말했다. 요한복음 1장에서 요한은 그의 주요 관심이 예수가 이스라엘의 메시아이고 그에게서 메시아 약속이 성취되었다는 것을 증명하는 것임을 분명히 했다.

몇장 뒤인 요한복음 4장에서 예수는 사마리아 여자와 깊은 대화를 나눈다. 두 사람은 수가 성에 있는 야곱의 우물에서 만나 사마리아인과 유대인의 서로 다른 예배 장소에 대해 나누었다. 예수께서 사마리아 여자에게 곧 모든 사람이 신령과 진정으로 하나님을 예배할 때가 온다고 말했을 때 그녀는 메시아에 대한 유대인의 소망에 관해 언급했다.

> 25 여자가 이르되 메시아 곧 그리스도라 하는 이가 오실 줄을 내가 아노니 그가 오시면 모든 것을 우리에게 알려주시리이다 26 예수께서 이르시되 네게 말하는 내가 그라 하시니라 요한복음 4:25-26

안드레와 빌립 그리고 사마리아 여자는 모두 이스라엘의 메시아가 올 것이라는 유대인의 믿음에 대해 말한다. 그들 중 어느 누구도 이 믿음이 정확히 무엇을 의미하는지에 대해 그렇게 많이 말하지 않지만 몇 가지 분명한 것은 메시아가 이스라엘에 오신다는 것, 메시아의 도래가 임박했다는 것, 토라와 예언자들은 이미 메시아에 대해 예언했고 메시아가 오시면 "모든 것"을 계시할 것이라는 점이다. 요한은 또한 그의 복음서가 시작되는 장면에서 다수의 메시아 칭호를 사용한다. 어느 시점에서 예수에 대해 듣고 그를 만난 사람들은 예수를 "하나님의 어린양", "하나님의 아들", "이스라엘의 왕" 그리고 "인자"라고 부른다. 그리고 이것은 요한복음 1장에서 메시아와 관련되어 예수에게 적용되는 칭호이다.

하나님께서 마지막 때에 회복된 이스라엘 왕국을 다스리기 위해 보내시는 신적 대리자에 관한 믿음인 메시아 신앙Messianism은 1세기 이스라엘에서 잘 확립되었다. 예수의 제자들은 예수로부터 메시아에 대해 배우지 않았다. 그들은 예수를 만나기 전부터 이미 메시아의 오심을 기대하고 있었다. 그리고 그들은 무엇을 구해야 할지 알고 있었다. 마찬가지로 이스라엘 사람이 아닌 익명의 사마리아 여자도 "모든 것"을 드러내러 오실 메시아에 대한 유대인의 소망을 알고 있었다. 따라서 미래의 기름 부음 받은 하나님의 대리인인 메시아에 대한 믿음은 신약에서 분명히 밝히고 있는 것처럼 기독교의 발명이 아니다. 그것은 예수에게서 나온 것이 아니다. 오히려 메시아 전통은 이미 오래 전부터 유대교에서 나타난다. 메시아 신앙은 구약에 깊이 뿌리내리고 있지만 기다리던 하나님의 대리자 개념은 기원후 Common Era 이전 마지막 세기 동안 구약 시대 이후의 유대교에서 점진적으로 발전했다. 신약의 사복음서 저자들은 이러한 전통을 알고 있었고 그것에 깊은 영향을 받았다. 그들은 복음서에서 나사렛 예수를 이스라엘이 기다려온 곧 오실 하나님의 메시아로 묘사한다. 그들의 목적은 나사렛 예수가 바로 구약에 이미 신포된 이스라엘의 메시아임을 보여주는 것이다.

이번 장에서는 구약 메시아 사상의 기원에서 신약의 예수까지 고대 유대교의 메시아 사상의 발전을 추적할 것이다. 이번 장은 구약의 메시아에 관한 선별 본문으로 시작하여 구약 이후 유대 문헌에서 형성된 메시아 대망 messianic expectations을 간략히 조사하고 마지막으로 이러한 유대적 대망을 신약의 예수에 대한 묘사와 비교할 것이다. 기독교 이전의 메시아에 대한 유대적 대망과 복음서에 나타난 예수에 대한 묘사 사이에 놀랄만한 유사성이 있다.

구약의 메시아들 Messiahs

영어 단어 'messiah'와 다른 서구 언어에서 그것의 동족어는 그리스어 μεσσίας messias로 발음한다에서 왔다. 이것은 'messiah'가 왜 's'를 두번 쓰는지 말해준다. 원래 그리스어로 쓰여진 신약에서 μεσσίας라는 단어는 우리가 이미 논의한 두 곳에서 발견된다. 요한복음 1장 41절에서 안드레는 시몬 베드로에게 "우리가 메시아를 만났다"라고 말했다. 그리고 요한복음 4장 25절에서 사마리아 여자는 "메시아가 곧 오실 것을 내가 안다"라고 말했다. 그리스어 μεσσίας는 원래 그리스어가 아닌 다른 언어에서 온 차용어이다. 그것은 히브리어 *mashiakh* 히브리어와 매우 유사한 아람어에서 이 단어는 *meshikha*이다의 그리스어 버전이다. 히브리어 명사 *mashiakh*는 동사 *mashakh* 기름을 바르다에서 파생되었으며 따라서 이것은 '기름 부음 받은 자'라는 뜻이다.

이 히브리어 차용어 외에도 그리스어에는 '기름 부음 받은'에 해당하는 자신의 고유 단어 χριστός christós라고 발음한다가 있다. 이 단어에서 영어 단어 'Christ'가 왔고 이것은 그리스어 동사 *chrío* 기름 붓다와 관련있다. 따라서 'Messiah'와 'Christ'라는 단어는 '기름 부음 받은 자'라는 같은 의미를 가진다. 그러나 전자만 히브리어에서 왔고 후자는 헬라어에서 파생되었다. 신약은 예를 들어, 마가복음 1장 1절 "예수 그리스도의 복음의 시작이라"라는 마가복음의 표제에서와 같이 종종 예수를 "예수 그리스도"라고 말한다. 따라서 그리스어 구 phrase "예수 그리스도"는 단순히 '메시아 예수' 또는 '기름 부음 받은 자, 예수'를 의미한다. 마가와 신약의 다른 저자들에게 '그리스도'라는 단어는 단순히 그것의 문자적인 의미 '기름 부음 받은 자' 이상의 의미였을 것이다. 그것은 이미 메시아의 칭호가 되었다.

히브리어 명사 *mashiakh* 기름 부음 받은 자는 구약에서 40번 나온다. '기름 부음 받은 자 anointed'라고 일컬어지는 세 분류의 사람들이 있다. 왕, 제사장, 예언자이다. 성경에서 가장 흔히 '기름 부음 받은 자'라고 불리는 사람은 왕이다. 이스라엘의 첫 번째 왕인 사울은 주의 기름 부음 받은 자라고 불렸고 사울의 뒤를 이어 통치한 다윗 왕도 마찬가지였다. 이 두 사람이 이 칭호를 가진 것은 사무엘이 그들에게 기름을 부어 이스라엘의 왕으로 삼았기 때문이다. 사무엘상 16장에서 성경은 다윗이 어떻게 이스라엘의 새로운 왕으로 기름 부음을 받았는지 말해준다. 하나님이 사무엘을 다윗의 아버지 이새에게 보내어 이스라엘의 다음 왕에게 기름을 붓게 하자 사무엘은 이새에게 그의 모든 아들을 그 앞에 지나가게 했다. 형제들 중 가장 막내였던 다윗이 사무엘에게 불려갔을 때 하나님은 사무엘에게 이 아이가 미래의 왕이다라고 말씀하셨다. 이 때 사무엘은 다윗에게 기름을 부었다. "그때 사무엘이 기름 뿔병을 가져다가 그의 형제 중에서 그에게 부었더니 히브리어로 마샤흐 *mashakh* 이 날 이후로 다윗이 여호와의 영에게 크게 감동되니라"삼상 16:13. 대중의 눈에서 벗어난 이스라엘의 다음 왕을 선택하는 이 과정은 더 인상적인 공개 대관식을 기대했을 수도 있는 현대 독자들에게는 약간 낯설고 실망스러울 수 있다. 그러나 고대 이스라엘에서는 공개적인 승인과 축하가 아니라 기름 부음이라는 행위가 신적 승인을 부여한다. 기름 부음 받은 사람은 일반 사람들과 구별된다. 다윗의 경우에 참석한 사람이 몇 명이든 상관없이, 모든 어려움을 이겨내고 하나님만이 줄 수 있는 권위를 부여받았다. 기름 부음 받은 개인은 하나님께서 맡기신 특별한 과업을 가지고 있다. 하나님이 선택하신 이유는 거의 불분명하다.

사울과 다윗 외에도 성경에 '기름 부음 받은'이나 '메시아'로 불리는 다른 왕들이 있다. 이에 대한 흥미로운 예는 선지자 이사야가 "[여호와의] 기름 부음 받은 자"사 45:1라고 부르는 이스라엘 사람이 아닌 페르시아 제국의 설립자 고레스 대왕이다. 고레스는 이스라엘 사람들이 바벨론 포로 생활을 끝내고 그들의 고향으로 돌아가게 한 페르시아 왕이었다. 이사야가 고레스를 여호와의 기름 부음 받은 자라고 부른 것은 그가 이스라엘 사람이 아닌 자 중에 유일하게 '메시아'로 불린 사람이며 그에게 기름을 부어 통치의 권한을 주고 이스라엘을 포로에서 본토로 돌아오게 한 분이 바로 이스라엘의 하나님이시기 때문에 고레스가 그러한 일을 했다고 말하는 이사야의 방식이다.

구약에서 '기름 부음 받은 자'라고 불리는 두 번째 그룹은 제사장들이다. 레위기 4장에서 예루살렘 성전에 바쳐진 특별한 종류의 예물, 즉 속죄 제물과 심각한 개인의 부정함을 위한 예물에 대해 설명한다. 레위기 4장에서 논의되는 첫 번째 사례가 대제사장이 범죄한 그러한 경우이다. 그 해당 본문은 "만약 기름 부음을 받은 제사장[이 히브리어를 문자적으로 번역하면 '제사장, 메시아'일 것이다]이 범죄하여..."로 시작한다. '기름 붓다 to anoint'라는 히브리어 동사는 구약의 히브리어 본문에서 69번 사용되었다. 이 경우의 절반 정도는 아론과 그의 아들들, 대제사장들 그리고 예루살렘 성전에서 사용되는 다양한 제의 물건들의 기름 부음과 관련되어 있다. 따라서 레위기 4장에서 대제사장을 '기름 부음 받은 자'라고 하는 것은 놀라운 일이 아니다.

마지막 세 번째 그룹은 이스라엘의 예언자들이다. 이것에 대한 증거는 빈약하다. 열왕기상 19장에서 하나님은 엘리야에게 두 명의 왕, 아람의 하사엘과 이스라엘의 예후에게 기름을 부으라고 말씀하신다. 하나님은 또한 엘리야에게 "너를 대신할 예언자로" 엘리사에게 기름을 부으라고 명령하신다. 그러나 실제로 엘리사의 기름 부음은 언급되지 않는다. 시편 105편 15절에서 시편 기자는 아브라함, 이삭, 야곱의 시대부터 하나님께서 항상 이스라엘을 보호해 주셨음을 회상한다. 그런 다음 시편 기자는 하나님께서 어떻게 이방 왕들을 꾸짖으셨는지 말한다. "나의 기름 부은 자들[또는 나의 메시아들]을 손대지 말며 나의 선지자들을 해하지 말라". "나의 기름 부은 자들"과 "나의 선지자들"이라는 구phrase는 시편과 평행 구절로 사용된다. 성서 시에서 평행법으로 사용되는 두 개의 표현은 동일한 주제를 나타낸다. 따라서 시편 105편의 '기름 부음 받은 자'는 하나님의 예언자들이다. 간단히 말해서 성경에서 '기름 부음 받은 자'라고 일컬어지는 몇몇 사람들이 있는데 그들은 왕, 제사장 그리고 그보다는 덜하지만 예언자이다. 기름을 붓는 행위는 그들의 신적 소명과 입문 의식의 일부이다. 기름 부음은 그들이 거룩하지 않더라도 그들에게 신적 권위를 부여해 준다.

우리가 구약에서 발견하지 못하는 것을 주목하는 것도 동일하게 중요하다. 성경에서 기름 부음 받았다고 일컬어지는 인물들이 몇 명있지만 '메시아'나 '기름 부음 받은 자'라는 단어는 결코 구약에서 미래의 기름 부음 받은 구속자로서 어떤 인물을 지칭하는데 사용된 적은 없다. 다른 말로 하면, 구약에는 기다리는 하나님의 대리인으로서 메시아, 즉 마지막 때에 회복된 이스라엘 왕국을 다스릴 다윗의 자손이라는 개념을 아는 본문은 없다. 미래의 메시아 개념은 구약성경 이후에 발전된 것이다. 확실히 구약에는 몇몇 메시아들messiahs이 있지만 그들은 마지막 때의 신적인 인물은 아니다. 그들은 고대 이스라엘의 왕, 제사장 그리고 예언자이다. 안드레가 그의 형제 시몬 베드로에게 "우리가 메시아를 만났다"라고 말했을 때 그리고 사마리아 여자가 "메시아가 오실 것을 내가 안다"라고 말했을 때 그것은 지상의 왕, 제사장, 예언자를 말하는 것이 아니었다. 그들은 미래의 구속자, 마지막 때의 메시아에 대한 희망을 표현하고 있다.

우리는 이 개념이 구약과 신약의 간격의 시대에 쓰여진 문헌에서 발전된 것임을 알 수 있다.

고대 유대교의 메시아 대망에 대한 성경적 기초

구약에서 마지막 때에 오실 메시아에 대해 말하는 본문은 없다. 그러나 고대 유대교의 메시아 대망에 대한 성경적 기초를 제공하는 몇몇 본문은 있다. 이 성경 본문들 중 약간의 본문만이 '기름 부음 받은' 인물을 언급하지만 대부분은 그렇지 않다. 제2성전 시대에 이 본문들은 오실 메시아에 대한 예언으로 해석되었다.

메시아 예언으로 해석된 구약 본문에서 반복되는 주제는 메시아가 다윗 왕 계보에서 나올 것이며 왕적 인물이 될 것이라는 희망이다. 이 희망은 고대 이스라엘 군주들 중에 비교할 수 없을 만큼 출중한 다윗 왕의 위엄에만 근거한 것이 아니다. 사무엘하는 다윗이 빠르게 왕으로 부상한 흥미진진한 이야기를 단계별로 추적하며 들려준다. 먼저 다윗은 이스라엘 왕국 전체를 통치하는 왕이 되었다. 그런 다음 그는 이전에 이스라엘의 어떤 지파도 차지하지 못했던 예루살렘을 정복하고 그것을 새로운 정치적 수도로 만들었다. 그 후 다윗은 언약궤를 예루살렘으로 가져왔고 그로 인해 새로운 정치적 수도인 예루살렘은 또한 새로운 종교적 수도가 되었다. 그리고 다윗은 자신의 궁전을 지었다. 마지막으로 다윗은 하나님을 위해 언약궤를 안치할 새로운 장소인 성전을 짓도록 제안했지만 하나님이 허락하지 않으셨다. 하나님은 나단 선지자를 다윗에게 보내어 다윗이 하나님의 집을 짓지 말도록 하셨고 오히려 다윗의 집을 세우실 분은 하나님이신 것을 말씀하셨다. 나단의 신탁은 '성전' 그리고 '왕조' 모두의 의미를 가진 '집'이라는 단어에 대한 언어 유희이다.

> 11 전에 내가 사사에게 명령하여 내 백성 이스라엘을 다스리던 때와 같이 아니하게 하고 너를 모든 원수에게서 벗어나 편히 쉬게 하리라 여호와가 또 네게 이르노니 여호와가 너를 위하여 집을 짓고 12 네 수한이 차서 네 조상들과 함께 누울 때에 내가 네 몸에서 날 네 씨를 네 뒤에 세워 그의 나라를 견고하게 하리라 13 그는 내 이름을 위하여 집을 건축할 것이요 나는 그의 나라 왕위를 영원히 견고하게 하리라 14 나는 그에게 아버지가 되고 그는 내게 아들이 되리니 그가 만일 죄를 범하면 내가 사람의 매와 인생의 채찍으로 징계하려니와 15 내가 네 앞에서 물러나게 한 사울에게서 내 은총을 빼앗은 것처럼 그에게서 빼앗지는 아니하리라 16 네 집과 네 나라가 내 앞에서 영원히 보전되고 네 왕위가 영원히 견고하리라 하셨디 히라 시무엘하 7:11-16

나단의 신탁은 다윗의 성공이나 다윗 자신에게 맞춰져 있지 않고 대신 미래를 내다 본다. 하나님은 다윗에게 영원한 왕조, 영원히 존재할 다윗 왕국을 약속하셨다. "네 집과 네 나라가 내 앞에서 영원히 보전되고 네 왕위가 영원히 견고하리라." 놀랍게도 하나님의 약속은 무조건적인 약속이다. 다윗의 집은 이스라엘이 하나님의 계명을 따르든 그렇지 않든 상관없이 영원히 존재할 것이다. 하나님은 반드시 그래야만 될 때는 다윗의 계승자들을 심판하실 것이지만 다윗의 왕좌는 결코 위태롭지 않을 것이다. 나단은 가족 언어를 사용하여 하나님과 다윗 계승자들과의 관계를 표현했다. "나는 그에게 아버지가 되고, 그는 나에게 아들이 될 것이다." 다윗 왕조는 하나님 아버지의 보호하심을 누렸다. 하나님은 그를 징계하실 수 있지만 결코 완전히 거부하지는 않으신다. 이후 이스라엘 역사에서 바벨론과 이후 로마와 같은 이방 제국은 예루살렘을 정복하였고 다윗의 왕좌는 끝이 났지만 이스라엘은 나단 선지자의 신탁과 다윗의 집이 영원히 존재할 것이라는 무조건적인 약속을 결코 잊지 않았다.

고대 이스라엘의 궁중 이데올로기와 다윗 왕좌를 차지한 왕을 중심으로 한 거대한 희망은 시편에도 표현되어 있다. 이 시편 중 하나가 구약의 왕의 시편 중 하나인 시편 2편이다. 시편 2편은 이 시편이 쓰여지게 된 간략한 상황 묘사로 시작한다. 예루살렘에 대항하여 반란을 꾀하는 이방 나라들의 연합이 결성되었다. 그들은 그 도시를 향해 진군하여 왕을 무찌르겠다고 위협하고 있다.

> 1 어찌하여 이방 나라들이 분노하며
>   민족들이 헛된 일을 꾸미는가
> 2 세상의 군왕들이 나서며
>   관원들이 서로 꾀하여
>   여호와와 그의 기름 부음 받은 자를 대적하며 시편 2:1-2

시편 기자에게 이방 왕들과 통치자들의 반역은 단지 예루살렘에 대한 반역이 아니라 하나님과 하나님이 선택한 대표자 이스라엘 왕에 대한 반란이다. 시편에서 나타나지 않는 그 왕의 이름은 여기에서 하나님의 "기름 부음 받은 자" 또는 "그의 메시아"로 언급된다. 이러한 히브리어 용어의 사용은 우리가 본 것처럼 왕이 기름 부음 받은 자로 언급되는 구약의 다른 곳과도 잘 일치한다. 그런 다음 시편은 계속해서 하나님이 어떻게 적대적인 침략자들의 위협을 그저 비웃으시는지를 말한다. 하나님은 "내가 나의 왕을 내 거룩한 산 시온에 세웠다"시 2:6.라고 응답한다. 그 의미는 하나님이 왕과 시온을 모두 선택하셨고 어떤 나라도 하나님이 작정하신 것을 취소할 수 없다는 것이다. 나레이터의 목소리는 갑자기 하나님에서 왕으로 바뀌며 왕은 그의 신성한 임명과 하나님으로부터 받은 약속에 대해 말한다.

> 7 내가 여호와의 명령을 전하노라 여호와께서 내게 이르시되 너는 내 아들이라 오늘 내가 너를 낳았도다 8 내게 구하라 내가 이방 나라를 네 유업으로 주리니 네 소유가 땅 끝까지 이르리로다 9 네가 철장으로 그들을 깨뜨림이여 질그릇 같이 부수리라 하시도다 시편 2:7-9

이 구절에서 왕은 그가 왕의 직분을 맡게된 순간을 기억한다. 왕이 하나님이 되는 것은 아니지만 하나님은 그를 "나의 아들"이라고 부른다. 이것은 앞에서 언급한 본문인 사무엘하 7장에서 하나님이 다윗에게 그의 후손에 관해 약속하신 말씀인 "나는 그에게 아버지가 되고 그는 내게 아들이 되리라"와 비슷하다. 일반적으로 학자들은 7절의 "오늘날 내가 너를 낳았다"라는 구절을 예루살렘에서 새로운 왕의 즉위식을 반영하는 것으로 해석한다. 고대 근동의 다른 문명, 특히 이집트의 유사한 의식에서 동일한 언어가 사용되었다. 예루살렘 왕은 즉위식 때 법령으로 그에게 행해졌던 왕의 의례 protocol를 기억한다. 그것은 하나님이 이제 왕이 하나님의 '아들'이 되었다라고 선포한 때였다. 이때는 군주가 분명히 성인이기 때문에 "오늘날 내가 너를 낳았다"라는 구절은 그가 잉태된 순간을 가리킬 수 없다. 이 언어는 명백히 은유적이다. 왕의 의식적 ceremonial 기름 부음과 그의 예루살렘 왕좌를 세우는 것은 여기에서 양자 adoption 언어로 표현된다. 기름 붓는 행위를 통해 하나님은 왕을 하나님의 아들로 삼는다. 즉위식의 맥락에서 사용된 아버지-아들 언어가 인상적이다. 왕은 하나님과 특별한 친족 관계를 가지고 있으며 이제 지상에서 하나님이 대리자로 활동할 권한을 부여 받는다.

다윗이 왕이 되는 것을 묘사하는 사무엘하와 예루살렘의 왕을 하나님의 대리자로 선포하는 왕의 시편 외에도 메시아 기대의 성경적 기초로 사용되는 세 번째 본문은 성경 예언자들의 예언이다. 특히 중요한 예언적 본문 중 하나는 다윗 가계의 이상적인 미래 왕을 묘사하는 이사야 11장이다. 이사야 11장은 이사야 9장과 밀접하게 연관되어 있다. 이 두개의 장은 다윗 왕조의 미래 왕의 의로운 통치를 찬양하고 최상의 언어로 오실 왕을 높인다. 사무엘하 7장의 나단처럼 이사야는 하나님이 다윗의 가계를 영원히 선택하셨다는 것을 당연하게 여긴다. 시편 2편의 기자처럼 이사야는 하나님이 이스라엘에서 하나님의 임재의 장소와 다윗 왕의 왕좌로 예루살렘을 영원히 선택하셨다고 믿는다.

1 이새의 줄기에서 한 싹이 나며

　그 뿌리에서 한 가지가 나서 결실할 것이요

2 그의 위에 여호와의 영

　곧 지혜와 총명의 영이요

　모략과 재능의 영이요

　지식과 여호와를 경외하는 영이 강림하시리니

3 그가 여호와를 경외함으로 즐거움을 삼을 것이며

　그의 눈에 보이는 대로 심판하지 아니하며

　그의 귀에 들리는 대로 판단하지 아니하며

4 공의로 가난한 자를 심판하며 정직으로

세상의 겸손한 자를 판단할 것이며

　　그의 입의 막대기로 세상을 치며

　　그의 입술의 기운으로 악인을 죽일 것이며

　5 공의로 그의 허리띠를 삼으며

　　성실로 그의 몸의 띠를 삼으리라

　6 그 때에 이리가 어린 양과 함께 살며

　　표범이 어린 염소와 함께 누우며

　　송아지와 어린 사자와 살진 짐승이 함께 있어

　　어린 아이에게 끌리며

　7 암소와 곰이 함께 먹으며

　　그것들의 새끼가 함께 엎드리며

　　사자가 소처럼 풀을 먹을 것이며

　8 젖 먹는 아이가 독사의 구멍에서 장난하며

　　젖 뗀 어린 아이가 독사의 굴에 손을 넣을 것이라

　9 내 거룩한 산 모든 곳에서

　　해 됨도 없고 상함도 없을 것이니

　　이는 물이 바다를 덮음 같이

　　여호와를 아는 지식이 세상에 충만할 것임이니라 이사야 11:1-9

이 본문은 다윗의 아버지 이새의 뿌리에서 나올 "한 싹"에 대해 말한다 삼상 16장. 그 싹은 예루살렘 왕좌에 앉을 다윗 왕조의 이상적인 미래의 왕인 구원자이다. 이 왕에게 주의 영이 부어질 것이다. 예언자 이사야는 2절에서 성령이 미래의 영광스러운 왕에게 주실 세 가지 은사를 나열한다. 그것은 지혜와 총명, 모략과 능력 그리고 지식과 여호와를 경외하는 마음이다. 이것들은 하나님의 영이 충만한 이상적인 왕의 특성이다.

두 번째 단락3-5절은 계속해서 다윗 계열의 왕의 통치와 그의 주요 활동을 설명한다. 그는 진실하고 정의로운 재판관으로 행동할 것이다. 이 짧은 단락의 주된 주제는 의로움이다. 왕은 공의로 심판하고 세상의 가난한 자와 소외된 자 그리고 온유한 자들에게 특별한 은혜를 베풀실 것이나 악한 자들에게는 자비를 베풀지 않을 것이고 "그의 입술의 기운으로" 그들을 죽일 것이다.

세 번째 단락6-9절은 만유의universal 평화 시대를 묘사한다. 이리가 양과 함께 눕고 사자가 송아지와 함께한다는 유명한 모티브는 풍부한 예술사에서 많은 삽화로 묘사될 만큼 잘 알려져 있다. 이사야의 모든 피조물들이 미래에 조화로움을 이룬다는 비전은 여기에서 의로운 다윗 계열의 왕의 등장과 밀접하게 연결되어 있다. 먼저 다윗 계열에서 새 왕이 부르심을 받고 하나님의 영이 부어진다. 그 왕은 지상에서 하나님의 의로운 뜻을 실행하고 온유한 자를 보호하며 악인을 물리친다. 그리고 마침내 그의 의로운 통치는 인간과 동물이 모두 함께 평화롭게 살 수 있는 전례 없는 평화의 시대를 가져온다. 완전한 다윗 계열의 왕, 즉 온 세상에 평등과 평화를 누리게 할 예루살렘 왕조의 이상화된 견해에 대한 강조는 이 본문이 원래 구성되었을 수 있는 의식occasion에 대한 중요한 단서를 제공한다. 학자들은 이사야의 신탁이 원래 예언자 이사야 시대에 왕이 즉위한 대관식의 일부였을 것이라고 제안한다. 이 왕은 히스기야 왕이였을 수도 있지만 이것은 그렇게 추측할 뿐이다.

"이리가 어린 양과 함께 살며 표범이 어린 염소와 함께 눕는" 평화의 왕국을 다스릴 다윗 계열의 미래 왕에 대한 이 유명한 묘사는 너무 환상적이고 유토피아적으로 보여서, 비록 성서 학자들이 이사야의 이 본문이 고대 이스라엘의 새로운 왕의 대관식을 위해 구성되었을 것이라고 주장함에도 불구하고, 이사야서를 읽는 초기 유대교와 기독교 독자들이 왜 이 구절이 평범한 왕이 아니라 메시아, 즉 메시아적인 평화의 왕국을 건설하기 위해 마지막 때에 나타날 하나님의 기름 부음 받은 자로 묘사하는 것으로 이해했는지 상상하는 것은 그리 어렵지 않다.

우리가 간략하게나마 고려해 볼 필요가 있는, 후기 메시아 기대에 중요한 역할을 하는 구약의 마지막 본문은 다니엘서에서 찾아 볼 수 있다. 다니엘서 7장에서 이 책의 주인공 다니엘은 그를 크게 번민하게 하는 꿈을 꾼다. 그의 환상에서 다니엘은 하늘로 올라가고 거기서 하나님의 보좌로 나아가 심판의 장면을 목격한다. 그는 보좌에 앉으신 하나님과 그의 임재에서 불이 나오고 천사들이 그를 둘러싸고 있는 것을 본다. 그때 거만하게 말하는 작은 뿔로 표현되는 지상의 마지막 이교도 황제기 하나님의 보좌 앞에 서게 된다. 하나님은 황제에게 사형을 선고하고 그를 파멸시킨다. 그 다음 다니엘은 권세가 이동하는 것을 목격한다. 이전에 황제에게 속했던 통치권이 이제 본문에서 단지 "인자 같은 이"라고 표현되는 새로운 인물에게 주어진다.

> 13 내가 또 밤 환상 중에 보니 인자 같은 이가 하늘 구름을 타고 와서 옛적부터 항상 계신 이에게 나아가 그 앞으로 인도되매 14 그에게 권세와 영광과 나라를 주고 모든 백성과 나라들과 다른 언어를 말하는 모든 자들이 그를 섬기게 하였으니 그의 권세는 소멸되지 아니하는 영원한 권세요 그의 나라는 멸망하지 아니할 것이니라 다니엘 7:13-14

황제가 사형 선고 받고 죽음이 이르자 다니엘은 "인자 같은 이"가 구름을 타고 오는 것을 본다. 여기서 "인자 같은 이"라고 번역된 아람어 표현은 "사람의 아들Son of Man"로도 번역될 수 있다. 이 인물은 옛적부터 계신 하나님 앞에 선다. 그때 "인자 같은 이"는 마지막 황제에게 있었던 온 땅에 대한 지배권을 위임받는다. 그는 하나님의 임명에 의해 승리로 다스리는 "영원한 권세를 가진" 왕이다. 다니엘 7장의 환상은 거만하게 말하는 뿔로 표현되는 역사의 마지막 시대로부터 하나님의 의해 세워지고 영원한 왕국을 다스릴 "인자 같은 이"에게 권세가 이양되는 전환을 묘사한다.

다니엘 7장의 경우에 우리는 그 본문 단락의 연대를 더 잘 알 수 있다. 다니엘이 하늘 보좌로 올라가는 이야기는 예루살렘에 있는 유대인들이 다니엘의 환상에 나오는 거만한 뿔인 시리아-그리스 통치자 안티오코스 4세 에피파네스에게 박해 받던 시기에 기록되었다. 안티오코스 치하의 박해는 기원전 167년에서 164년까지 지속되었다. 심판 장면에 대한 다니엘의 기록은 악한 이방 황제 아래서 고통받는 사람들을 위로하기 위한 것이다. 이 본문이 기록될 당시 유대인들은 여전히 박해를 받고 있었고 이 환상에 따르면 비록 예루살렘의 유대인들이 아직 그들의 승리를 누릴 수 없었지만 그리스 폭군은 이미 하늘에서 패하였고 그의 죽음은 이미 확정된 상태였다. 그 환상의 약속은 그들의 것이었다.

하늘의 구름을 타고 하나님께 나아오는 "인자 같은 이"에 대해서는 많은 연구들이 진행되었다. 그는 인간이 아니다. 그는 인자 '같은' 이다. 이것은 매우 분명하다. 그는 구름을 타고 오시는 천상의 인물이다. 그의 정체성에 관해 몇몇 제안들이 있다. 다니엘서가 하늘 영역에 관심을 가지고 있다는 점에서 "인자 같은 이"는 가브리엘이나 미가엘 같은 천사일 수 있다. 왜냐하면 이 두 천사는 다니엘서에서 언급되는 이름이기 때문이다. 현대의 많은 성서 해석가들이 지지하는 이러한 해석에 따르면 다니엘 7장은 하나님이 이스라엘의 마지막 적을 물리치시고 그의 천사들 중 하나에게 영원한 통치를 넘겨주는 하늘의 심판 장면을 묘사한다. 그러나 이것이 이 본문을 읽는 유일한 방법은 아니다. 다니엘 7장의 나머지 부분에서 해석하는 천사가 다니엘에게 나타나 그 환상을 설명해 준다. 천사가 해석해 주는 이 부분에서 "인자 같은 이"는 전혀 개인이 아니라 "거룩한 자들"22절 즉 천사들이며 이 장의 조금 뒤에 "지극히 높으신 거룩한 백성"27절은 집합적인 이스라엘 백성을 말한다.

따라서 다니엘 7장의 약속은 현재 이스라엘이 핍박받고 있는 동안 상황이 역전되어 하나님이 현재 이스라엘을 다스리는 자들에 대한 완전한 통치권을 이스라엘에게 주시는 종말론적 시간이 멀지 않았다는 것이다. 마지막으로 다니엘 7장의 초기 유대교와 기독교 독자들은 또 다른 해석을 가지고 있었다. 그들에게 "인자 같은 이"는 다름 아닌 종말의 때에 구름을 타고 오실 메시아이고 그 왕국은 메시아가 영원히 다스리는 영원한 왕국이라는 것은 의심할 여지가 없었다. 성서 본문은 이러한 해석들을 모두 수용하기에 충분히 모호한 본문이라고 할 수 있다.

이 본문들은 비록 원래의 의미가 아닐지라도 구약에서 오실 메시아에 대한 예언으로 해석되는 본문이다. 여기에 고난받는 종의 노래로 알려진 이사야서의 네 개의 시 모음사 42:1-4; 49:1-6; 50:4-11; 52:13-53:12 같은 다른 성서 본문들이 추가될 수 있다. 이 시들에서 시인은 하나님이 선택하시고 보내신, 사람들을 대신해 고통받는 익명의 개인을 묘사한다. 특히 네 번째 노래인 종의 노래는 예수를 묘사하기 위해 신약에서 자주 인용된다. 구약의 이 모든 본문들은 고대 메시아 기대를 형성하는 데에 엄청난 영향을 미쳤다.

고대 유대교의 메시아 대망

이스라엘의 운명을 회복시키기 위해 마지막 때에 오실 미래의 '기름 부음 받은' 또는 '메시아적' 인물에 대한 기대는 고대 유대교에서 널리 퍼져 있었다. 다양한 성서 외 본문에는 메시아와 메시아 시대에 대해 언급되어 있다. 이 본문들 중 일부를 살펴보기 전에 간단한 주의 사항이 필요하다. 메시아를 언급하는 기독교 이전의 많은 유대교 문헌이 있지만 고대 유대 사상에서 그것들의 중요성을 과장해서는 안 된다. 메시아의 도래는 이스라엘의 적들이 패하고, 이스라엘의 포로된 자들이 예루살렘으로 돌아오며, 죽은 자가 부활하고, 마지막 심판이 있으며, 새 예루살렘에 계시되는 많은 일들이 일어날 마지막 때의 더 큰 드라마의 일부로 기대되었다. 마지막 때의 정확한 요소는 본문마다 다르다. 메시아의 오심은 이 사건들 중 하나이지만 중심적인 사건은 고사하고 유일한 사건은 결코 아니다. 더욱이 메시아와 그의 역할에 대한 묘사는 본문마다 상당히 다르다. 요컨대 초기 유대교의 메시아 기대는 널리 퍼져 있었지만 그리 중요하지 않았고 일정하지도 않았다.

이것과 관련해서 사해 두루마리가 특히 중요하다. 왜냐하면 사해 두루마리는 우리에게 고대 유대교의 다양한 메시아 신앙을 엿볼 수 있게 해주기 때문이다. 일부 두루마리는 그러한 메시아에 대한 희망을 표현한다. 우리는 특히 쿰란에서 발견된 두 개의 두루마리인 메시아 묵시록과 '인자' 본문을 볼 것이다. 둘 다 메시아적 언어를 사용한다. 우리는 이 두 개의 쿰란 본문을 누가복음의 예수에 대한 초상과 비교할 것이다. 쿰란 두루마리와 누가복음의 예수에 대한 묘사 사이에 존재하는 놀라운 유사성은 비록 누가가 이 두개의 두루마리를 정확히 알고 있었다는 것을 증명하는 것이 불가능함에도 불구하고 그가 두 본문에서 나타나는 메시아 신앙을 확실히 잘 알고 있었다는 것을 암시한다. 누가에게 예수가 고대 유대 문헌에서 약속된 메시아라는 것은 의심할 바 없이 확실한 것이었다.

쿰란의 메시아 묵시록

메시아가 오실 때에 일어날 일들을 생생하게 묘사하는 두루마리 중 하나는 4Q521'4'는 4번 동굴을, 'Q'는 쿰란[Qumran]을, 그리고 '521'은 문서 번호를 의미한다 이다. 현대 학자들은 엄격하게 말해서 그것이 묵시 문학이 아니라 시적 형식을 지닌 마지막 때에 관한 예언이지만 이 문서를 메시아 묵시록이라고 부른다. 히브리어로 쓰여진 이 문서는 사해 두루마리에서만 발견된다. 그것이 쿰란 서고에서 발견되었지만 실제로 쿰란에서 쓰여졌기 때문에 쿰란 공동체의 독특한 신학을 반영하는지 아니면 다른 장소에서 쿰란으로 유입된 것인지에 대해서는 논쟁의 여지가 있다. 후자가 더 설득력이 있을 수 있다. 왜냐하면 그 문서에 쿰란 공동체의 고유한 어휘가 없기 때문이다.

메시아 묵시록은 보통 사해 두루마리가 그런것처럼 심하게 손상된 단 하나의 사본만이 남아 있다. 학자들은 단지 17개의 단편 조각으로 본문을 재구성했다. 이 단편 조각들의 대부분은 너무 작아서 도움이 되지 않지만 몇 구절들은 읽을 수 있을 만큼 잘 보존되어 있다. 필체로 인해 그 두루마리의 연대를 하스모니안 시대의 것으로 추정하고 이것은 메시아 묵시록이 예수보다 대략 100년 앞선 기원전 1세기 초반에 쓰여졌을 가능성이 있음을 의미한다. 서기관은 본문에 몇 가지 수정 사항을 기록했는데 이것은 쿰란에서 발견된 두루마리가 원본이 아니라 사본이라는 것을 암시한다.

다음에 나오는 일부 본문은 단편 2에서 가져온 것이다아래 번역에서 [...]와 같은 괄호 안의 줄임표는 본문에서 누락되었거나 이해할 수 없는 구절을 나타낸다.

> 1. 이는 하늘과 땅이 그의 메시아에게 귀를 기울일 것이기 때문이다. 2 그 안에 있는 모든 것이 거룩한 자들의 계명에서 떠나지 않을 것이다. 3 주를 찾는 너희들아, 주를 섬기는 일에 힘을 내어라! 4 그 마음에 소망을 두는 너희가 다 거기서 여호와를 찾지 아니하겠느냐 5 대저 여호와께서 경건한 자를 찾으시며 의인의 이름을 부르시며 7 그가 경건한 자를 영원한 나라의 보좌에 앉히시며 8 갇힌 자를 자유케 하시며 소경을 보게 하시며 굽은 자를 곧게 하시리라 9 내가 희망하는 자들을 그의 인자하심으로 영원히 붙들리라 [...] 10 선한 일을 행한 자에 대한 보상이 지체되지 않을 것이다. 11 그리고 여호와께서는 말씀하신 대로 전에 없던 놀라운 일들을 행하실 것이다. 12 그는 중상을 입은 자를 고치시며 죽은 자를 살리시며 가난한 자에게 아름다운 소식을 전하시며 13 그는 가난한 자를 만족케 하며 뿌리가 뽑힌 자를 인도하며 주린 자를 부요케 하며 메시아 묵시록; 4Q521 2 II, 1-13

단편 2의 첫 번째 행은 장면을 소개한다. 하늘과 땅은 메시아가 오실 때 "그의"아마도 '하나님의' 메시아를 들을 것이다. 그것은 본문이 마지막 때에 대한 예언, 즉 메시아가 강림한 동안 일어날 일에 대한 예언의 형태를 취한다는 것을 의미한다. 두 번째 행의 끝에 있는 "거룩한 자들"은 누군지 알 수 없지만 다니엘 7장과 다른 사해 두루마리와 같은 본문에서 그들이 하늘의 천사일 가능성이 가장 높다는 것을 안다. 그러할 경우에 아마도 메시아와 함께 나타날 하늘의 수행원 heavenly entourage 일 것이다. 따라서 1행과 2행은 메시아가 오시면 하늘과 땅에 있는 모든 사람들이 그와 그의 천사에게 복종할 것이라고 주장한다.

   3행과 4행에서 익명의 화자는 청중을 향해 직접적으로 말한다. 그들은 "주를 찾고", "그 마음에 소망을 품는" 신실한 자들이라 불린다. 화자는 그들에게 자신을 강하게 하고 메시아가 오실 때를 대비하고 준비하라고 촉구한다. 이것은 본문에서 중요한 순간이다. 왜냐하면 그것은 본문이 처음 쓰여진 이유에 대해 우리에게 말해주기 때문이다.

   5행과 6행은 하나님이 어떤 집단에 더 호의를 보이시는지에 대해 분명히 말한다. 하나님은 "경건한 자들"을 생각하시고 "의인의 이름을 부르시며" 가난한 자들을 돌보시며 신실한 자들에게 힘을 주신다. 3행과 4행에서 화자가 말하는 "주를 찾는" 자들은 분명히 5행과 6행에서 거명되는 집단의 일부로 자신을 여겼을 것이다. 7행에서 분명히 알 수 있듯이 하나님은 영원한 왕국의 보좌에 앉으실 것이다 본문은 보좌에 앉으시는 분이 하나님인지 메시아인지 분명하지 않지만 전자일 가능성이 더 높아 보인다. 다시 말하면 이것은 단지 역사의 또 다른 시대가 아니라 진정한 변화에 대한 묘사, 즉 메시아가 오심으로 시작되는 영원하고 더 나은 현실의 개시에 대한 설명이다.

   다음에 저자는 메시아 시대에 행하시는 하나님의 행적 목록, 즉 메시아 묵시록 11행에서 언급하는 대로 주의 "전에 없던 놀라운 일들"을 열거한다. 구체적인 목록이 8행에서 시작하여 9행에서 11행까지 잠시 중단된 후 12행과 13행에서 계속된다. 본문의 보존된 부분에서 그 목록은 하나님이 베푸시는 7개의 축복으로 이루어져 있다. 갇힌 자를 자유케 하고, 눈먼 자를 보게 하며, 굽은 자를 곧게 하고, 상처입은 자를 치유하며, 죽은 자를 살리고, 가난한 자에게 좋은 소식을 전파하고, 주린 자를 먹인다.

메시아가 오실 때에 일어날 사건의 목록은 초기 유대 문헌에서 드물지 않게 나타난다. 기원전 1세기 또 다른 문헌이 있는데 그것은 솔로몬의 시편으로 알려져 있다. 솔로몬의 시편은 비록 훨씬 후대에 기록된 것이지만 솔로몬 왕의 이름으로 여겨지는 8개 시편 모음집이다. 솔로몬의 시편은 쿰란에서 발견되지 않았기 때문에 사해 두루마리 중 하나가 아니다. 대신 솔로몬의 시편은 로마 군 사령관 폼페이우스가 하스모니안 왕조를 무너뜨려 100년에 걸친 그들의 통치를 종식시키고 거룩한 도시를 정복한 기원전 63년, 예루살렘이 포위된 직후에 예루살렘이나 그 주변에서 작성되었다. 솔로몬의 시편은 하스모니안 왕조의 지지자들에 의해 쓰여진 것이 아니며 폼페이우스의 예루살렘 침공을 승인한다는 분명한 표현을 하지도 않는다. 오히려 솔로몬의 시편은 본문에서 '경건한 자들the devout'로 확인되는 세 번째 그룹에서 온 것이다. 이 그룹은 하스모니안 왕조의 통치와 로마의 침략은 불법이며 둘 다 용납할 수 없는 예루살렘을 향한 하나님 뜻의 위반이라고 강력히 항의한다.

솔로몬 시편 17편은 현재 상황에 대한 탄식과 메시아를 보내달라고 하나님께 요청하는 것에 있어서 가장 분명한 시편이다. 그 시편 기자는 하나님께서 다윗을 선택하셔서 이스라엘의 왕으로 삼으셨을 때 하나님께서 다윗과 그의 후손들에게 다윗 왕조가 결코 망하지 않을 것이라고 맹세하셨던 것을 회상하면서 시작한다. 이는 사무엘하 7장의 영원한 다윗 왕조의 약속에 대한 암시이다. 그러나 기원전 63년 폼페이우스의 예루살렘 침공으로 시편 기자는 그 왕조가 무너졌다는 것을 받아들여야만 했다. 이제 시편 기자는 하나님께로 돌이켜 하나님께서 개입해 달라고 간구하고 특히 다윗 왕조의 회복을 위해 기도한다.

21 여호와여 구하옵나니 주께서 아시는 때에

　　그들을 위하여 다윗 자손을 왕으로 세워

　　당신의 종 이스라엘을 다스리게 하소서

22 그에게 능력으로 두루시어

　　예루살렘을 짓밟아 멸하려는 이방인들로부터

　　예루살렘을 깨끗케 하소서

23 지혜와 공의로 죄인을

　　유업에서 쫓아내시고

　　토기장이의 항아리처럼 죄인들의 오만함을 부수시고

24 철장으로 그들의 모든 소유를 부수고

　　그의 입의 말씀으로 불법의 나라들을 멸하시며

25 그의 경고에 열방이 그의 앞에서 도망할 것이요

　　그리고 그는 그들의 마음의 생각에 따라 죄인들을 정죄할 것입니다

　…

32 그리고 그는 하나님의 가르침을 받는 의로운 왕이 되어 그들을 다스리게 될 것이고 그의 날에 그들 가운데 불의가 없을 것이며

　　이는 모두가 거룩할 것이며 그들의 왕은 여호와의 메시아가 될 것이기 때문입니다."

솔로몬의 시편 17:21-25, 32

　　시편 기자는 이 시편을 신속하게 작성해야 했던 상황에 대해서 분명하게 표현한다. 예루살렘은 현재 "예루살렘을 짓밟아 멸망시킨" 불의한 통치자가 다스리고 있으며, 이는 로마의 예루살렘 침공에 대한 분명한 언급이다. 이방의 공격으로 인해 시편 기자는 다윗 계열의 이스라엘 왕

을 일으키시도록 하나님께 부르짖어야만 했다. 32절은 분명하게 이 왕이 바로 "여호와의 메시아"라고 말한다. 시편 기자가 보내주시도록 간구하는 이 다윗 계열의 메시아는 왕적 메시아이다. 그는 힘으로 다스리고, 이스라엘의 적들을 물리치며, 이방인이 점령한 도시를 정화하고, "불법의 나라들"을 파멸시키는 군사 통치자이다. 메시아의 활동을 묘사하기 위해 폭력적인 언어를 사용하는 것을 주저하지 않는 이러한 형태의 메시아 대망은 특정한 역사적 상황에서 비롯되었다. 그것은 이전에 예루살렘에 행해졌던 폭력적 상황이다. 메시아의 활동을 묘사하는 일부 모티브는 성경에도 언급되어 있다. 이 시편의 기초가 되는 성경 본문 중에는 다윗 계열의 미래 왕을 묘사하는 이사야 11장이 있다. 솔로몬의 시편 17편에 나오는 메시아는 지혜와 능력을 부여받을 것이고(사 11:2), "그의 입술의 기운with the word of his mouth"[2]으로(사 11:4) 불법을 행하는 자들을 파멸시킬 것이다. 구약의 또 다른 증거 본문은 시편 2편으로, 그의 왕이 열방의 통치자들에 대해 승리할 것이라는 내용이다.

그러나 우리는 메시아 묵시록으로 돌아가야 한다. 쿰란의 이 본문 저자는 어떻게 메시아 시대에 임할 하나님의 종말론적 축복을 그렇게 확신할 수 있었을까? 존재하지 않을 것 같은 이러한 하나님의 기이한 행하심의 목록은 어디서 부터 온 것인가? 솔로몬의 시편의 경우와 마찬가지로 하나님의 행동에 대한 묘사는 구약, 특히 시편과 이사야서에 크게 의존한다. 메시아 묵시록의 기초가 되는 핵심 본문 중 하나는 창조주와 구속자이신 하나님을 찬양하는 성경 찬송인 시편 146편이다. 그 시편 기자는 너무 놀라서 이스라엘이 찬양할 수밖에 없는 이스라엘 하나님의 신적

---

2 역주-이 번역은 개역개정을 따랐다. 히브리 원문에도 "그의 입술의 기운으로(רוּחַ שְׂפָתָיו)"라고 되어있다.

속성들을 열거한다. 이 목록은 메시아 묵시록에 나오는 신성한 축복 목록과 부분적으로 겹친다.

> 7 억눌린 사람들을 위해 정의로 심판하시며
> 주린 자들에게 먹을 것을 주시는 이시로다
> 여호와께서는 갇힌 자들에게 자유를 주시는도다
> 8 여호와께서 맹인들의 눈을 여시며
> 여호와께서 비굴한 자들을 일으키시며
> 여호와께서 의인들을 사랑하시며 시편 146:7-8

메시아 묵시록 저자에게 시편 146편은 메시아가 이 땅에 오실 때에 하나님이 행하실 일들을 예견하는 예언적 본문이다. 시편 146편과 메시아 묵시록이 약간 다른 순서로 나타나지만 이 두 개가 공유하는 네 가지 축복이 있다. 그것은 하나님이 주린 자를 먹이시며, 갇힌 자들에게 자유를 주시며, 맹인들의 눈을 여시고, 굽은 자들을 곧게 하시는 것이다. 하나님이 "의로운 자들을 사랑하신다"시 146:8는 시편 기자의 확신은 메시아 묵시록에서 하나님께서 그의 이름을 부르실 의인을 우선적으로 대우하신다는 보증을 연상시킨다.

시편 146편 외에 또 다른 성경 본문이 메시아 묵시록에서 두드러지게 나타난다. 이 본문은 이사야 61장의 짧은 구절이다. 이 본문에서 더 이상 누구인지 알 수 없는 익명의 화자가 자신이 어떻게 하나님에 의해 부름을 받았으며 구별되었는지를 일인칭으로 말한다. 하나님은 그에게 하나님의 영을 두셨고 기름을 부으셨다. 우리는 이사야서의 이 인물이 누구인지 모른다. 일인칭 설명이 예언자 소명 내러티브와 비슷하기 때문에 예언자 자신일 수 있지만 성경 본문에서는 그렇게 명확하지 않다. 의문의 구절은 다음과 같다.

> 1 주 여호와의 영이 내게 내리셨으니 이는 여호와께서 내게 기름을 부으사 가난한 자에게 아름다운 소식을 전하게 하려 하심이라 나를 보내사 마음이 상한 자를 고치며 포로된 자에게 자유를, 갇힌 자에게 놓임을 선포하며
> 2 여호와의 은혜의 해와 우리 하나님의 보복의 날을 선포하여 모든 슬픈 자를 위로하되 이사야 61:1-2

이사야 61장의 익명의 화자는 하나님께서 어떻게 그에게 성령을 주셨고 그에게 기름을 부으셨는지 회상한다. 참으로 성령께서 그 위에 계신 것은 하나님께서 그에게 기름을 부으셨기 때문이다. 그런 다음 화자는 계속해서 하나님께서 그에게 맡기신 사명의 구체적인 임무에 대해 말한다. 이 임무는 연속적인 부정사infinitives로 표현된다.

"[하나님께서] 나를 보내사 아름다운 소식을 전하게 하시고to bring good news…. 고치시고to bind up…. 자유를 선포하고to proclaim liberty…. 선포하고to proclaim…." 다시 한번 메시아 묵시록에 나오는 하나님의 행위 목록과 겹치는 부분이 있다. 그것은 억압받는 자에게 좋은 소식을 전하고 갇힌 자를 풀어주는 부분이다.

시편 146편은 메시아 묵시록의 저자에게 하나님이 주시는 복의 목록을 제공해 주었다. 그러나 시편 146편은 메시아를 언급하지 않는다. 사실 시편 146편에는 이것이 하나님이 주시는 복의 놀라운 특성을 제외하고 마지막 때에 관해 말하는 본문이라는 것을 암시하는 것은 아무것도 없다. 이사야 61장의 상황은 조금 다르다. 거기서는 익명의 화자가 하나

님이 성령을 어떻게 그에게 보내셨는지 환기시키면서 시작한다. 성령 모티브는 사무엘이 다윗에게 기름을 부었을 때 성령을 받은 다윗 왕의 기름 부음을 상기시킨다 삼상 16장. 그것은 또한 성령이 반복적으로 언급되는 이사야 11장을 연상시킨다. 메시아 묵시록의 저자는 이사야 61장의 기름 부음 받은 인물이 바로 그 기름 부음 받은 자, 즉 마지막 때에 오실 이스라엘의 메시아라는 것을 쉽게 알 수 있다. 쿰란의 해석자에게 이사야 61장은 하나님이 메시아가 강림하실 때에 하나님이 행하실 놀라운 일을 예언하는 성경적 증거 본문이 되었다.

예수, 이스라엘의 메시아

쿰란에서 신약성경으로 넘어가 보자. 누가복음 4장에서 예수께서 광야에서 마귀에게 시험을 받으신 후에 이스라엘 북쪽 갈릴리로 여행하신 것을 읽을 수 있다. 예수는 그의 고향 나사렛으로 돌아온다. 그날은 안식일이었으며 누가의 말에 따르면 예수께서는 "그분의 규례대로" 회당으로 들어가셨다.

> 14 예수께서 성령의 능력으로 갈릴리에 돌아가시니 그 소문이 사방에 퍼졌고 15 친히 그 여러 회당에서 가르치시매 뭇 사람에게 칭송을 받으시더라 16 예수께서 그 자라나신 곳 나사렛에 이르사 안식일에 늘 하시던 대로 회당에 들어가사 성경을 읽으려고 서시매 17 선지자 이사야의 글을 드리거늘 책을 펴서 이렇게 기록된 데를 찾으시니 곧 18 주의 성령이 내게 임하셨으니 이는 가난한 자에게 복음을 전하게 하시려고 내게 기름을 부으시고 나를 보내사 포로 된 자에게 자유를, 눈 먼 자에게

다시 보게 함을 전파하며 눌린 자를 자유롭게 하고
19 주의 은혜의 해를 전파하게 하려 하심이라 하였더라
20 책을 덮어 그 맡은 자에게 주시고 앉으시니 회당에 있는 자들이 다 주목하여 보더라 21 이에 예수께서 그들에게 말씀하시되 이 글이 오늘 너희 귀에 응하였느니라 하시니 22 그들이 다 그를 증언하고 그 입으로 나오는 바 은혜로운 말을 놀랍게 여겨 이르되 이 사람이 요셉의 아들이 아니냐 누가복음 4:14-22

나사렛 회당에서 예수의 이야기는 그의 공적 사역의 시작을 알린다. 누가가 예수를 그 당시 유대교에 깊이 잠겨 있었던 신실한 유대인으로 그리는 것은 중요하다. 또한 그가 예수의 명성을 반복해서 언급하는 것도 중요하다. 특히 이 장면에서 예수는 안식일에 회당으로 들어가셨다. 그는 이사야 두루마리를 받고 그것을 펼쳐 짧은 구절을 낭독한 후 그 두루마리를 회당 참석자에게 돌려주었다. 예수께서 읽으신 예언 구절은 선지자 이사야서의 두 구절, 이사야 61장 1-2절과 이사야 58장 6절을 합쳐 놓은 것이다. 이사야 61장은 쿰란의 메시아 묵시록의 기초가 되는 같은 구절이다. 이사야 58장은 하나님이 금식보다 어떤 형태의 예배를 더 선호하시는지를 묘사하는 말씀이다. "내가 기뻐하는 금식은 흉악의 결박을 풀어 주며 멍에의 줄을 끌러 주며 압제 당하는 자를 자유하게 하며 모든 멍에를 꺾는 것이 아니겠느냐" 사 58:6. 예수는 말씀을 읽으면서 이사야서의 두 구절을 하나의 읽기로 결합한다.

왜 누가는 예수께서 이사야의 이 특별한 구절을 읽은 것으로 기록했는가? 누가에게 예수는 성령으로 충만한 이사야 61장의 기름 부음 받은 인물이다. 누가복음 4장 1절과 4장 14절에서 예수는 이미 성령으로 충

만했다고 말한 것을 주목하라. 따라서 누가는 그가 이사야 61장의 본문을 소개하기도 전에 예수가 이사야 61장의 메시아적 인물이라는 그의 주장을 받아들이도록 자신의 독자를 준비시켰다. 예수는 이스라엘에 복된 소식을 전하고 포로된 자에게 자유를 선포하였다. 예수께서 읽으신 말씀 중 이사야 58장 6절에서 나오는 "나를 보내사 포로 된 자에게 자유를"이라는 예언은 단지 선지자 이사야를 상기시킬 뿐 아니라 좀 더 깊게 출애굽 이야기를 반향한다. 하나님은 애굽의 종살이에서 이스라엘을 해방시키셨고 억압받는 이스라엘을 자유케 하셨다. 따라서 누가는 주의 깊게 예수의 삶과 가르침을 고대 이스라엘 역사 안에 놓는다. 예수의 사역은 선지자 이사야가 표현한 소망과 복된 소식 그리고 치유와 자유에 대한 이스라엘의 갈망의 성취이다. 이 갈망은 출애굽 이야기와 자유케 하시는 하나님의 개입하심에 깊게 뿌리를 두고 있다. 예수께서 하신 모든 말씀은 "이 글이 오늘 너희 귀에 응하였느니라"로 귀결된다. 누가는 그의 독자들에게 이렇게 말하기 원한다. 예수는 성령이 머무시는 기름 부음 받은 자이며, 이스라엘의 해방을 선포하기 위해 하나님이 보내신 예언적 메시아이다.

몇 장 뒤에서 누가는 메시아 예수의 현존과 관련된 또 다른 사건 목록을 제공한다. 세례 요한은 예수가 누구인지 의심하여 그의 제자 두 명을 보내어 예수께 직접 물어보게 했다.

> 20 그들이 예수께 나아가 이르되 세례 요한이 우리를 보내어 당신께 여쭈어 보라고 하기를 오실 그이가 당신이오니이까 우리가 다른 이를 기다리오리이까 하더이다 하니 21 마침 그 때에 예수께서 질병과 고통과 및 악귀 들린 자를 많이 고치시며 또 많은 맹인을 보게 하신지라 22 예수께서 대답하여 이르

시되 너희가 가서 보고 들은 것을 요한에게 알리되 맹인이 보며 못 걷는 사람이 걸으며 나병환자가 깨끗함을 받으며 귀먹은 사람이 들으며 죽은 자가 살아나며 가난한 자에게 복음이 전파된다 하라 누가복음 7:20-22

22절의 목록을 통해 예수는 자신의 메시아적 역할과 그의 현존으로 인한 치유 행동을 간략하게 요약했다. 그것은 요한의 의심에 대한 대답인 동시에 메시아로서 예수의 정체성을 재확인하기 위한 것이다. 예수의 대답은 쿰란의 메시아 묵시록에 나오는 목록과 놀라운 정도로 비슷하다. 예수의 첫 번째와 마지막 응답인 "맹인이 보며"와 "가난한 자에게 복음이 전파되며"라는 내용은 쿰란 본문에서도 발견된다. 이 두 본문에서 공유하는 세 번째 요소가 있는데 그것은 죽은 자가 살아나는 것이다. 이사야 61장에는 부활의 언어가 없다. 메시아 묵시록과 누가복음은 이사야서에 나오는 예언에 크게 의존하지만, 둘 다 한 단계 더 나아가 그들이 가지고 있는 메시아 대망에 죽은 자의 부활에 대한 소망을 덧붙인다. 누가에게는 예수가 이사야서의 기름 부음 받은 자라는 것에 의심의 여지가 없다. 그러나 그는 또한 그 이상의 것이 있다고 분명히 말한다. 그는 죽은 자의 부활을 덧붙였다. 우리가 메시아 묵시록에서 알고 있는 이 추가 사항은 누가가 만든 것이 아니라 누가가 그의 복음서를 썼을 때 초기 유대교의 메시아 대망의 고정된 부분이 되었다. 예수의 응답에 그것을 포함시킴으로써 누가는 단지 선지자 이사야에 의존했을 뿐 아니라 메시아 묵시록에 나타난 기대에 응답함으로 예수가 메시아라는 것을 확증했다.

쿰란의 "하나님의 아들" 본문

사해 두루마리에서 고려해야 할 두 번째 본문이 쿰란과 그 주변의 11개 동굴 중에서 가장 많은 수의 사본이 있었던 4번 동굴에서 발견되었다. 4Q246 본문은 아람어로 쓰여졌고 메시아 묵시록과 같이 기원전 1세기의 것으로 추정된다. 이 간략한 구성물은 비록 그것이 2행에 언급되어 있는 "하나님의 아들"이라는 인물 때문에 대부분 "하나님의 아들" 본문으로 불리지만 학자들에게 다니엘 외경이나 아람어 묵시록과 같은 다양한 이름으로 알려져 있다.

시작과 끝부분이 소실된 심하게 조각난 이 본문은 각각 아홉 개 줄의 두 단column으로 나뉘어져 있다. 1단은 짧은 간략한 이야기로 시작한다. 익명의 개인이 보좌 앞에 쓰러진다. 그런 다음 그 익명의 개인은 계속해서 왕에게 직접 말하고 그를 진정시킨다. 왜냐하며 왕은 그가 본 환상으로 심란했기 때문이다. 이러한 종류의 장면은 다니엘서에서 잘 알려져 있다. 다니엘은 느부갓네살 왕의 꿈을 해석하기 위해 왕의 보좌 앞으로 나아갔다단 2장과 4장. 따라서 쿰란 이 본문의 제목이 다니엘 외경또는 '덜 알려진 본문'이라는 뜻에서 '감추어진'이다. 이 선견자는 "압제"와 "지방에서 큰 살육"과 연관된 해석을 제공하고 또한 앗시리아와 애굽 왕도 언급한다. 선견자는 온 땅을 다스리며 위대하다고 일컬어지는 사람이 일어나므로 이 기간이 끝날 것이라고 계속해서 설명한다.

다음의 구절은 1단이 끝나고 2단이 시작되는 부분이다.

1 그가 하나님의 아들이라 일컬을 것이요 사람들은 그를 지극히 높으신 이의 아들이라 부를 것이라 그러나 당신이 본 2 불꽃처럼 그들의 왕국도 그러

할 것입니다. 그들은 몇 년 동안만 그 땅을 다스릴 것이며 모두가 짓밟을 것이다. 사람이 사람을 짓밟고 나라를 나라 위에 짓밟고 [. . .] 4 하나님의 백성이 일어날 때까지, 그때가 되면 모든 사람이 전쟁에서 쉬게 될 것이다. 5 그의 왕국은 영원한 왕국이 될 것이며 그의 모든 길은 진실할 것이다. 그가 땅을 공정하게 심판할 것이며 6 모두가 평화를 이룰 것이다. 땅에서 전쟁이 그치고 7 모든 민족이 그에게 경의를 표할 것입니다. 위대하신 하나님이 그의 힘이 되실 것이다. 8 하나님이 그를 위하여 싸우시고 열방을 그의 손에 붙이시며 9 그들을 다 그의 앞에 던지실 것이라 하나님의 다스림은 영원한 다스림이 될 것이며 모든 깊음은…. 하나님의 아들 본문, 4Q246 II, 1-9

이 짧은 구절은 해석하기 어렵다. 1행에서 하나님의 아들이 누구인지 그리고 이 구절에서 묘사되는 여러 사건들이 순차적인지 아니면 동시적인지 모르기 때문에 해석하기 어렵다. 이 두 가지를 해석하는 문제는 서로 관련되어 있다. 어떤 학자들은 이 본문이 역사적 설명처럼 읽힌다고 말한다. 따라서 우리는 이것이 마지막 때에 차례로 펼쳐질 사건들에 대한 묵시라고 가정해야 한다. 그래서 제목이 아람어 묵시록 Aramaic Apocalypse이다. 이 학자들은 마지막 때의 악이 여기에서 연대순으로 보도된다고 주장한다. 두 번째 단의 1행에서 하나님의 아들의 출현이 2, 3행에서 소동, 유혈 사태, 다툼의 시간으로 이어지므로 이것은 틀림없이 악한 인물이라고 결론 내린다. 그는 스스로를 "하나님의 아들"과 "지극히 높으신 이의 아들"둘 다 1행에서 나타남이라고 부르는 압제적이고 악한 통치자이지만 사실은 사기꾼이다. 다양한 후보들이 제안되어졌다. 의문의 여지는 있지만 그 인물은 기원전 2세기 시리아-그리스 통치자인 알렉산더 발라스Alexander Balas일 수 있다. 그의 왕실 이름은 알렉산더 테오파토

르Alexander Theopator, "신의 아버지를 가진 알렉산더"로, 쿰란 문서의 "하나님의 아들"과 비슷하지만 완전히 같지는 않다. 그 인물은 자신을 메시아의 호칭과 권위로 주장하는 적그리스도일 수 있다. 이 해석의 문제점은 적그리스도가 쿰란의 다른 어떤 문서에서도 언급되지 않고 단지 후기 기독교 문서에서만 발견된다는 것이다.

두 번째 그룹의 학자들은 그 구절에 대해 다른 해석을 제시했고, 내 생각에 그것이 더 그럴듯한 해석인 것 같다. 그들은 "하나님의 아들"과 "지극히 높으신 이의 아들"이 모두 메시아에 대한 칭호이고 본문에서 이 칭호 뒤에 있는 인물은 악한 사기꾼이 아니라 메시아라고 주장한다. 그들은 이 두 가지 메시아 칭호의 성경적 기원은 하나님이 왕에게 "너는 내 아들"이라고 말씀하신 왕의 시편인 시편 2편과 하나님이 다윗의 후손들에게 "나는 그에게 아버지가 되고 그는 내게 아들이 되리니"라고 말씀하시는 사무엘하 7장 다윗의 집에 대한 나단의 예언이라고 말한다"지극히 높으신 이의 아들"이라는 칭호는 성경적 기원이 없다. 이 해석에 따르면 2, 3절의 재앙은 메시아의 강림와 동시에 발생한다. 그러한 일들은 메시아가 나타날 때 일어날 것이다. 많은 사회적 불안과 압제가 있을 것이다. 4절에서 하나님은 자신의 백성들을 일으키시고 그들에게 평화를 주신다. 나머지 5-9절에서는 영원한 메시아 왕국을 묘사한다. 메시아적 인물의 정확한 특성은 파악하기 어렵지만 몇 가지 세부적인 부분은 분명하게 묘사된다. 그는 온 땅의 심판자로 행할 것이고5, 6절 모든 도시들은 그에게 경의를 표할 것이며7절 적대적인 나라들은 그를 이기지 못할 것이다8, 9절. 다시 한 번, 시편 2편과의 유사성은 놀랍다. 이 시편에서 하나님은 단지 예루살렘을 공격하려는 열방의 동맹들을 비웃으신다. 하나님이 기름 부으신 다윗 왕조에 현재 계승자는 이스라엘 적들에 대해 승리할 것이다.

"하나님의 아들"과 "지극히 높으신 이의 아들"이 메시아라고 주장하는 하나님의 아들 본문에 대한 두 번째 해석이 첫 번째 해석보다 더 그럴듯한 이유 중 하나는 이 구절이 누가복음의 수태고지 내러티브와 놀랄만큼 평행하기 때문이다. 가브리엘 천사가 성전에서 제사장 스가랴에게 나타나 세례 요한의 탄생을 미리 예고한 후에 가브리엘은 마리아에게 가서 예수의 탄생을 알린다.

> 26 여섯째 달에 천사 가브리엘이 하나님의 보내심을 받아 갈릴리 나사렛이란 동네에 가서 27 다윗의 자손 요셉이라 하는 사람과 약혼한 처녀에게 이르니 그 처녀의 이름은 마리아라 28 그에게 들어가 이르되 은혜를 받은 자여 평안할지어다 주께서 너와 함께 하시도다 하니 29 처녀가 그 말을 듣고 놀라 이런 인사가 어찌함인가 생각하매 30 천사가 이르되 마리아여 무서워하지 말라 네가 하나님께 은혜를 입었느니라 31 보라 네가 잉태하여 아들을 낳으리니 그 이름을 예수라 하라 32 그가 큰 자가 되고 지극히 높으신 이의 아들이라 일컬어질 것이요 주 하나님께서 그 조상 다윗의 왕위를 그에게 주시리니 33 영원히 야곱의 집을 왕으로 다스리실 것이며 그 나라가 무궁하리라 34 마리아가 천사에게 말하되 나는 남자를 알지 못하니 어찌 이 일이 있으리이까 35 천사가 대답하여 이르되 성령이 네게 임하시고 지극히 높으신 이의 능력이 너를 덮으시리니 이러므로 나실 바 거룩한 이는 하나님의 아들이라 일컬어지리라 누가복음 1:26-35

쿰란의 하나님 아들 본문에 나오는 메시아 대망과 누가복음 1장의 유명한 수태고지 장면에서 가브리엘이 예수에 대해 간략히 설명한 내용 사이의 유사성은 주목할 만하다. 특히 네 개의 단락은 밀접하게 연결되어 있다. "그가 큰 자가 될 것이다"*"하나님의 아들" 본문 1단 끝에 그리고 누가복음 1:35*; "그는 지극히 높으신 이의 아들이라 일컬어질 것이다"*"하나님의 아들" 본문 2단 1행과 누가복음 1:32*; 그리고 "그의 나라가 무궁하리라"*"하나님의 아들" 본문 2단 5행과 누가복음 1:33*. 이러한 유사성을 어떻게 이해해야 할지 확신하기 어렵다. 쿰란 학자인 존 콜린스는 John J. Collins 누가는 어떤 방식으로든 쿰란의 이 문서에 의존하고 있으며 그것을 알고 있었을 수도 있다고 추측하기도 한다. 물론 확신할 수는 없다. 그러나 분명한 것은 누가가 이러한 메시아 칭호를 사용하고 가브리엘 입에 그것을 두었을 때 누가는 그의 청중이 가브리엘의 수태고지와 하나님의 아들 본문에 쓰여져 있는 것처럼 그 당시 오실 메시아에 대한 유대인들의 기대 사이를 연결했다는 것을 알고 있었다는 것이다. 복음서를 읽는 현대 독자들에게는 그 연결이 끊어졌을 것이지만 쿰란 본문으로 인해 우리는 이제 누가의 단어 선택에 독단적인 것은 아무것도 없으며 예수의 인물 묘사는 그 시대의 유대적 메시아 기대에 응답하기 위해 주의 깊게 선택되었다는 것을 안다.

예수, 이스라엘의 메시아

마지막 때에 승리로 다스리기 위해 오실 하나님의 기름 부음 받은 대리인인 메시아에 대한 기대 즉 메시아 신앙 Messianism은 초기 유대교에 널리 퍼져있었다. 메시아 개념은 기독교의 독창적인 사상이 아니다. 그것은 구약에 깊이 뿌리를 두고 있으며 제2성전 후기 시대에 유대교에서 완전히 발전하였다. 초기 기독교인들은 그들의 유대 선조들로부터 메시아에 대한 믿음을 물려받았다. 예수와 그의 첫 번째 추종자의 시대에는 구체적인 메시아 기대가 그룹마다 달랐지만 메시아 대망 사상이 완전히 형성되었다. 예를 들어, 일부 그룹들은 다윗의 집을 회복시키고 이스라엘을 적들을 물리치며 영원한 메시아 왕국에서 최상으로 다스릴 다윗 계열의 왕적 메시아를 기대하고 있었다. 다른 그룹들은 아픈 자들을 치료하고, 갇힌 자들을 풀어주며, 가난한 자들에게 좋은 소식을 전파할 예언적 메시아를 기대하고 있었다. 다른 그룹들은 하늘의 대제사장인 제사장적 메시아를 갈망하고 있었다. 우리는 신약 전반에 걸쳐 예수에게 적용된 이러한 형태의 메시아 신앙에 관한 모든 표현들을 발견한다.

예수와 초기 예수 운동은 구약에서 나온 것이 아니다. 그것은 그 시대의 유대교, 즉 기원후the Common Era로 전환될 때의 유대교에서 시작되었다. 예수가 그 시대의 유대교에서 나왔고 그 맥락에서 이해되어야 한다는 인식은 우리가 신약을 읽는 방식에 직접적인 영향을 미친다. 우리가 위에서 논의했던 누가복음 1장과 4장에 나오는 누가의 예수에 대한 묘사가 바로 적절한 예이다.

누가복음을 읽는 다소 다른 현대적인 방식인 다음 두 가지를 고려해 보자.

1. 구약 → 신약
2. 구약 → 쿰란 → 신약

첫 번째 경우에서 우리가 고려할 수 있는 모든 것은 구약과 신약이다. 이 경우에 누가가 쿰란 본문이나 그것이 표현하는 메시아 전통을 알지 못했고, 누가가 앞에 두고 참조했던 모든 것은 구약성경이었으며, 그가 적절하다고 생각한대로 구약성경을 해석했다고 가정한다. 선지자 이사야에 대한 누가의 해석은 새롭고, 탁월하며, 예상치 못한 것이고, 그의 독자들을 놀라게 했다. 두 번째 경우에 우리는 쿰란 본문의 증거를 염두에 두면서 누가가 예수의 이야기를 썼을 때 그는 쿰란 본문에서 입증된 주석적 전통을 알고 있었다고 가정한다. 일단 우리가 누가가 두루마리나 그 안에 표현된 메시아 전통을 알고 있었다는 가능성을 허용한다면 그는 이사야서의 이 구절들을 메시아에 대한 예언으로 해석한 첫 번째 사람이 아니었을 것이다. 문제는 누가복음을 이해하는 이 두 가지 현대적 방식에 차이점이 있는지에 대한 여부이다. 사해 두루마리를 알고 있는 지금 복음서에 대한 우리의 해석이 바뀌어야 하는가? 사해 두루마리는 누가의 기독론을 이해하는데 도움이 되는가? 대답은 '그렇다'가 되어야 한다.

만약에 우리가 가지고 있는 것이 구약과 신약뿐이고 다른 유대 문헌들이 없다면 가브리엘이 예수를 "지극히 높으신 이의 아들"과 "하나님의 아들"이라고 부른 것은 우연일 것이다. 우리는 이 별칭이 시편 2편이나 사무엘하 7장의 다윗의 집에 대한 약속을 암시한다고 생각할 수 있다. 그러나 이것들이 구약성경에서 언급된 것 이외에 어떤 특별한 의미를 지난 특정한 칭호라고 가정할 이유는 없을 것이다.

유사하게, 누가가 예수가 나사렛 회당에서 읽은 구약의 구절로 이사야 61절을 선택한 것은 다소 자의적인 것으로 보인다. 분명히 이사야서에는 누가가 선택할 수 있었던 많은 다른 구절들이 있다. 어떤 사람들은 누가 이야기의 핵심은 예수가 예기치 못한 방식으로 성서를 해석하므로 어떻게 그가 유대 공동체와 단절되었는지를 보여주는 것이라고 주장한다. 누가는 예수와 그 시대의 유대 문화가 대립하는 것으로 묘사하였고 이러한 점에서 예수는 누가복음에서 반문화적이라고 여겨졌다. 예수는 이사야 61장의 예언이 '오늘' 이루어졌다고 선포했는데 이것은 예수가 유대 당국에 맞서고 그 시대의 유대 관습에 도전하기 위해 전복적subversive

으로 성서를 읽은 것이다. 예수는 동시대 유대인들과는 반대로 유대 성서를 사용하였다.

신약성경 전체로 확장되는 누가복음에 대한 이러한 현대적인 해석은 예수가 구약에서 곧바로 출현했다고 하는 전통적 관점에 입각한 것이다. 신약성경의 유대적 맥락은 다른 어떤 것도 아닌 구약성경이다. 누가에 대한 이러한 이해는 크게 오도된 것이며, 몇 가지 근거에 대한 실패이다. 첫째, 그것은 구약이 설명할 수 없는 요소들, 즉 예수가 그 시대의 유대교에 얼마나 깊이 잠겨 있었는지를 보여주는 누가복음의 많은 요소를 간과한다. 예수는 구약에는 없는 기관인 회당에 다니셨고 예언서를 읽으셨다. 만약 예수가 행한 읽기가 예배의 한 부분이라면 누가는 이것을 명시적으로 말하지 않는다 이것은 오늘날까지 매주 안식일 아침 유대인 예배에서 토라와 함께 낭독되는 예언서 읽기인 하프타라 Haftarah의 공적 낭독이었을 것이다. 하프타라 읽기는 구약에서 결코 언급되지 않는다. 즉 이러한 해석은 역사적 맥락을 전혀 고려하지 않고 누가복음을 다룬 것이다. 이 해석은 적어도 암시적으로는 누가복음의 유일한 맥락은 구약이라고 주장하지만 그것은 분명히 그렇지 않다.

둘째, 사해 두루마리와 다른 초기 유대 문헌 덕분에 이제 우리는 예수 시대의 유대교에 대해 훨씬 더 많은 것을 알게 되었다. 쿰란의 메시아 묵시록과 하나님 아들 본문 때문에 우리는 누가가 메시아 호칭과 구약의 증거 본문을 자의적으로 선택한 것이 아니라는 것을 확신있게 말할 수 있다. "지극히 높으신 이의 아들"과 "하나님의 아들"은 하나님의 아들 본문이 보여주듯이 예수보다 백년 전에 이미 칭호로 사용되었다. 그리고 메시아 묵시록이 초기 유대인들이 이사야 61장을 메시아가 도래할 때 전개될 사건들을 묘사하는 메시아 본문으로 여겼다는 것에는 의심할 여지가 없다. 쿰란과 누가복음 이 두 본문 사이의 놀라운 유사성은 우연일 수 없다. 그렇다면 누가가 메시아에 대한 이러한 칭호와 구약에서 가장 중요한 메시아 증거 본문을 잘 알고 있었으며, 예수가 유대인 메시아라고 주장하기 위해 의도적으로 두 가지를 그의 복음서에서 모두 사용했다는 것은 분명하다. 이것은 복음서의 독창성originality을 조금도 해치지 않는다. 오히려 반대로 그것은 누가가 얼마나 박식했으며 얼마나 주의 깊게 그의 메시지가 동시대 유대교의 특정한 메시아 대망에 맞춰졌는지를 보여준다. 예언자에 대한 예수의 해석은 몇몇 사람들이 생각하는 것처럼 이사야에 대한 반문화적 해석이 아니다. 오히려 누가가 동시대 유대교와 같은 성경 구절을 더 넓은 해석의 역사 내에서 이사야서를 능숙하게 배치시켜 사용한다는 점에서 친문화적deeply cultural이다. 다시 말해, 누가복음에는 구약이 신약의 유일한 유대적 맥락이라고 잘못 주장한다면 놓치게 될 의도적인 층위가 있다.

셋째, 특정한 성경 본문을 특정한 방식으로 해석하는 것은 고대 유대 성경 해석의 일반적인 특징이다. 일단 성경의 어떤 구절이 특정한 해석과 연결되면 본문과 해석은 합쳐져 분리할 수 없게 된다. 위에서 우리는 메시아 예언으로 해석된 다수의 구약 본문을 보았다. 그러면 같은 본문이 다른 그룹에 의해 그리고 다른 맥락에서도 메시아 예언으로 읽히게 된다. 누가복음에서도 마찬가지이다. 우리는 이제 누가가 예수가 회당에서 이사야 61장을 읽은 것으로 본 것은 이사야 61장을 메시아 본문으로 읽는 확립된 전통을 따른 것임을 분명히 안다. 누가는 이사야 61장과 메시아 대망 사이의 해석적 연결 고리를 만들어 내지 않았다. 이것이 이야기의 모든 요점이다. 누가는 이사야 61장을 사용하여 그의 청중에게 특정한 기대를 촉발시킨 다음 계속해서 예수가 바로 그 기름 부음 받은 자라는 것을 강조한다. 이것이 누가 자신의 반문화적 해석이라고 주장하는 것은 누가 훨씬 이전의 다른 해석자들이 이미 이사야 61장을 메시아에언으로 해석했던, 사해 두루마리에 의해 증명된 중요한 요점을 놓치고 있는 것이다. 그것은 또한 고대 유대 시대에 구약의 본문이 어떻게 필사되었고 해석되었으며 세대와 세대에 걸쳐 전수되었는지에 대한 깊은 오해에 기초하고 있다. 본문은 그것의 특정한 해석 전통에 밀접하게 연관되어 있다.

내가 청중들에게 오늘날 유대교와 기독교를 비교해 보라고 하면 일반적으로 그들은 두 종교들 사이의 분리를 강조할 것이다. 일반적으로 반응하는 첫 번째 차이점은 예수에 대한 믿음이다. 기독교인은 마리아와 요셉의 아들인 나사렛 예수가 메시아라고 고백하는 반면 유대인은 구약에서 묘사된 메시아 약속이 성취되었다고 믿지 않는다. 의심할 바 없이 유대인과 기독교인은 그들을 하나로 묶는 것, 즉 메시아에 대한 믿음으로 나뉘어 진다는 것은 분명한 사실이다. 그러나 기독교인이 제2성전 시대 유대교의 메시아 개념을 유산으로 물려받았다는 것도 마찬가지로 사실이다. 그리고 만약 우리가 읽은 모든 것이 구약과 신약뿐이었다면 누가복음에서 본 것처럼 예수가 신약에서 묘사되는 방식조차도 우리가 인지하고 있는 것보다 훨씬 더 깊이 유대적이라는 것도 사실이다. 아마도 유대인과 기독교인 사이의 분리는 보이는 것만큼 깊지는 않을 것이다.

4. 귀신과 더러운 영들의 세계

귀신과 더러운 영들: 순진한 오해인가?

예수와 그를 따르는 자들은 귀신과 더러운 영들이 밀집해 있는 고대 유대교의 세계에서 살았다. 귀신은 어디에나 존재한다. 그리고 그것들은 인간 안에 거할 수 있고 육체와 정신을 파괴시킬 수 있다는 의미에서 실제적인 것으로 여겨졌다. 다양한 질병은 귀신들의 작업 때문에 일어난다. 복음서에 따르면 더러운 영은 말하지 못하게 하고 듣지 못하게 하며 보지 못하게 만든다. 더러운 영은 간질과 같은 증상을 일으킬 수 있고 인간을 미치게 만들거나 자기 파멸의 길로 이끈다. 귀신은 언제나 위협적인 존재였다. 따라서 복음서에서 축귀가 예수의 사역의 중심이었다는 것은 놀랄만한 일이 아니다. 사도행전에는 사도들이 계속해서 병자를 치유하고 더러운 영에 고통받는 사람들을 고치는 이야기가 나온다. 이와 같이 귀신을 내어쫓는 능력은 부활하신 그리스도로부터 초기 교회의 사도들과 지도자들에게 전수되었다. 축귀 사역은 초기 예수 운동의 중요한 부분이 되었다.

오늘날 진보적인 기독교인들에게는 예수가 귀신과 영들과 대화하셨다는 사실은 무척 당혹스러운 것이다. "그 당시 사람들은 그렇게 생각했다"라는 말은 귀신과 더러운 영들에 관한 이야기가 신체적 장애와 정신적 질환이 실제로 무엇인지를 잘못 이해한 그들의 순진함을 반영한 것뿐이라고 생각하는 현대인들의 반응이다. 그러나 이 이야기에 인간 질병에 대한 원시적이고 전근대적인 오해라고 보는 그 이상의 더 많은 것을 담고 있다. 귀신과 더러운 영들의 존재에 대한 믿음은 인간이 모든 것의 중심이 아니라는 가정에 근거하고 있으며 이 가정은 의심할 바 없이 많은 현대 신자와 불신자에게 불쾌감을 준다. 인간은 단지 인간 자신 그 이상의 것으로 구성된 더 큰 실재의 부분이다. 여기에는 다른 권세와 힘 그리고 영적 존재가 포함되며 그것들 중 일부는 우호적이고 다른 일부는 적대적이다. 처음에는 적대적인 영이 인간의 몸 밖에 거주하지만 순식간에 그것들은 인간의 몸을 장악하고 그 안에 거하여 기생충이나 암과 같은 심각한 해를 입힐 수 있다. 귀신은 인간 몸 안에 거하고 거기에 기식live off하지만 거기에 속해 있지 않고 외부 침입자로 남아 있다. 이것은 귀신은 다시 쫓아낼 수 있다는 것을 의미한다. 귀신 들린 자는 침입자의 영으로부터 자유로워질 수 있고 다시 깨끗해 질 수 있다. 이러한 종류의 정화는 귀신 들린 사람이, 현대적인 치유 개념이 이해하는 것처럼 '자신과 화해'하거나 '다시 온전해지는 것'을 의미하지 않는다. 신약성경의 초점은 축귀 이야기에서 거의 아무런 역할을 하지 않고 항상 익명으로 남아 있는 귀신 들린 사람에게 있지 않고 오히려 귀신이 예수를 만나 완벽하게 힘을 잃고 즉시로 복종하는 데에 있다.

예수가 귀신을 쫓아낼 때 복음서 저자들은 이러한 축귀 사역이 현재의 세계 질서를 깨뜨리는 하나님 나라의 우월성을 나타낸다고 분명히 말한다. 복음서 저자들에게 예수의 축귀는 우연하게 베푸는 친절의 행위이거나 임의적으로 일어나는 치유 이야기가 아니다. 예수가 직면한 것은 다름 아닌 다른 종류의 대적하는 세력, 즉 잘 조직된 귀신과 더러운 영들의 왕국이다. 이 왕국은 예수께서 사탄이라고 부른 "귀신의 왕"녹 11:15인 바알세불이 다스리는 강력한 영역이다. 예수께서 귀신을 쫓아내실 때, 그는 인류의 적과 맞서 싸운 것이다. 귀신의 왕은 예수와 하나님 나라를 대항할 힘이 없다는 것이 증명된다. 일단 사람이 침략자의 영에서 자유케 되어 사탄의 압제에서 벗어난다면 사탄은 적어도 일시적으로라도 패배한 것이다. 그리고 사람은 다시 자유케 되어 하나님 나라의 복을 얻게 된다.

초기 유대인과 기독교인은 결코 귀신과 더러운 영들의 존재를 의심하지 않았고 그들의 존재를 당연하게 여겼다. 그들에게는 다양한 종류의 영들이 일상 생활의 일부였기 때문에 이것에 대해 특별할 것이 없었다. 구약과 신약에는 귀신과 더러운 영들의 기원과 특성을 설명하거나 그들의 육체적 외양이나 조직에 대해 자세히 설명하는 본문이 없다. 그러한 정보는 현대 독자들에게 유용할 수 있지만 성경에서는 그러한 정보를 찾아 볼 수 없다. 이 귀신은 누구이며 어디에서 왔는지 그리고 그들이 무엇을 나타내는지를 이해하기 위해 우리는 정경 이외의 자료들을 보아야 하고 신약의 유대적 배경으로 돌아가야 한다. 거기에서 우리는 귀신의 기원, 귀신이 발생시키는 손상, 귀신이 하나님과 천사들과 어떤 관련이 있는지, 귀신의 이름, 귀신을 물리칠 수 있는 방법에 대한 상세한 설명과 함께 귀신에 대한 풍부한 정보를 얻을 수 있다. 신약성경이 귀신에 대해서 침묵하는 것은 저자들이 그것에 대해 무지하기 때문이 아니다. 오히려 그와는 반대로 초기 기독교 저자들은 그러한 지식이 널리 퍼져 있는 세계에 살았기 때문에 그들의 독자들의 이미 알고 있다고 가정할 수 있었던 것을 다시 반복해서 설명할 필요가 없었다. 오늘날 우리에게 그러한 상황은 완전히 다르다. 우리에게 귀신과 더러운 영들 관해서 분명히 알고 있는 것은 아무것도 없다. 우리는 복음서 저자들이 당연하다고 여겼던 세계에 대해 거의 알지 못한다. 예수가 귀신을 만났을 때 정확히 무슨 일이 일어나고 있는지, 그들의 만남이 왜 위태로운지, 그리고 이 이야기들이 왜 그렇게 중요한지 이해하기 위해서 우리는 반드시 예수의 유대 세계에 관한 책으로 눈을 돌려야 한다. 우리는 후기 제2성전 유대교 세계의 적절한 문학적 역사적 맥락에서 신약의 축귀 이야기를 읽어야 한다. 그렇게 비교해서 읽지 않는다면 우리는 이 본문에서 많은 것을 놓칠 수밖에 없게 된다. 귀신과 그들의 악한 역사에 대해 우리 자신의 근거없는 생각에만 의존한다면 복음의 이야기를 심각하게 잘못 해석할 위기에 처할 것이다. 우리가 생각하는 귀신의 특성을 본문에 부과하는 것은 위험한 것이다. 본문으로 부터 읽는 것과는 반대로 본문에 부과하는 읽기는 우리의 해석을 반역사적이고 자의적인 것으로 만든다. 예수의 축귀 이야기에 대한 좀 더 진지한 해석은 그것의 유대적 배경을 인정하고 적절한 맥락에서 읽는 것이다.

예수가 귀신을 만나다

신약의 사복음서 중에서 마가복음은 귀신과 더러운 영들에 대해 특별한 관심을 가지고 있다. 마가복음은 사복음서 중 가장 짧지만 적어도 4개의 축귀 이야기가 있다 1:21-28; 5:1-20; 7:24-30; 9:14-29. 마가는 예수의 사역을 요약하면서 반복해서 귀신을 언급한다 1:32-34, 39; 3:11-12, 22-30. 귀신을 제압하는 능력은 예수께서 또한 그의 제자들에게 위임하신 권한이다 3:15; 6:7, 13; 9:38-39; 그러나 9:28-29를 보라. 귀신과 더러운 영들은 예수의 사역에 대한 마가 이야기에서 중심적인 역할을 한다.

이러한 인상은 마가복음의 첫 번째 치유 이야기가 더러운 영을 쫓아내는 이야기라는 것을 생각할 때 더욱 강화된다. 마가는 세례 요한과 예수의 세례 이야기로 그의 복음서를 시작한다1:16-20. 이어서 예수께서 광야에서 시험을 받으시고 첫 번째 제자들을 부르시는 이야기가 나오고 1:16-20 예수와 그를 따르는 적은 무리들이 갈릴리 바다 북서쪽 해안에 있는 유대 어촌 마을인 가버나움으로 이동한다. 이것이 우리의 이야기가 시작되는 곳이다.

> 21 그들이 가버나움에 들어가니라 예수께서 곧 안식일에 회당에 들어가 가르치시매 22 뭇 사람이 그의 교훈에 놀라니 이는 그가 가르치시는 것이 권위 있는 자와 같고 서기관들과 같지 아니함일러라 23 마침 그들의 회당에 더러운 귀신 들린 사람이 있어 소리 질러 이르되 24 나사렛 예수여 우리가 당신과 무슨 상관이 있나이까 우리를 멸하러 왔나이까 나는 당신이 누구인 줄 아노니 하나님의 거룩한 자니이다 25 예수께서 꾸짖어 이르시되 잠잠하고 그 사람에게서 나오라 하시니 26 더러운 귀신이 그 사람에게 경련을 일으키고 큰 소리를 지르며 나오는지라 27 다 놀라 서로 물어 이르되 이는 어찜이냐 권위 있는 새 교훈이로다 더러운 귀신들에게 명한즉 순종하는도다 하더라 28 예수의 소문이 곧 온 갈릴리 사방에 퍼지더라 마가복음 1:21-28

마가는 스토리텔링의 대가로 이것은 더러운 귀신들린 사람이 깨끗하게 된 세심하게 짜여진 이야기다. 마가는 다음과 같은 장면들을 설정하므로 그의 이야기를 시작한다. 예수께서 안식일에 가버나움 회당에 들어가서 성경을 읽으시고 가르치셨다1:21. 우리는 처음부터 예수의 말씀을 들었던 사람들이 그의 권위에 놀랐다는 것을 듣는다1:22. 그런 다음 많은 전환 장면 없이'곧, 바로'는 마가가 가장 좋아하는 표현이다 예수는 "더러운 귀신 들린" 사람을 만난다1:23. 더러운 영은 사람이 아니라 영spirit이기에 즉시로 예수를 알아보고 그에게 직접 말한다. 그 영은 방어적이며 파멸될까 두려워한다1:24. 예수는 그에게 잠잠하고 그 사람에게서 나오라고 엄하게 꾸짖으신다1:25. 그 영은 즉시로 순종하여 사람을 고통스럽게 하는 것을 멈추고 어떤 논쟁이나 싸움없이 귀신 들린 자에게서 나온다1:26. 마가는 그것을 보는 자들이 모두 놀랐다라고 묘사하므로 그 이야기를 맺는다1:7-28. 이 이야기가 시작될 때 가까이에서 예수의 가르침을 들은 사람들이 이미 놀랐다고 묘사한다1:22. 따라서 그들의 계속되는 놀람은 이 이야기의 틀을 구성한다. 회당에서 이 사건의 결과로 예수의 명성이 갈릴리 전역에 퍼지기 시작했다. 같은 날 저녁에 예수는 시몬의 장모를 고친 후에 1:29-31 계속해서 "많은 귀신들을 쫓아 내셨다"1:31; 1:39에서 다시 반복된다.

예수는 더러운 귀신 들린 사람을 고치시므로 그의 공생애를 시작하셨는데 이 이야기는 언뜻 보면 치유에 관한 이야기이다. 그러나 복음서의 치유 이야기에서 흔히 볼 수 있는 것처럼 자세히 살펴보면 치유는 복음서 저자들이 전혀 다른   이야기를 전하는 기회를 제공하는 것뿐이라는 것을 암시한다. 마가는 우리에게 귀신 들린 사람에 대해, 그의 이름, 출신, 병의 성질, 그가 예수께 도움을 청했는지, 왜 그가 회당에 있었는지, 그리고 그가 치료된 후에 그에게 무슨 일이 있었는지에 대해 아무것도 말하지 않는다. 그 이야기는 그 사람에 관한 것이 아니기에 그 사람은 거의 보이지 않는다. 몇 장 뒤에 마가는 안식일에 손 마른 사람에 대한 또 다른 치유 이야기를 들려준다3:1-6. 거기에서도 우리는 이야기의 중심에 있는 익명의 사람이나 치유 자체에 대해서는 거의 아무것도 알지 못한다. 그 이야기는 실제로 예수와 "그를 어떻게 파멸시킬 것인지"3:6에 대해 음모를 꾸미는 유대인 반대자들 사이에 커지는 갈등에 관한 것이다. 치유는 단지 갈등이 형성될 수 있는 적당한 기회를 제공한다. 마가복음 1장의 상황이 유사하다면 더러운 귀신 들린 사람의 이야기의 실제 주제는 무엇인가?

그 이야기는 무엇보다도 예수와 귀신의 만남, 두 영역의 힘의 충돌에 관한 이야기이다. 마가복음 전반에 걸쳐 마가는 "더러운 영"unclean spirit, 그리스어로 *pneuma akatartos*; 1:23, 26, 27과 "귀신"demon, 그리스어로 *daimon*; 1:32, 34, 39이라는 용어를 번갈아 가며 사용하며 그 용어를 구분하지 않는 것 같다. "더러운 영"과 "귀신"은 마가에게는 하나이고 같다. 귀신에 대한 묘사에서 한 가지 주목할 만한 부분이 있다. 귀신이 예수에게 먼저 말을 걸었을 때 그는 자신을 복수형으로 말했다. "나사렛 예수여 우리가 당신과 무슨 상관이 있나이까 우리를 멸하러 왔나이까"1:24. 그리고 잠시 후에 회당에서 구경하던 사람들이 예수의 권위에 대해 언급할 때 그들도 복수형으로 "더러운 영들"을 언급한다1:27. 예상치 못한 복수형의 사용에 대해 여러 가지 가능한 설명이 있다. 마가복음 5장의 두 번째 축귀 이야기인 거라사 귀신 이야기에서 예수는 귀신에게 그의 이름을 물었다. 이름을 알면 다른 사람을 지배할 수 있는 힘을 얻기에 이름을 묻는 것은 축귀의 기술일 수 있다.

> 이에 물으시되 네 이름이 무엇이냐 이르되 내 이름은 군대니 우리가 많음이니이다 하고 막 5:9

로마 군대 용어인 그리스어 "레기온legion"은 라틴어 *legio*군대; 대규모 부대에서 온 차용어이다. 마가복음 5장에 나오는 귀신은 사실상 예수가 치유하려는 사람은 하나가 아니라 이천 귀신에 들린 사람이라고 말하는 것이다. 비슷한 것이 마가복음 1장 이야기에서도 암시될 수 있다. 귀신이 혼자 오는 경우는 거의 없기 때문에 회당에 귀신 들린 사람도 하나가 아니라 많은 귀신이 들렸을 수 있다. 그러나 복수형을 해석하는 또 다른 방법이 있다. 나는 앞서 예수의 축귀가 두 왕국, 즉 하나님의 왕국과 사탄의 왕국의 충돌을 묘사하는 것이라고 제안했다. 마가가 귀신이 일인칭 복수형으로 예수에게 응답하는 것으로 묘사했을 때 그의 독자들에게 예수가 이 축귀 행위에서 직면한 것은 단지 개별적인 귀신이 아니라 전체 사탄의 왕국이라는 것을 말하고 싶었을 것이다.

그러나 예수와 귀신의 만남을 특별하게 만드는 것은 귀신이 아니다. 마가는 귀신에게 그다지 흥미를 느끼는 것 같지 않다. 왜냐하면 마가는 우리에게 귀신에 대해서 거의 말하지 않기 때문이다. 귀신은 재빨리 쫓겨났고 그 후에 그에게 어떤 일이 발생했는지 아무것도 듣지 못한다. 거라사 귀신 이야기에서는 상황이 조금 다르다. 복음서에서 잘 알려진 장면 중 하나에서 귀신들은 근처에 있는 돼지 떼에 들어갈 수 있게 허락하시도록 예수께 간청한다. 예수께서 허락하시니 귀신 들린 돼지들은 모두 갈릴리 바다에 빠져 죽었다.

> 11 마침 거기 돼지의 큰 떼가 산 곁에서 먹고 있는지라 12 이에 간구하여 이르되 우리를 돼지에게로 보내어 들어가게 하소서 하니 13 허락하신대 더러운 귀신들이 나와서 돼지에게로 들어가매 거의 이천 마리 되는 떼가 바다를 향하여 비탈로 내리달아 바다에서 몰사하거늘 마가복음 5:11-13

두 이야기 모두에서 귀신이 쫓겨난 후에 그들에게 어떤 일이 발생했는지 말해주지 않는다. 마가복음 1장에서 귀신은 흔적도 없이 사라지고 마가복음 5장에서 하나님께서 이스라엘을 애굽에서 구해내실 때 바로의 군대가 바다에 빠진 것처럼 이천 마리의 돼지가 바다에 빠져 죽는다. 그러나 우리는 귀신의 운명에 대해서 듣지 못한다. 예수는 승리하셨지만 귀신을 멸하지 않으셨다.

마가복음 1장에 나오는 귀신에게 가장 주목할 만한 점은 귀신이 회당에 들어가는 예수를 보자마자 예수가 누구신지 알았다는 것이다. 그 귀신은 마가복음에서 처음으로 예수를 알아보았다. 그는 먼저 예수를 "나사렛 예수"라고 불렀다. 그런 다음 그는 두 번째로 예수께 말하는데, 메시아적 칭호를 사용하여 "나는 당신이 누구인 줄 아노니 하나님의 거룩한 자니이다"라고 말했다 1:24; 이것은 시몬 베드로가 예수를 명백한 메시아 칭호인 "하나님의 거룩한 자"라고 부르는 요한복음 6:69과 비교되어야 한다. 예수는 "하나님의 거룩한 자"이다. 왜냐하면 같은 장 앞부분에서 예수께서 세례를 받으실 때 성령이 비둘기 같이 예수 위에 내려오시기 때문이다 막 1:10. 우리의 이야기에서 부정한, 즉 "거룩하지 않은" 영은 이제 성령으로 충만하여 하나님의 거룩한 자가 되신 예수를 즉시로 알아보았다. 구경꾼들은 그들이 듣고 본것에 놀랐지만 1:22, 27 예수가 누구신지 전혀 이해하지 못했다. 그러나 귀신은 즉시로 알아보았다. 이 모든 일은 마가복음의 시작 부분, 즉 예수의 첫 번째 기적을 행하시는 동안 발생하였다. 마가복음에서 마지막으로 공개적인 고백을 한 사람은 십자가에서 예수의 죽음을 목격하고 놀라움으로 "진실로 이 사람은 하나님의 아들이었도다 15:39"라고 외친 이방인 로마 백부장이었다. 예수에 대한 이 두 가지 기독론적 진술은—마가복음 시작 부분에서 귀신의 고백이 하나이고 마지막에 백부장의 고백이 다른 하나이다—마가복음을 둘러싸는 틀을 형성한다. 귀신과 백부장은 모두 예수를 따르는 자들이 아니지만 그들은 공개적으로 처음과 마지막에 예수를 고백하였다. 귀신이 얼마나 무기력한지를 부각시키는 것은 마가에게 매우 중요했다. 귀신은 예수가 회당으로 들어가는 것을 보자마자 자신이 위험에 처한 줄 알고 "당신이 우리를 멸하러 오셨나이까?"1:24라고 소리쳤다. 이것은 동등한 두 실체의 만남이 아니다. 논쟁도 없고 싸움도 반대로 없다. 모든 귀신들은 단지 예수가 누구인지 안다고 인정할 뿐이다.

귀신이 할 수 있는 일은 예수가 누구인지 인정하고, "나는 당신이 누구인지 압니다"1:24, 무조건 항복하는 것뿐이다. 예수는 그의 반응에 "잠잠하고 그 사람에게서 나오라"1:25고 짧게 대답하셨다. 이것은 그리스어로 단지 다섯 단어로 구성되어 있다. 어떠한 세밀한 절차도 주문incantation도 제의적 의식ritual도 없다. 축귀는 시작하기도 전에 이미 끝났다. 마가복음 7장 24-30절에 나오는 더러운 귀신 들린 어린 딸을 둔 수로보니게 여인의 귀신 들린 딸에 관한 관한 이야기인 세 번째 축귀 이야기에서 예수는 직접 그 병든 아이를 방문하지 않고 멀리서 귀신을 쫓아내셨다. 예수님이 직접 가서 귀신을 대면할 필요가 없었다. 예수님의 말씀이면 충분했다. 예수님이 그녀의 딸이 회복될 수 있도록 도와주었던 것은 그 여인의 믿음과 끈질긴 간청 때문이었다.

> 예수께서 이르시되 이 말을 하였으니 돌아가라 귀신이 네 딸에게서 나갔느니라 하시매 여자가 집에 돌아가 본즉 아이가 침상에 누웠고 귀신이 나갔더라 마가복음 7:29-30

이 이야기의 한 가지 마지막 국면은 오랫동안 마가의 독자들의 관심을 끌었다. 귀신이 예수님이 누구인지 말했을 때 1:24 예수님의 반응은 예상하지 못했던 것이었다. 예수님은 자신의 진정한 정체성을 드러내는 귀신의 공개적인 고백을 받아들이지 않으셨고 오히려 귀신에게 잠잠하라고 말씀하셨다. "잠잠하고 그 사람에게서 나오라" 1:25. 이러한 내용은 몇 구절 뒤에 다시 반복되어 나온다. 바로 그날 저녁에 예수께서 많은 귀신들을 내어 쫓으시고 "귀신이 자기를 알므로 그 말하는 것을 허락하지 아니하셨다" 1:34. 예수는 자신을 아는 자들에게 자신이 누구인지를 말하지 말라고 권고하셨다. 특히 마가복음에서 자주 나오는 이 모티브는 오랫동안 해석자들을 당황하게 했다. 그것을 '메시아 비밀'이라고 부르는 현대 학자들은 왜 예수께서 귀신에서 잠잠하라고 말했는지에 대해 여러 가지 해석을 제시한다. 가장 그럴듯한 해석은 '메시아 비밀'을 마가가 사용한 문학 기법이고 마가의 독자들을 위해 의도된 수사적 장치로 이해할 수 있다는 것이다. 마가는 그의 독자들에게 그들이 예수의 이야기를 끝까지 읽지 않고서는 예수가 누구신지 완전히 이해할 수 없다고 말한다. 예수의 진정한 정체성은 '권위있는 자'로서의 그의 가르침이나 그의 단지 축귀 행위만으로는 파악할 수 없다. 예수의 정체성은 오직 십자가에게서 드러난다. 이것을 이해하기 위해서 독자들은 마가의 이야기를 끝까지 읽어야 하는 것이다.

구약에 귀신은 나오는가?

마가는 귀신의 기원에 대해서 아무것도 말해주지 않는다. 귀신은 그냥 거기에 있는 존재이다. 예수님의 축귀 이야기는 귀신에 대해 가장 최소한의 정보를 제공해 줄 뿐이다. 귀신은 인간과 동물에 속하지 않지만 인간과 동물 안에 거할 수 있는 몸을 가지고 있지 않는 초자연적인 존재이다. 귀신은 더럽고 악하며 심각한 해를 입힐 수 있다. 마가에게 가장 중요한 것은 귀신이 즉시로 예수를 알아보며 극도의 존경심과 두려움이 뒤섞인 채로 그에게 말을 걸며 자신의 생명이 위태롭다는 것을 두려워한다는 사실이다. 귀신들은 자신이 무장해제되었으며 스스로를 방어할 수 있는 수단이 없다는 것을 깨닫는다. 그러나 마가는 귀신이 어디로부터 왔는지에 대해서 아무것도 말하지 않는다.

구약에도 이 귀신이 누구인지 설명해주는 본문은 없다. 사실 구약에는 귀신이 나오지 않으며 최소한 복음서에서 발견할 수 있는 종류의 내용도 나오지 않는다. 구약에 악한 영이 나오지만 그것은 마가복음에 나오는 더러운 영과는 다르다. 사무엘상 16장에는 다윗이 어떻게 이스라엘 왕이 되었는지에 대한 이야기가 나온다. 사무엘이 다윗에게 기름을 부었을 때 "그 날 이후에 다윗에게 주의 영이 크게 임했다." 다윗이 기름 부음을 받자마자 하나님의 영은 다윗을 사로잡아 그가 하나님의 선택된 카리스마적인 지도자로서 다스릴 수 있도록 능력을 주셨다. 이 모든 일은 이스라엘의 첫 번째 왕인 사울이 아직 왕으로 있는 동안 일어났다. 성경은 왕권이 바뀌는 것에 대해 단호하다. 사무엘이 다윗에게 기름을 붓자마자 다윗은 하나님의 영을 소유한 새로운 왕이 되었지만 사울은 더 이상 왕으로서 통치할 자격을 상실했다. 이것은 하나님의 영이 사울을 떠났음을 의미한다. 더욱이 사울을 괴롭게 하는 '악한 영'이 그 자리를 대신하게 되었다. "여호와의 영이 사울에게서 떠나고 여호와께서 부리시는 악령이 그를 번뇌하게 한지라"삼상 16:14. 악한 영에 의해 나타나는 정확한 증상은 더 이상 묘사되지 않는다. 다윗은 수금을 잘 타는 음악가

였기 때문에 사울의 궁정으로 불려갔다는 것이 본문이 말하는 전부이다. 하나님이 부리시는 악한 영이 사울을 괴롭힐 때 다윗이 수금을 타면 사울이 상쾌해지고 악한 영이 그에게서 떠났다. 사울 왕을 괴롭히기 위해 하나님으로부터 온 악한 영이라는 개념은 현대적인 관점에서 보면 문제가 될 수 있다. 성경에서 그것은 사울이 하나님께 버림받았고 원래 사울이 왕으로 통치하도록 허락한 한 영이 떠났다는 개념을 표현한다. 주의 영이 악한 영으로 대체되었다. 이 '악한 영'은 마가복음에 나오는 더러운 영과 같이 하나님을 대적하는 영은 아니다. 그것은 오히려 타락한 왕을 괴롭히기 위해 하나님이 보내신 영이다.

악한 영에 관한 비슷한 이야기가 열왕기상 22장의 이믈라의 아들 예언자 미가야 이야기에서 찾아 볼 수 있다. 이스라엘 왕 아합은 요단 동편의 길리앗 라못을 되찾기 위해 아람과 전쟁을 하려고 생각했다. 그가 아람을 공격하기 전에 하나님의 말씀을 구하려고 사백 명 정도의 예언자에게 물었고 그 예언자들에 그에게 유리한 결과를 보장했다. 아합의 동맹자 유다 왕 여호사밧은 상의할 만한 다른 예언자가 있는지 묻자 아합은 마지못해 이믈라의 아들 미가야를 언급했지만 과거에 미가야의 예언이 늘 좋지 않았기 때문에 그가 싫어한다고 말했다. 아합이 미가야에게 이어지는 전쟁의 결과에 대해서 물었을 때 미가야는 아합이 전쟁에서 죽을 것이라고 예언했다. 그렇다면 아합 왕은 호의적인 예언을 한 사백 명의 예언자들이 모두 틀렸다는 것을 어떻게 알 수 있었을까? 미가야는 하나의 이야기로 대답했다. 그는 하나님이 보좌에 앉아 계시고 하늘의 군대가 그의 옆에 서 있는 하늘 보좌에 대한 환상을 보았고 그것을 묘사한다.

20 여호와께서 말씀하시기를 누가 아합을 꾀어 그를 길르앗 라못에 올라가

서 죽게 할꼬 하시니 하나는 이렇게 하겠다 하고 또 하나는 저렇게 하겠다 하였는데 21 한 영이 나아와 여호와 앞에 서서 말하되 내가 그를 꾀겠나이다 22 여호와께서 그에게 이르시되 어떻게 하겠느냐 이르되 내가 나가서 거짓말하는 영이 되어 그의 모든 선지자들의 입에 있겠나이다 여호와께서 이르시되 너는 꾀겠고 또 이루리라 나가서 그리하라 하셨은즉 23 이제 여호와께서 거짓말하는 영을 왕의 이 모든 선지자의 입에 넣으셨고 또 여호와께서 왕에 대하여 화를 말씀하셨나이다 열왕기상 22:19-23

이블라의 아들 미가야의 다소 대담한 이 이야기는 고대 이스라엘 예언의 내면 세계를 매혹적으로 엿볼 수 있게 해준다. 미가야는 다른 예언자들이 틀렸다고 말하는데 그것은 다른 예언자들이 아합 왕의 듣고 싶어 하는 말을 했기 때문이 아니라 하나님께서 아합 왕을 반드시 죽게 하기 위해 그들에게 거짓말하는 영을 그들에게 보내어 고의적으로 그들을 잘못된 길로 인도하셨기 때문이라고 한다. 아합 왕은 미가야의 예언을 무시하고 전쟁에 나가 치명적인 상처를 입고 죽는다. 미가야의 정당성이 입증되었다.

만약 구약에 '더러운 영들'이 없다면 귀신은 나오는가? '귀신'이라는 영어 단어는 '신god'이나 '수행하는 영attendant sprit'라틴어 단어 *daemon*은 "영"이라는 의미도 있다을 뜻하는 그리스어 *daimon*에서 왔다. 이 그리스어 용어는 구약의 그리스어 역본인 70인역에서 입증되지만 구약에서는 신약과는 다른 의미를 갖는다. 구약에서 가장 오래된 본문 중 하나는 신명기 32장은 모세가 이스라엘 회중을 위해 부르는 모세의 노래이다. 모세의 노래에서 모세는 이스라엘 백성들이 출애굽하여 광야에서 배회하는 동안 어떻게 우상을 숭배하고 이방 신들을 섬겼는지 회상한다.

16 그들이 다른 신으로 그의 질투를 일으키며 가증한 것으로 그의 진노를 격발하였도다 17 그들은 하나님께 제사하지 아니하고 귀신들에게 하였으니 곧 그들이 알지 못하던 신들, 근래에 들어온 새로운 신들 너희의 조상들이 두려워하지 아니하던 것들이로다 신명기 32:16-17, 또한 시편 106:37을 보라

이 구절에서 모세는 출애굽을 돌아보며 이스라엘 백성들이 어떻게 그들의 하나님께 신실하지 못했으며 다른 신들에게 제사를 드리기 시작했는지 회상한다. 17절에 나오는 '귀신'이라는 단어는 이스라엘 백성들이 조상 대대로 경외하던 이스라엘의 하나님을 예배해야 했을 때 예배하던 열방의 신들을 말한다. 이 귀신들은 이스라엘 백성들을 잘못 인도하여 우상 숭배에 빠지게 하는 심각한 위협을 가지고 왔으므로 이 귀신들을 또한 '다른 신들'이라고 불렀다. 그들은 출애굽 당시에 이스라엘 주변에 있었던 열국의 신들이지 개인을 사로잡아 사로잡힌 자들에게 심각한 신체적 해를 일으키는 신약의 악한 귀신이 아니다. 신명기 32장에서도 마가가 사용했던 것과 같은 '귀신'이라는 단어를 사용하지만 이 단어는 신명기에서 완전히 다른 의미를 가진다. 결론적으로 구약은 신약의 귀신을 알지 못하며 귀신의 기원에 대해서 아무것도 말하지 않는다.

귀신은 어디에서 왔나?

창세기에서 귀신은 전혀 언급되지 않지만 귀신의 이야기는 창세기에서 시작된다. 그것은 창세기 6장 1-4절의 짧고 다소 수수께끼 같은 에피소드로 시작하는데, 한 무리의 천상의 존재들이 그들의 높은 지위를 버리고 땅으로 와서 인간 여자를 아내로 삼는 짧은 이야기이다.

1 사람이 땅 위에 번성하기 시작할 때에 그들에게서 딸들이 나니 2 하나님의 아들들이 사람의 딸들의 아름다움을 보고 자기들이 좋아하는 모든 여자를 아내로 삼는지라 3 여호와께서 이르시되 나의 영이 영원히 사람과 함께 하지 아니하리니 이는 그들이 육신이 됨이라 그러나 그들의 날은 백이십 년이 되리라 하시니라 4 당시에 땅에는 네피림이 있었고 그 후에도 하나님의 아들들이 사람의 딸들에게로 들어와 자식을 낳았으니 그들은 용사라 고대에 명성이 있는 사람들이었더라 창세기 6:1-4

이 구절은 지구상에서 인구가 증가하기 시작했을 때 일어났던 이상한 사건에 관한 것이다. 이 이야기는 매우 간결하고 많은 의문들을 남긴다. 이 구절을 통해 분명히 알 수 있는 것은 이 정도의 내용이다. 일반적으로 하늘의 천사들을 지칭하는 용어인 '하나님의 아들'이라 불리는 어떤 한 무리의 천상의 존재들heavenly beings이 성경의 표현처럼 인간 여자의 '아름다움'을 보았다. 그래서 그 천사들angels은 하늘 거처를 버리고 땅으로 와서 여자들과 성적 관계를 가지기로 결정했다. 이 천사들은 하늘을 떠나므로 사실상 그들의 천사의 지위를 버렸고 그 후에 스스로 하늘로 돌아올 수 없다는 것을 알게 되었기 때문에 '타락한 천사'로 알려지게 되었다.

3절에서 초점이 타락한 천사에서 일반 인간 존재로 바뀐다. 그것은 인간 수명을 120세로 제한하는 하나님의 결정에 대해 알려준다 창세기에 나오는 대부분의 인물들은 그보다 훨씬 더 오래 살았다는 사실은 신경 쓰지 마시길. 1-2절에 나오는 타락한 천사에 관한 에피소드와 인간이 120년 이상 살 수 없다는 3절의 신적 법령 사이에 정확히 어떤 연결성이 있는지는 본문에서는 명확하지 않다. 4절에서 이 이야기는 다시 천사로 돌아간다. 네피림Nephilim이라는 그룹이 타락한 천사 시대에 땅 위에 살았다. 네피림이라는 히브리어 기원은 모호하지만 그것은 히브리어 동사 나팔naphal, to fall과 관련이 있을 수 있다. 대부분의 현대 영어 번역가들 이 단어를 번역하지 않고 그대로 두었다. 네피림은 타락한 천사 시대에 땅 위에 살았다. 4절도 여자들이 타락한 천사에게서 아이들을 낳았다고 말한다. 이 구절은 이들이 영웅 즉 "명성이 있는 용사들"이었다는 짧은 설명으로 끝난다. 다시 한번 더 반복해서 말하면, 이 용어가 네피림을 가리키는 것인지 타락한 천사들의 후손을 가리키는 것인지 분명하지 않지만 후자가 더 그럴듯해 보인다. 이 짧은 구절에 대한 의문은 여전히 많이 남아 있다. 난제 중 하나는 4절과 네피림의 역할에 관한 것이다. 타락한 천사들이 땅에 왔을 때 마침 네피림이 있었다는 것 외에 네피림과 타락한 천사 사이의 연관성은 정확히 무엇인가? 영웅적 용사들에 대한 마지막 말은 무엇과 관련이 있는가? 같은 구절의 그리스어 본문이 몇 가지 중요한 측면에서, 특히 4절에서 다르기 때문에 70인역을 살펴보는 것이 도움이 된다.

> 4 그 때에 그리고 그 이후에도 땅에 거인들이 있었다. 하나님의 아들들이 사람의 딸들에게 들어 갔을 때 그들은 자신을 위해 자손을 낳았다. 그들은 고대의 거인이었으며 명성 있는 사람들이었다 70인역 창세기 6:4

70인역이 보존하고 있는 것은 단순히 현대 번역본에서 볼 수 있는 히브리어 본문의 그리스어 직역이 아니다. 그것은 타락한 천사에 관한 이야기의 조금 다른 버전이다. 네피림은 사라지고 거인giants으로 대체되었다그리스어에는 *gigantes*라는 단어가 있다. 이 이야기에서 거인들과 타락한 천사들 사이의 연관성은 이제 분명하다. 4절에 나오는 거인들은 타락한 천사들과 여자들 사이의 부정한 관계에서 나온 후손들이다. 그리스어 본문은 또한 거인들이 한동안 주변에 있었고 유명한 자들이었다고 말한다. 다시 말해 천사들과 여자들 사이의 부정한 관계로 인해 거인들을 낳게 되었고 이러한 그들의 행동은 엄청난 결과를 가져왔다.

성경 저자가 천사들의 행동에 대해 결코 정죄하지 않은 것은 당혹스럽다. 이 이야기의 히브리어 본문도 그리스어 본문도 그들이 했던 것들로 인해 반역한 천사들을 비난하지 않는다. 확실히 그들의 행동은 고상한 행동이라고 말할 수 없다. 한 번에 여러 규범을 어겼기 때문이다. 그들은 하늘에서 땅으로 왔다. 즉 그들은 하나님께서 주신 위치를 버림으로써 창조의 경계를 위반했다. 그들이 그렇게 한 이유는 단지 지상의 여자들의 외모에 끌렸기 때문이다. 즉 그들의 유일한 동기는 정욕이었다. 그들은 계속해서 거인들을 낳은 인간 여성들과 성적 관계를 가졌으며 그로 인해 새로운 혼종 hybrid race이 만들어졌다. 그리고 여전히 성경은 이것에 대해 그 어떤 정죄도 하지 않는다. 성경 저자가 그들의 행동을 승인하지 않았다는 것은 창세기 구절의 정황에서 알 수 있고 그것이 성경 저자가 천사들의 행동을 승인하지 않았다는 것을 알 수 있는 유일한 실마리이다. 타락한 천사들의 이야기에 이어 인간의 악함이 땅에 가득했으며 그것으로 인해 하나님이 처음에 인간을 창조한 것을 후회하셨다라는 내용을 읽게 된다.

> 여호와께서 사람의 죄악이 세상에 가득함과 그의 마음으로 생각하는 모든 계획이 항상 악할 뿐임을 보시고 땅 위에 사람 지으셨음을 한탄하사 마음에 근심하시고 이르시되 내가 창조한 사람을 내가 지면에서 쓸어버리되 사람으로부터 가축과 기는 것과 공중의 새까지 그리하리니 이는 내가 그것들을 지었음을 한탄함이니라 하시니라 창세기 6:5-7

이것은 가혹한 말씀이다. 이 짧은 구절은 인간의 사악함이 더 이상 참을 수 없는 상태가 되었기 때문에 하나님이 인간을 창조한 것을 "그의 마음에 후회하시고 한탄하셨다."고 두 번이나 언급한다. 이 본문은 인간 사악함의 기원에 대해서 침묵하지만 인간의 창조를 쓸어버리기로 한 하나님의 결정이 타락한 천사 이야기 바로 뒤에 나온다는 점으로 볼 때 연관성이 있다고 가정하는 것은 그리 큰 무리가 아닐 수 있다. 인간의 사악함이 갑자기 증가한 것은 천사가 땅에 내려온 것과 연관이 있다. 성경에서 타락한 천사 이야기의 기능은 인간의 사악함이 왜 갑자기 그렇게 기하급수적으로 증가하여 하나님이 자신의 피조물을 쓸어버려야 한다고 느낄 수밖에 없었는지 설명하는 데에 있다. 타락한 천사들은 홍수 직전 지상의 악화된 상태에 대한 책임이 있다. 비록 이것이 성경에 결코 명시적으로 기록되어 있지 않더라도 말이다. 하나님은 엄청난 규모의 형벌인 대홍수를 보내심으로써 신속하게 반응하셨다.

창세기에서 타락한 천사 이야기는 단지 짧은 에피소드에 불과하다. 그 이야기는 구약의 어느 곳에서도 다시 나오지 않는다. 이야기가 너무 간략하기 때문에 독자들에게 궁금증을 자아낸다. 이것이 이 불행한 사건에 대해 성경 저자가 실제로 알고 있는 전부였는지 아니면 전체 에피소드가 너무 충격적이어서 세부적인 내용까지 들어가지 않고 전체 이야기의 대략적인 개요만 기록하기를 원했는지 우리는 알 수 없다.

초기 유대 문헌에 나타난 타락한 천사

어떤 경우이든 후기 유대 저자들은 동일한 불안감을 느끼지 않았다. 그들은 타락한 천사 이야기를 가져다가 그것을 좀 더 발전시켰고 성경 이야기의 많은 공백을 메웠다. 기원전 3세기 초부터 많은 유대 저자들은 타락한 천사 이야기를 훨씬 더 상세하게 새롭게 진술했다. 다음에서 우리는 세 개의 다른 본문을 볼 것이다. 기원전 3세기 것 하나, 기원전 2세기 것 하나, 그리고 기원전 1세기 것 하나. 이 세 개의 본문들이 후기 유대 저자들이 초기 본문들을 알고 있었고 그들의 신학적 목적에 맞게 그것을 수정했다는 의미에서 각각 서로의 본문 위에 세워졌다는 몇 가지 증거가 있다. 따라서 타락한 천사 이야기가 시간이 지나면서 어떻게 변화되었고 그 이야기가 각각 새롭게 해석되면서 어떻게 새로운 의미를 얻게 되었는지 관찰하는 것은 특별히 유익하다.

확장된 타락한 천사 이야기에서 타락한 천사들은 '영들'이나 '감찰자들'아람어의 직접 번역인 감찰자들watchers이라는 용어는 그들이 잠을 자지 않는다는 것을 의미한다이라고 불린다. 감찰자 이야기의 가장 정교한 버전은 감찰자의 이름을 따라 명명된 본문인, '감찰자들의 책'에서 왔다. 그 책은 여러 본문 모음인 에녹 1서 1장부터 36장까지 우리에게 전해진다. 대략 기원전 300년에 쓰여진 '감찰자들의 책'은 전적으로 감찰자들의 운명과 지상로 내려오기로 한 그들의 결정 그리고 그 이후 하나님 앞에서 그들의 심판에 대해 다룬다. 그것은 영적 세계에 대한 관심이 현저하게 증가했던 고대 유대교 시대에 쓰여졌다. 초기 유대 작가들은 영적 영역에 대해 숙고하고 전례 없는 비율로 영과 귀신에 대해 기록하기 시작했다. 이 주목할 만한 문헌에서 이 악한 존재들에게 이름이 주어졌고 그들 중 일부에 대해서는 구체적으로 그들이 무엇을 하는지에 대해 기록되어 있다. 성경에는 비교할 수 있는 것이 아무것도 없다. 귀신에 대한 관심이 이렇게 갑자기 증가하게 된 이유를 설명하기 어렵지만 대부분의 학자들이 그것에 대한 한 가지 이상의 이유가 있을 수 있다는 데에 동의할 것이다. 초기 유대 작가들은 구약에 깊이 빚졌다. 그들은 그들이 성경에서 발견한 것을 더욱 발전시켰다. 앞으로 보게 되겠지만, 타락한 천사 이야기가 그러한 예들 중 하나이다. 그러나 반면 우리는 타 문화 영향을 배제할 수 없다. 고대 근동 문학, 특히 바벨론 문헌은 하급 신, 영 그리고 귀신에 대한 것으로 가득 차 있고 바벨론 문헌과 초기 유대교 문헌들 사이에는 몇 가지 분명한 연관성이 있다.

'감찰자들의 책'에 나오는 다음 구절은 감찰자들을 기다리는 형벌을 설명하는 신탁 divine oracle에서 발췌한 것이다. 이 구절에서 하나님은 감찰자들에게 직접 말한다.

> 15:6 그러나 너희는 본래 영원히 살며 영원토록 죽지 아니하는 영으로 존재했다 7 그러므로 나는 너희 가운데 여자를 만들지 않았다. 하늘의 영들은 하늘이 그들의 거처이다 8 그러나 이제 영과 육으로 난 거인들은 땅에서 악한 영이라 일컬음을 받으리니 그들의 거처가 땅에 있을 것임이니라 9 그들의 육신의 몸에서 나온 영들은 악한 영들이니 이는 그들이 사람에게서 났고 그들의 창조의 근본도 거룩한 감찰자들에게서였음이니라 . . . 11 거인의 영들은 길을 잃고 폭력을 행사하며 황폐하게 하고 공격하고 씨름하고 땅에 영향력을 행사하여 질병을 일으키느니라 그들은 아무것도 먹지 않고, 음식을 멀리하며 목마르고 괴로울 것이라 12 이 영들은 일어나서 남자와 여자를 대적할 것이니 왜냐하면 이 영들은 그들에게서 나왔기 때문입니다

> 16:1 거인들의 살육과 멸망과 죽음의 날부터 그들의 영혼에서 나오는 영들은 심판을 받지 않고 황폐하게 하느니라 그리하여 그들은 큰 심판이 끝나는 날, 큰 시대가 끝나는 날까지 황폐하게 할 것이다. 그 모든 것은 한 번에 완성될 것이다 에녹 1서 15:6-16:1

이 구절의 시작 단락을 보면 창세기 6장 1-4절과 같은 내용이라는 것을 분명히 알 수 있다. 이 본문은 감찰자들이 지상에 오기 전에 그들에 대한 약간의 정보를 제공하므로 시작하는데 이것은 성경에는 없는 내용이다. 원래 감찰자들은 불사의 영, 즉 본문이 말하는 영원히 사는 "하늘의 영"이다. 그들은 출산할 필요가 없었기 때문에 여자가 없었다. 하나님은 이 영들의 처소가 땅이 아니라 하늘이라고 말씀하셨다. 이것은 그들이 원래 있어야 할 장소를 떠나지 말았어야 했다는 의미이다.

그러나 불순종한 영들은 땅에 와서 인간 여자들과 상관했고intermingle 그 후에 여자들은 거인을 낳았다. 이것은 거인에 대해서 나오는 칠십인역의 그리스어역 이야기를 상기시킨다. '감찰자들의 책'은 거인 자체에 대해서는 거의 관심이 없어 보이며 거인이 죽었을 때 악한 영들이 그들의 몸에서 나왔다는 것 외에는 그들에 대해서 거의 말하지 않는다. 이 구절에서는 다소 간결하게 나타나지만 다른 곳에서는 사건의 전체 내용이 주어진다. 거인들이 타락한 천사에게 태어난 이후 하나님은 대홍수를 보내기로 결정하셨다. 이것은 창세기 6장에 분명하게 나온다. 노아와 그의 가족을 제외한 모든 인간, 모든 타락한 천사, 거인을 낳은 여자 그리고 거인을 포함한 모든 피조물들이 수장되었다. 죽은 거인에게서 "악한 영"이 나왔다는 사실이 아니었다면 이것으로 이야기가 끝났을 것이다. 영은 그들의 혼합적 특성 때문에 '악하다'고 불렸다. 그들은 창조 질서를 위반한 결과였다. 그리고 그들은 하늘에서 살았던 '영spirits'의 후손이기 때문에 '영'이다. 이 영은 땅에서 태어났기 때문에 땅에 남아 있도록 정죄되었고 그곳에서 그들은 단지 "악한 영"으로 알려지게 되었다. **이 영들이 곧 신약에서 나타나는 더러운 영들이나 귀신이다.**

감찰자들의 책의 구절에는 이 영들에 의해 발생하는 흥미로운 모든 악의 목록이 나온다. 그 목록 중 많은 부분이 신약에도 나온다. 그 영들은 "길을 잃게 만들고, 폭력을 행사하고, 황폐하게 만들며 공격하고 빼앗으며 땅에 영향력을 행사하여 질병을 일으킨다". 그들은 아마도 부분적으로 인간이라고 여겨지기 때문에 특별히 인간에 대해 공격적이다. 그러나 그들의 악한 공격은 영원히 계속되지 않는다. 그 영들은 위대한 시대가 이루어질 대심판이 완성되는 날까지 분노할 것이다. 즉 그들은 마지막 때까지 활동할 것이다. 감찰자들의 책은 묵시 문학이며 그 저자는 묵시적인 용어로 생각한다. 악한 영은 대홍수 동안 죽은 거인에게서 나와 마지막 때까지 혼란을 일으킬 것이다. 이 세상이 지속되는 동안 폭력을 행하고 황폐하게 만드는 "악한 영들"이 존재할 것이지만 시대의 마지막 때에는 최종적으로 파멸될 것이다.

감찰자들의 책에 나오는 신탁은 복음서에서 예수님의 축귀 사역을 읽는데 도움이 되는 몇 가지 정황을 제공한다. 그 책은 귀신의 기원에 대한 이야기를 담고 있다. 귀신은 거인에게서 나왔고 거인은 타락한 천사와 인간 여자 사이에 태어난 혼혈 후손이다. 또 그 책은 그들의 악한 활동 목록을 제공해주며 그들이 특히 인간을 공격하는 이유를 말해주는데 그것은 그들 자신도 부분적으로 인간이며 자신에게도 반대하는 경향이 있기 때문이다. 무엇보다 가장 중요한 것은 그 책은 귀신들에 대한 예수의 확고한 권위가 왜 그렇게 중요한지 설명해 준다. 감찰자들의 책에 의하면 귀신은 마지막 때까지 심판받지 않고 활동할 것이다. 그러나 마가는 예수가 그들을 멈추게 하고 심지어 쫓아낼 수 있는 권세를 가지고 계신다는 것을 분명히 말한다. 귀신은 예수 앞에서 무력하며 그분을 대적할 수 없다. 예수는 귀신을 멸하지 않으셨고 그들의 악한 행위를 한 번에 완전히 끝내지도 않으셨다. 이것과 관련해서 마가는 예수의 축귀 사역에도 불구하고 귀신은 계속해서 이 세상의 일부로 존재한다는 감찰자들의 책에 동의한다. 그러나 예수는 그들을 그들의 자리에 두셨다. 예수는 귀신 들린 자들을 그들의 폭정에서 자유케 하셨고, 고통받는 자들을 치료하셨으며, 자유케 된 자들이 다시 한번 하나님 나라의 복을 받을 수 있도록 초청하셨다. 따라서 예수의 축귀 사역은 악한 영들의 최종적이고 완전한 멸망이 여전히 미래에 있지만 마지막 때에는 모든 귀신들에 대한 온전한 승리가 있을 것이라고 기대하게 한다.

귀신 이야기는 기원전 3세기와 2세기 유대교에서 특히 인기가 있었다. 다음 본문은 기원전 2세기, 즉 감찰자들의 책 이후 100년 조금 뒤, 예수 시대보다 대략 200년 전에 쓰여진 희년서에서 발췌된 것이다. 희년서는 창세기와 출애굽기의 일부 내용을 풍부한 상상력으로 때로는 환상적으로 재진술한 것이다. 희년서는 넓은 의미에서 성경의 줄거리를 따르지만 우리가 성경에서 발견하지 못하는 일부 새로운 요소와 짧은 이야기 그리고 간략한 해석적 삽화*vignettes*를 도입하며 이 모든 것은 원래의 성경 분문을 해석하기 위해 의도된 것이다. 분명히 알게 되겠지만 희년서는 감찰자들의 책과 관련이 있다. 희년서는 타락한 천사 이야기를 포함한 감찰자들의 책에서 찾아 볼 수 있는 일부 고대 모티브에 익숙하며 그것을 사용하지만 자신의 고유한 방식으로 사용한다.

다음 발췌문은 대홍수 이후 노아와 그의 자손의 시대가 배경이다. 감찰자들의 책에서 처럼 "악한 영들"—희년서는 그들을 "귀신demons"이나 "더러운 귀신들the polluted demons"이라고 부른다—은 대홍수에서 살아남아 노아와 그의 자손들 그리고 특히 그의 손자들을 괴롭힌다. 희년서는 노아 자녀들이 어떻게 노아에게 귀신의 활동에 대해 호소하고 하나님께 자신들을 위해 기도하라고 요청하는지 말해준다.

> 1 그 희년 셋째 주에 더러운 귀신들이 노아의 아들들의 자손을 미혹하게 하여 어리석음에 빠지게 하고 멸망시키기 시작하였더라. 2 노아의 아들들이 그들의 아버지 노아에게 와서 그의 손자들을 미혹하고 눈멀게 하고 죽이는 마귀들에 관하여 그에게 말하였더라. 3 노아가 그의 하나님 여호와 앞에 기도하여 이르되 . . .

> 4 "나와 내 아들들을 축복하소서. 그리고 우리가 자라고 번성하여 땅에 가득하게 하소서. 5 그리고 당신은 이 영들의 선조인 감찰자들이 나의 시대에 행한 일과 또한 살아 있는 이 영들이 행한 일을 아십니다. 그들을 입을 닫으시고 심판의 자리로 데려가소서. 나의 하나님이여 그들이 주의 종의 아들들을 부패하도록 허락하지 마소서 그들은 잔인하고 멸하려고 창조되었나이다 6 저희로 산 자의 영을 주관하지 못하게 하소서 저희의 심판은 오직 주께서 아시나이다 저희가 이제부터 영원까지 의인의 자손을 주관하지 못하게 하소서"

> 7 우리 하나님 여호와께서 우리[천사들]에게 말씀하사 우리로 그들 모두를 결박하려 하신지라 8 그리고 영들의 우두머리인 마스테마가 와서 말했습니다. "오 창조주 여호와여, 그들 중 몇을 내 앞에 남겨 두어 그들이 내 목소리

에 복종하게 하십시오. 내가 그들에게 이르는 모든 것을 그들로 행하게 하소서 그들 중에 얼마를 내게 남겨 두지 아니하면 내가 사람의 자녀들 중에서 내 뜻을 행할 수 없으리라 그들은 내 심판 앞에서 타락하게 하고 미혹하게 하려 함이라 사람의 아들들의 악이 큼이라." 9 그리고 그는 말했다. "그들의 십분의 일은 그 앞에 두시고 아홉 부분은 재판 장소로 내려가게 하소서." ...

13 그리고 악한 영들이 노아의 아들들을 추적하지 못하게 되었다. 희년서 10:1-13

대홍수가 가라앉고 노아의 후손들이 태어난 지 불과 몇 세대 만에 귀신들은 그들을 공격하기 시작했다. 귀신들은 그들을 타락하게 만들었고 죽이기까지 했다. 자녀를 잃은 슬픔에 사로잡힌 부모는 노아에게 도움을 요청했다. 왜 노아에게 도움을 요청했는가? 성경은 노아를 "의인이요 당대에 완전한 자로 하나님과 동행한 자" 창 6:9라고 부른다. "하나님과 동행한 자"라는 뒷 구절이 특히 흥미롭다. 그 구절은 창세기 5장 24절에 처음 등장하고 다른 인물인 족장 에녹을 묘사하는데 사용되었으며 에녹 1서가 에녹을 따라 이름이 붙여졌다. 에녹은 "하나님이 그를 데려가셨으므로" 죽지 않았다. 에녹과 노아는 하나님이 그들에게 특별한 관심을 가지고 계셨다는 공통점이 있다. 그들은 하나님의 은혜를 누렸다. 노아의 자녀들은 이 모든 것을 알았고 그래서 그들 자신의 아버지에게 귀신이 황폐하게 하는 것에 대해 말했다. 귀신은 타락하게 하고 눈멀게 하며 노아의 자손들을 죽이기까지 했다. 노아가 개입해야 할 때이다.

그들의 간청은 받아들여졌고 노아는 기도로 하나님께 간구했다. 노아는 그의 가족이 자라서 땅에 충만할 수 있도록 하나님께 복을 구하는 이 간구 기도로 시작한다. 노아의 첫 간청은 홍수 직후에 하나님과 노아 사이의 언약인 창세기 9장 1절과 9장 7절에 대한 암시이다. 두 구절에서 하나님은 노아와 그의 가족에게 복을 주시며 그들에게 "생육하고 번성하여 땅에 충만하라"고 말씀하셨다. 하나님이 노아 가족이 번성하기를 원하셨다면 어떻게 하나님은 귀신이 노아의 자손들을 죽이도록 허락하실 수 있는가? 분명히 하나님은 이것을 원하지 않으셨다. 하나님께서는 노아 시대에 감찰자들, 즉 "이 영들의 선조들"이 행한 일과 오늘날 "이 영들"이 하고 있는 일들을 상시키켜 주실 필요가 없었다. 노아는 하나님이 귀신을 가두시고 심판하셔서 그들이 더 이상 그의 손자들에게 해를 끼치지 못하게 해달라고 간구했다. 다시 말해 노아는 그들의 영향력을 제한하시고 살아있는 자들 특히 "의인의 자녀들"에 대해 가지는 모든 권세를 그들에게서 박탈해 달라고 하나님께 간구했다.

하나님의 응답이 신속히 임했다. 하나님은 그의 천사들에게 "악한 영들"을 결박하여 그들이 심판에 넘겨지도록 명령하셨다. 다른 말로 하면 하나님은 노아가 간구했던 것을 행하셨다. 그러나 하나님의 명령이 막 실행되려는 순간, 어떤 마스테마Mastema³가 하나님 앞에 나타나 그 행동을 중단시킨다. 희년서는 그를 "영들의 우두머리"라고 부른다. 히브리어로 "적대자adversary"를 뜻하는 마스테마는 사해 두루마리를 비롯한 초기 유대 문헌에 잘 알려져 있다. 그는 사탄과 동등한 마귀의 우두머리이다. 희년서의 이 특별한 에피소드에서 마스테마는 그가 완전히 무력해져 살아 있는 자를 압제할 수 없게 되지 않도록 모든 귀신들을 묶지 말라고 하나님께 간청한다. 하나님은 마스테마의 간청을 듣고 그 간청의 일부를

---

3 역주-유대교의 경전이자 구약성경의 외경 중 하나인 희년서에 나오는 악마 중 하나로, 기록에 따라 천사로도 나온다. 마스테마라는 이름은 히브리어로 증오, 적의를 의미한다. 사탄의 원형 중 하나로 꼽히는 대악마. 만세마트라고도 한다.

허용하셨다. "악한 영들"의 10분의 9가 "심판의 장소"로 던져진다. 그 장소는 희년서에서는 더 이상 확인되지 않지만 감찰자의 책에서는 가장 무서운 장소로 묘사되어 있다. 그리고 하나님은 10분의 1을 풀어주셨다. 이 영들은 자유롭게 돌아다니며 사람들을 혼란에 빠뜨리고 그들의 주인인 마스테마에게 계속 복종하도록 허용되었다.

희년서는 우리가 창세기 6장과 감찰자의 책에서 본 거인에게서 출현한 귀신에 대해 동일한 이야기를 들려준다. 그러나 희년서에서는 이야기에 새로운 목적이 부여된다. 그것은 인간 상태의 기본 구성 요소를 설명하려는 기원에 관한 이야기인 원인론^{etiology}이 되었다. 그것은 인간 삶의 어두운 부분에 대해 설명해 준다. 그리고 왜 인간이 여러 가지 질병으로 고통당하고 악을 행하는지에 대해 답해 준다. 그것은 모두 마스테마의 명령에 따라 행동하는 악한 영들의 행위이다. 노아는 왜 모든 귀신을 완전히 멸해달라고 하나님께 간구하지 않았으며, 하나님은 왜 마스테마의 말을 들으셨을까? 희년서는 인간 상태의 현실을 설명하기 위해 귀신의 기원에 관한 이야기를 사용한다. 질병과 실수가 오늘날에도 여전히 인간 삶의 일부라는 사실을 부인할 수 없기 때문에 희년서에는 일부 악한 영들이—정확히 말하면 10분의 1—이 자유롭게 돌아다니는 것으로 묘사될 수밖에 없었다. 그렇지만 희년서는 약간의 위안도 준다. 결국 처음에 노아의 손자들을 괴롭혔던 귀신의 10분의 1은 이미 크게 축소된 권세의 잔재이며 하나님은 단지 그들만이 남아 있도록 허락하셨다는 것이다. 그러나 상황은 상당히 악화될 수 있다.

희년서는 신학적으로 변형된 또 다른 악한 영들의 이야기를 전해준다. 이 이야기에서 귀신은 일상적인 삶에서 경험하는 악의 원인이다. 귀신들이 하나님께로부터 직접 오는 것은 아니지만 그들의 존재와 행동은 하나님에 의해 용납된다. 결국 하나님은 마스테마의 말을 듣고 그들의 소원 중 적어도 일부는 들어주셨다. 귀신의 우두머리인 마스테마는 하나님에게 복종하며 하나님이 허락하시는 일만 할 수 있다. 이것이 하나님이 노아의 소원을 들어주신 것처럼 그가 먼저 하나님 보좌 앞에 나타나 개입하는 이유이다. 악은 하나님에게 나온 것이 아니지만 하나님께서 용인해 주신다. 감찰자의 책에 따르면 "악한 영"은 이 세상이 존재하는 한 늘 주변에 있지만 결국에는 파멸될 것이다. 희년서에서도 마찬가지이다. 마스테마의 날들은 계수되고 있고 그도 그것을 알고 있다. 이것이 희년서의 약속이다.

귀신을 쫓아내는 법: 사해 두루마리의 조언

귀신과 악한 영은 쿰란 문서에 끊임없이 나타난다. 쿰란과 그 주변에서 발견된 풍부한 고대 사본은 쿰란 공동체가 영과 귀신에 대해 깊은 관심을 가졌던 것을 증언해 준다. 쿰란 공동체의 생각에 의하면 인간은 자유 의지를 가지고 있지만 동시에 그들을 지배하는 천사와 악마 같은 더 높은 권세에 종속되어 있다. 현시대는 사해 두루마리에서 많은 이름—마스테마희년서에서 사용된 것과 같은 이름, 벨리알Belial[4], 사탄, 어둠의 천사—으로 알려진 최상위 귀신의 지배 아래 놓여 있다. 감찰자들의 책과 희년서 사본이 사해 두루마리 중에 발견되었는데 이것은 쿰란 공동체 구성원들이 이 문서들을 알고 있었고 그것을 크게 존중했다는 분명한 증거이다.

---

4 역주-히브리어로 בליעל이며 '어리석은 자', '악한 자', '불량한 자'로 번역된다. 벨리알로 지칭된 대표적인 구약의 인물은 그의 목자들을 선대하고 보호했던 다윗을 모욕했던, 아비가일의 전 남편 나발이다(삼상 25:25).

쿰란 사람들은 귀신의 세력에서 자신을 보호하는 일에 큰 관심을 가졌다. 그들은 특별한 의식을 통해 마스테마와 그의 죄를 저주했고 그의 악한 영들을 쫓아내기 위해 주문과 기도문을 암송했으며 축귀 의식 exorcism을 행했다. 이러한 문서들 중에는 현자의 노래 Songs of the Sage가 있다. 원래 히브리어로 쓰여진 현자의 노래는 사해 두루마리에서 여러 개의 사본이 발견되었으며 이것은 이 문서가 쿰란에서 인기가 있었다는 표시이다. 이 문서는 기원전 1세기, 즉 희년서 이후 약 100년 후에 기록된 것으로 추정되며 본문은 쿰란의 수석 교사였던 리더 그룹의 일원인 '현자' 히브리어로 maskil의 것으로 간주된다. 1인칭으로 말하는 현자는 그의 제자들에게 귀신의 악한 영들을 물리치는 방법을 가르친다.

1 [...] 찬양. 영광의 왕을 송축하라.

2 지식의 하나님, 권능 있는 분, 신들의 하나님, 모든 거룩한 자들의 주께 드리는 감사의 시편. [그의] 통치는 3 모든 강한 자들에게 미치고 그의 강한 능력으로 말미암아 모든 사람이 놀라 흩어지리라. 그들은 왕의 영광의 광채 앞에서 도망하리니.[...]

4 그리고 나, 현자는 그의 광채의 영광을 선포하여 5 파괴하는 천사의 모든 영들, 거짓 bastard 영들, 릴리스 lilith[5], 올빼미, [자칼 jackals...] 6 그리고 사람들을

---

5 역주-아카드어 '릴리투(lilitu)'에서 유래했으며 히브리어로는 '릴리트(לילית)'이다. 셈어에서 어근 'LYL'은 밤을 의미한다. 따라서 번역 성경에서는 주로 밤의 새인 '부엉이'나 '올빼미'로 번역되었다. 이사야 34장 14절에도 히브리어 '릴리트'가 올빼미로 번역되어 나온다. 아카드어에서는 이 어원 때문에 '밤 귀신'으로 여겨졌다. 릴리스는 '벤 시라의 알파벳'이라는 7-10세기 중세 유대교 문헌에 나오는데 여기서 릴리스는 하와 이전의 아담의 첫 아내로 기록되어 있다. 후대에 릴리스가 악마와 어울리며 악마를 낳았고 그 악마가 하와를 유혹한 뱀이었다는 이야기가 생겨났다. 이러한 설화가 생겨난 것

지식의 영에서 멀어지게 하고 그들의 마음을 비참하게 하려고 예고 없이 사람들을 덮치는 자들을 위협하고 두렵게 하리라.

[...] 7 죄악으로 더럽혀진 세대의 죄로 말미암아 현재 악의 통치 기간과 빛의 아들들이 굴욕당하는 예정된 기간 동안 황폐하게 될 것이다. 8 이는 영원한 멸망이 아니요 범죄로 말미암아 수치를 당하는 때라.[...]
오 의인들아, 놀라우신 하나님을 기뻐하며 노래하라. 9 나의 시편은 정직한 자들을 위한 것이다.[...] 그리고 흠이 없는 모든 자들은 그분을 높이라!4Q510 I, 1-9; 이것은 또한 4Q 현자의 노래로 알려져 있다

이 노래는 "영광의 왕을 송축하라"라는 제목으로 시작한다. 이것의 원래 형태에서는 이 노래가 첫 번째 행에서 명확하게 알 수 있듯이 이스라엘의 하나님을 송축하는 감사의 시편 형식을 취했을 수도 있다. 이 노래의 첫 네 행은 하나님을 높이고 하나님의 비길 데 없는 속성을 찬양하며 하나님의 최고의 권능을 선포한다. 의도적으로 농축된 언어를 사용하여 원래 시편이 어떻게 들렸을지 맛보게 해준다. 하나님은 "지식의 하나님", 다른 모든 신들을 다스리는 최고의 통치자 그리고 "모든 거룩한 자들의 주"이시며 너무나 권능이 많으시고 위엄이 있어서 인간과 천사는 하나같이 모두 도망가 버린다. 그들은 그분의 왕국 앞에서 두려워 흩어져 버린다.
다음 세 개의 행인 4-6행에서 하나님의 통치는 귀신의 왕국과 비교된

은 창세기 1장에서는 남자와 여자를 동시에 창조했는데 2장에서는 아담 이후에 하와가 창조되었으니 1장의 여자와 2장의 하와를 다른 여자로 여겨 하와 이전의 여자로서 릴리스를 등장시키게 된 것이다. 릴리스와 관련된 이야기는 창세기나 기독교 신학과는 상관없는 후대의 창작이다.

다. 화자가 바뀜으로써 본문이 전환된다는 표시가 명확하게 나타난다. 4행에서 현자는 이 노래에 자신을 삽입하고 1인칭으로 말하기 시작한다. 그는 하나님의 광채의 영광을 선포하는 노래의 주 화자이다. 그는 단순히 하나님을 찬양하기 위해서가 아니라—그것이 시편에서 중요한 요소임에 분명하지만—어둠의 세력들을 "위협하고 두렵게 하기 위해" 그렇게 한다. 이 시편은 귀신을 물리치고 제압하기 위해 의도되었다. 이어서 현자는 악한 모든 세력들powers의 목록을 제공한다. "파괴하는 천사의 모든 영들, 거짓bastard 영들, 릴리스lilith, 올빼미, [자칼jackals...] 그리고 사람들을 지식의 영에서 멀어지게 하고 그들의 마음을 비참하게 하려고 예고 없이 사람들을 덮치는 자들". 이 악의적 존재의 목록은 세상에서 활동하는 모든 귀신들의 완전한 목록은 아닐 수 있으며 거기에는 그들이 일으키는 피해의 종류에 대한 설명도 포함되어 있지 않다. 그러나 그것이 반드시 필요한 것은 아니다. 귀신의 세력들은 다른 쿰란 문서에서 알려져 있으며, 이것은 그것들이 널리 알려지고 이미 인지되어 있었다는 것을 암시한다. 어둠의 세력들을 하나 하나 명명한 현자는 이제 청중들에게 돌이켜 그들에게 직접 말한다. 우리는 그들이 공동체의 가르침을 배워야 할 그의 제자들이라고 생각할 수 있다. 쿰란 공동체의 구성원들은 그들의 작품에서 자신의 이름을 밝히지 않고 신학적 별칭을 사용하는 것을 선호했다. 여기서 그들은 "빛의 아들들"이라고 불렸고 이것은 사해 두루마리의 다른 곳에서 반복해서 사용되고 신약의 초기 기독교인들도 사용했던 자기 호칭이었다엡 5:8; 살전 5:5. 현자는 계속해서 현시대에 하나님께서 "사악한 현재의 통치" 아래 두셨고 그들은 현재 "굴욕을 당하고 있다고" 설명한다. 즉 그들은 현자가 방금 열거한 귀신의 세력에 종속되어 있다. 그럼에도 불구하고 곧 이 시대의 종말이라고 할 수 있는 굴욕의 시대의 끝이 가까이 왔다. 이것은 약속이다. "영원한 멸망"에 처할 자들은 공동체의 구성원들이 아니라 "파괴하는 천사들의 모든 영들"이다. 마지막 두 행에서 현자는 청중들에게 하나님 안에서 기뻐하라고 요청한다. 여기는 그는 그의 제자들에 대해 많은 별칭을 사용한다. "의인들", "정직한 자들", "흠 없는 자들"은 그의 가르침을 따르는 자들을 지칭하는 명칭이다.

현자의 노래는 현자가 그의 제자들에게 노래, 송축, 그리고 감사의 시편을 가르치는 방법을 설명한다. 현자의 노래에서 그는 그 시대가 악이 지배하는 시대라고 생각했다. 이 노래를 암송하고 하나님의 권능을 높임으로써 쿰란 공동체 구성원들은 귀신의 세력을 물리치고 그들의 사악한 공격으로부터 자신을 보호할 수 있을 것이라고 여겼다. 현자의 노래에서 찬양과 감사의 노래가 귀신에 대한 저주를 대신한다. 지금의 상태는 이 세상이 끝날 때까지 계속될 것이지만 그 끝은 가까이 왔다. 그때 악한 영과 귀신은 영원한 멸명에 이를 것이고 신실한 자들은 "현재의 악의 통치"가 끝날 것이라는 약속을 받게 될 것이다.

마가가 당연하게 여겼던 것들

마가가 더러운 귀신 들린 사람에 대한 이야기로 예수 이야기를 시작했을 때 그는 안심하고 청중이 이 더러운 귀신이 누구인지 알고 있었다고 가정할 수 있었을 것이다. 감찰자들의 책, 희년서, 그리고 사해 두루마리가 증명하듯이 그러한 지식은 기원전 3세기부터 고대 유대교에서 널리 퍼져 있었다. 영과 귀신에 관한 지식은 마가가 그의 복음서를 썼던 기원후 1세기에 종교적 상상력의 고정된 부분이었다. 귀신에 대해 포괄적이고 체계적으로 설명해 주는 문서는 없었다. 또한 모든 문서들이 정확히 동일한 귀신의 개념을 공유하고 있다고 생각해서도 안 된다. 그러나 널리 공유되었던 악한 영과 귀신의 기원과 특성에 관한 기본적인 믿음이 있었다.

귀신은 타락한 천사와 여자 사이에서 태어난 혼종인 거인들의 자손이다. 그들은 거인들이 홍수에 빠져 죽었을 때 출현했다. 귀신들은 홍수에서 살아 남았고 계속해서 다양한 인간의 고통, 질병, 죄 그리고 기타 악의 원인이 되었다. 그들은 잘 조직되어 있고, 그들 중 일부는 이름을 가지고 있으며, 마스테마, 어둠의 천사, 사탄, 벨제붑 Beezlebub 등 많은 이름으로 알려진 귀신의 우두머리에 의해 지배를 받는다. 모든 문서들이 동의하는 또 다른 사실은 귀신은 멸할 수 없다는 것이다. 그들은 쫓겨나고 추방되고 결박되지만 결코 죽임을 당하지 않는다. 적어도 아직은 그렇다. 이 본문들에는 때에 대한 묵시적 이해가 내포되어 있다. 귀신은 그들이 최종적으로 멸망당하는 종말의 때까지 이 세상에서 살아남아 활동한다. 이것은 감찰자들의 책, 희년서, 현자의 노래에 분명하게 나와 있다.

예수의 축귀 행위도 아직 하나님 나라의 결정적인 현현 manifestation 이 아니다. 확실히 하나님 나라는 예수 안에 현존한다. 하나님 나라는 시작되었지만 아직 완전히 실현되지 않았다. 예수의 축귀 행위의 의미는 비록 지금 여기에서 그 승리가 약속으로 남아 있더라도 마지막 날에 악에 대한 최종적인 하나님의 승리를 예상하고 기대한다는 것이다. 쿰란의 현자가 말했듯이 우리는 여전히 이 세상에서 "악의 지배" 아래에 살아간다. 그러나 예수가 귀신을 만난 사건에서 하나님 나라는 이 세상에 침투하였고 승리하였다는 것을 보여준다. 이것이야말로 약속에 대한 확신을 주며 귀신이 없는 세상에서 그것이 어떻게 될 것인지에 대해 미리 맛보게 하는 마가 이야기의 핵심이다.

5. 예수는 모세의 율법을 폐지하였는가?

예수와 모세의 율법

예수는 모세의 율법을 폐지하였는가? 나는 여러 교회에서 예수와 율법에 대해 강의하는 동안 청중들로부터 반복적으로 들었던 두 가지 의견으로 인해 충격을 받았다. 첫째는 예수의 시대에 유대인들은 율법에 대해 다소 협소한 이해를 가지고 있었고 그들의 종교적인 삶은 그들이 극단적으로 취했던 율법에 대한 엄격한 복종과 그것의 해석을 중심으로 구성되었다는 것이고, 둘째는 예수는 이러한 형태의 종교를 극복하셨고 그를 따르는 자들을 율법으로부터 해방시켰으며 율법을 폐지시켜 그것을 사랑과 상식으로 대체하셨고 사람들이 황금율을 따르며 하나님과 사람을 사랑하도록 요구하셨다는 것이다. 결국 그것이 원시적이고 시대에 뒤떨어진 규칙들을 따르는 것보다 훨씬 더 합리적이라는 것이다.

오늘날 왜 그렇게 많은 그리스도인들이 예수 시대의 유대인들이 율법에 집착했다고 믿는가? 한 가지 이유는 복음서 저자들이 복음서에서 예수와 바리새인 사이의 논쟁에 대해 기록한 방식 때문에 그렇다. 바리새인들은 중립적이고 객관적인 방식으로 묘사되는 것이 아니라 종종 편협하고 적대적이며 음모를 꾸는 사람으로 묘사된다. 그들은 예수를 적대하는 '나쁜 놈들'이다. 복음서의 이 짧은 장면에서 예수의 대답이 마치 신선한 공기를 마시는 것과 같다면 바리새인들은 오히려 그 반대의 역할을 하는 경향이 있다. 바리새인들은 예수의 대답이 신선한 공기처럼 돋보이게 하는 장식과 같은 역할을 한다. 여기에서 현대의 신약 독자들이 바리새인들이 율법에 대해 이렇게 생각했다면 진정으로 모든 유대인들도 똑같이 그렇게 생각하는 것이 틀림없다고 여기는 것은 작은 단계에 불과하다. 부정적인 견해를 드러내는 또 다른 이유는 훨씬 후대의 랍비 유대교에 대한 고정 관념, 특히 랍비들은 유대교를 율법의 종교로 이해했다고 하는 고정 관념들이 너무 자주 예수의 시대로까지 소급 적용된다는 것이다.

이러한 의견에는 많은 문제가 있다. 한 가지는 복음서 기자들은 우리에게 바리새인들에 대해 객관적으로 설명하는 것에 관심이 없다는 것이다. 그들의 주요한 목표는 예수가 이스라엘의 메시아라는 것을 보여주는 데 있다. 신약 시대에 살았던 실제 바리새인들은 하나의 종파로써 매우 복잡했고 그들의 사상은 우리가 신약에서 그들에 대해 배우는 것보다 훨씬 더 세련되고 정교했다. 또 다른 문제는 '바리새파'가 예수 당시 유대교의 전부가 아니었다는 것이다. 그들은 많은 종파 중 하나일 뿐이었고 각 종파는 율법에 대한 그 종파만의 고유한 이해를 가지고 있었다. 따라서 일반적으로 율법을 향한 유대인들의 태도에 대해 특히 복음서에 나오는 바리새인들과 예수와의 율법 논쟁에서 어떤 결론을 이끌어오는 것은 크게 잘못된 것이다. 마지막으로 우리는 후기 형태의 유대교를 예수 시대로까지 투영하지 않도록 주의해야 한다. 이것이 시대착오적이라는 사실을 제쳐놓더라도 후기 형태의 유대교를 예수 시대로까지 투영하는 것은 율법을 향한 유대인들의 태도를 경멸하고 의문을 가질 때 더욱 문제가 된다.

두 번째 의견과 관련해서 현대 그리스도인들 사이에 예수께서 모세의 율법을 폐하셨다는 인식이 만연해 있는 이유는 무엇인가? 여기에도 여러 가지 이유가 있을 수 있다. 그 중 한 가지는 예수를 그 시대의 유대인들과 분명히 구별하려고 하는데 예를 들어, 예수와 그 시대의 유대인들의 상반되는 점을 부각시킴으로 그렇게 하려고 한다. 논쟁은 다음과 같이 진행된다. 유대인들은 계명 중심으로 그들의 종교 생활을 조직했지만, 예수는 그를 따르는 자들을 율법의 멍에에서 자유케 하셨다. 유대인들은 율법을 문자적으로 따르는데 집중했지만 예수는 실제 인간과 그들의 필요에 관심을 기울였다. 그리고 유대인들은 율법의 행위를 통해 하나님을 기쁘시게 하고 의롭게 될 수 있다고 생각했지만 예수는 믿는 자들이 오직 은혜로 믿음으로 말미암아 의롭게 된다고 가르쳤다. 여기에서도 복음서에 나오는 서기관과 바리새인들에 대한 경멸적인 묘사가 그러한 고정 관념을 일으키는데 중요한 역할을 했다. 그리스도인들이 예수께서 율법을 폐지하셨다고 주장하는 또 다른 이유는 오늘날 그리스도인들이 율법을 따르지 않는다는 사실에서 비롯된다. 그리스도인들은 아들에게 할례를 행하거나 안식일에 일을 하지 않거나 특정 음식을 먹지 않아야 하는 종교적 의무가 없기 때문에 예수가 율법을 폐지하셨을 것이 틀림없다고 생각한다. 오늘날 그리스도인들은 예수께서 하라고 말씀하신 것을 행하기 때문이다.

다시 한번 말하사면 이러한 의견에는 많은 문제가 있다. 가장 명백한 문제는 율법을 향한 유대인의 태도에 대한 부정적인 묘사가 유대인의 부정성과 예수의 긍정적인 해석 사이에 대립을 일으키려는 욕망에서 비롯되었다는 것이다. 그러한 고정 관념은 그 당시에나 또는 유대 역사의 어느 때라도 유대교에 대한 실제 이해에 거의 근거하지 않는다. 또 다른 문제는 '유대인'에 대한 획일적인 인식과 그들이 율법에 집착한다고 가정하는 것이다. '유대인'은 단지 시대에 뒤떨어지고 예수께서 극복하신 '타자'에 대한 추상적인 기호placeholder일 뿐이다. 더욱이 우리는 단순히 모든 종파들을 함께 묶을 수 없으며 모든 종파들이 율법에 대한 동일한 이해를 공유했다고 가정할 수 없다. 이 의견에 대한 그리 사소하지만은 않은 세 번째 문제는 예수가 복음서에서 자신이 율법을 폐지했다고 결코 말하지 않았다는 것이다. 실제로는 정반대이다. 이 장의 뒷부분에서 다시 살펴볼 마태복음의 유명한 산상 수훈 구절에서 예수는 율법의 한 글자도 폐하지 않고 오히려 율법을 완성하러 오셨다고 단호하게 말씀하셨다. 예수와 마찬가지로 율법에 대해 할 말이 많았던 사도 바울을 보면 그도 비슷한 입장에 있었다는 것을 알 수 있다. 바울도 율법을 폐지하기보다 그것을 유지하고 원래의 의미를 되찾기를 원했다.

이 장은 두 개의 주요 부분으로 구성되어 있다. 첫 번째 부분에서 구약과 제2성전 시대 유대교의 율법에 대한 다양한 이해를 살펴볼 것이다. 다른 문서들을 검토해 봄으로써 우리는 율법에 대한 유대인의 개념이 획일적이지 않고 시간이 지나면서 계속적으로 변화했음을 알게 될 것이다. 모세의 율법이 항상 최고의 존경을 받았지만 그것이 의미하는 바가 정확히 무엇인지는 종파마다 달랐다. 이 장의 두 번째 부분에서는 신약성경에서 예수와 바울을 중심으로 율법에 대한 가장 중요한 구절을 살펴볼 것이다. 마태복음과 로마서를 자세히 읽어보면 일반적인 정서와는 달리 예수와 바울이 율법을 폐하려는 것은 고사하고 경시하려는 의도가 없었다는 것을 알 수 있다. 오히려 예수와 바울 모두는 율법을 옹호하고 각각의 청중들에게 그것의 원래 의도라고 생각했던 것을 회복하려고 했다.

'율법'이라는 단어의 기원과 의미

신약에서 '율법'이라는 단어는 헬라어 *nomos*를 번역한 것이다. 헬라어 *nomos*는 히브리어 토라torah를 번역한 것이고 70인역에서 이 단어가 나오는 거의 모든 경우에 사용되었다. 그리고 70인역에서 신약으로 왔다. 토라는 '율법'을 뜻하는 명사이지만 훨씬 더 넓은 범위의 의미를 가지고 있다. 대부분의 히브리어 명사와 마찬가지로 토라도 동사에서 파생된다. 토라의 경우에 동사 *yarah*에서 파생되었으며 사전에는 이에 대해 여러 가지 다소 다른 가능한 번역—가리키다, 보여주다, 지도하다, 가르치다, 교육하다—을 제공한다. 따라서 명사 토라는 여러 가지 의미를 가질 수 있다. 사전에는 '방향direction', '지침instruction', '법law'이라는 단어가 나와 있지만 '가르침teaching'이라는 단어도 추가될 수 있다. 영어 단어 '법law'은 권위에 의해 시행되는 행동 규칙과 관련된 어떤 법적 의미를 상기시킨다. 많은 본문에서 이것이 토라가 실제로 의미하는 것이지만 그 단어 자체에는 그 이상의 의미를 가지고 있다는 것을 명심하는 것이 중요하다. 따라서 토라가 일련의 특정한 법적 금지 조항보다 훨씬 더 많은 것을 의미한다는 점에서 모든 경우에 토라를 '법'으로 번역하는 것은 오해의 소지가 있을 수 있다. 히브리어 토라의 기본 의미 중 하나는 '가르침' 또는 '지침또는 교육'이다. 잠언서는 지혜를 얻는 유익을 간략하게 요약한 서문으로 시작한다. 그런 다음 지혜의 지침을 잠언 1장 8절에서 다음과 같은 잠언으로 시작한다.

> 내 아들아child 네 아비의 훈계를 들으며 네 어미의 가르침히브리어로 토라 torah을 떠나지 말라

비슷한 말씀이 몇 장 뒤인 잠언 6장 20절에서 다시 반복된다.

> 내 아들아child 네 아비의 명령을 지키며 네 어미의 가르침히브리어로 토라 torah을 떠나지 말고

여기서 언급되고 있는 아들, 즉 학생히브리어로 벤[ben], 문자적으로 '아들'은 지혜 문학에서 종종 '학생'을 의미한다은 부모의 훈계instruction를 거부하지 말라고 권고 받는다. 첫 번째 잠언 1장 8절에서 토라는 "훈계"와 평행을 이루지만 히브리어 단어[6]는 '징계'를 의미할 수도 있다. 그리고 두 번째 잠언 6장 20절에서 토라와 동등한 단어는 "명령"히브리어로 미츠바[mizvah]이다. 이 두 경우 모두에서 아이에게 토라를 주는 것은 아버지가 아니라 어머니이다. 분명히 여기서 토라는 법적인 의미를 가지고 있는 것이 아니라 지혜의 훈계나 일반 교육을 의미한다. 이 교육은 가정에서 부모의 가르침으로 시작된다. 잠언에서 토라는 부모의 가르침의 한 형태로 광범위하게 이해되는 반면, 신명기에서 토라는 분명하게 법적 의미를 가진다. 신명기 법신 12-26장의 일부인 신명기 17장에서 토라라는 단어는 그러한 법의 맥락에서 사용된다. 이 구절은 지역 판결의 권한을 넘어 중앙 성소에 위치한 상위 법정에 보내야 하는 법적 분쟁 사건에 대해 이야기한다. 이 권한은 레위 제사장들과 재판관들에게 있으며 그들의 결정은 최종적이다. 본문은 더 자세히 설명한다.

> 10 여호와께서 택하신 곳에서 그들이 네게 보이는 판결의 뜻대로 네가 행하되 그들이 네게 가르치는 대로 삼가 행할 것이니 11 곧 그들이 네게 가르치

---

6 역주 - "훈계"에 해당하는 히브리어 단어는 מוּסָר로 '징계하다', '벌주다' 라는 뜻이다.

는 율법의 뜻대로, 그들이 네게 말하는 판결대로 행할 것이요 그들이 네게 보이는 판결을 어겨 좌로나 우로나 치우치지 말 것이니라 신명기 17:10-11

신명기는 상위 법정의 재판관이 "율법"히브리어로 토라을 해석한 다음 판결을 발표하도록 규정하고 있다. 명사 토라torah의 기반이 되는 동사 *yarah*는 이 짧은 구절에서 10절 끝"그들이 네게 가르치는 대로"과 11절 시작 부분"그들이 네가 가르치는 율법의 뜻대로"에서 두 번 사용된다. 여기에서 토라와 그것이 파생된 동사 *yarah*는 사법 절차와 이 임무를 위해 특별히 임명된 최고 권위자, 레위 제사장 그리고 재판관이 판결한 법적 결정을 설명한다.

그러나 가장 일반적으로 토라라는 단어는 모세의 토라, 즉 학자들이 오경이라고 부르는 성서의 첫 번째 다섯 권의 책—창세기, 출애굽기, 레위기, 민수기, 신명기—을 말한다. 전통에 따르면 토라는 모세로부터 왔다. 예를 들어, 예수께서 마가복음 7장 10절에서 토라를 인용하실 때 "모세가 이르기를"이라는 인용구로 시작한다. 이 전통은 초기 그리스도인들에 의해 받아들여졌다.요 7:22; 롬 10:5과 비교하라

구약의 토라와 고대 유대교의 토라

다음은 토라가 중심인 구약과 고대 유대교의 네 가지 다른 본문 또는 즉 본문 그룹에 대한 개관이다. 이 개관은 토라라는 단어가 어떻게 그리고 언제 모세의 토라를 지칭하게 되었는지를 설명한다. 그리고 그것은 토라라는 단어가 어떻게 계속해서 다양한 의미를 지니게 되었고 고대 종파들과 작가들이 어떻게 다른 개념을 염두에 두고 토라에 대해서 썼는지를 보여준다. 이러한 토라 의미의 복수성은 신약 시대와 그 이후에도 지

속되었다는 점을 염두에 두는 것이 중요하다.

신명기: 모세의 율법torah으로서의 토라

신명기에는 기록된 문서로서의 토라에 대해 구약성서에서 처음으로 언급되어 있다. 신명기 17장 14-20절은 이스라엘에 새로운 왕을 세우는 조항을 설명한다. 자주 관찰되는 바와 같이 신명기 17장에 있는 소위 왕의 법은 왕과 그의 직분을 영화롭게 하기보다는 오히려 왕의 권위와 특권을 제한하려는 의도이다. 법law은 왕권의 한계를 강조하고 왕의 실제 권력에 대해서는 아무것도 말하지 않는다. 법이 왕에 대해서 언급하는 유일한 긍정적인 규정은 그가 토라를 복사하고 연구해야 한다는 것이다. "그가 왕위에 오르거든 이 율법서의 등사본을 레위 사람 제사장 앞에서 책에 기록하여"신 17:18. 여기에서 "이 율법서this law, torah"는 왕이 자신을 위해 사본을 만들어 그것을 끊임없이 연구해야 하는 하나님의 말씀을 담은 책을 지칭하는 것이 분명하다. 또한 '신명기Deuteronomy'는 '두 번째 또는 반복된'그리스어로 deuteros '법'그리스어로 nomos을 의미하는 그리스어 deuteronomion에서 왔기 때문에 그 책에 이름을 부여한 것은 바로 이 구절이다. 이 그리스어는 라틴어Liber Deuteronomii를 통해 영어로 유입되었다.

토라라는 단어는 신명기에서 '기록 문서' 또는 '법전'이라는 의미로 여러 번 사용되었다신 17:19; 28:58; 31:11-12을 보라. 신명기는 이 특별한 문서를 기록한 사람이 모세라는 것을 분명히 밝히고 있다. 고대 유대 전통에 따르면 모세가 토라의 다섯 권의 책을 모두 쓴 저자이지만 사실 성경에서 모세가 쓴 책이라고 명시적으로 기록된 유일한 책은 신명기이다. 성경 어디에도 모세가 창세기, 출애굽기, 레위기, 민수기를 썼다고 기록된 곳은 없다. 실제로 성경은 누가 이 책들을 썼는지에 대해 아무 것도 말하지 않는다. 그러나 신명기는 다르다. 신명기 31장에서 모세는 자신의 죽음을 준비한다. 먼저 그는 그의 후계자로 여호수아를 임명한다. 이스라엘을 약속의 땅으로 인도하는 것은 여호수아의 과업이 될 것이다. 다음으로 모세는 그가 가르친 교훈들이 잊혀지지 않도록 주의를 기울인다. 지금까지 모세는 구두로만 이스라엘을 가르쳤지만 이제 그는 자신의 가르침을 기록하기로 결정한다. 기록된 이 새로운 문서를 토라라고 한다. "또 모세가 이 율법토라을 써서 여호와의 언약궤를 메는 레위 자손 제사장들과 이스라엘 모든 장로에게 주고"신 31:9. 그리고 모세는 새로 기록된 토라가 7년마다 공개적으로 읽히도록 했다. 신명기 31장에서는 모세가 기록한 것이 무엇인지 명시적으로 언급하지 않지만 문맥으로 볼 때 신명기 31장 9절의 "이 율법"은 신명기에 있는 율법을 가리키는 것으로 보이며 아마도 신명기의 다른 부분도 가리키는 것으로 보인다. 여기에서 모세가 토라 전체, 즉 모세 오경을 썼다는 전승의 기원을 찾을 수 있다. 말하자면 신명기는 원래의 '토라의 책'이다. 토라가 모세 오경 모두를 지칭하게 되자 고대 해석가들은 모세가 오경 전체를 썼다는 사실을 당연하게 여겼다.

신명기 34장에서 모세가 죽은 후 여호수아는 이스라엘의 새로운 지도자가 된다. 여호수아의 이름을 따라 명명된 성서의 다음 책은 이스라엘 백성이 어떻게 약속의 땅을 차지하게 되었는지에 대한 이야기이다. 신명기에서 토라가 기록된 문서로 처음으로 언급되는 반면, 토라가 처음으로 "모세의 율법책토라"이라고 불린 곳은 여호수아서이다. 여호수아 8장 31절에서 처음으로 언급되는데 여기에서 여호수아가 행한 것은 모세가 "모세의 율법책에"수 8:32에서 다시 반복된다 기록한 그의 분명한 지시를 따른 것으로 묘사된다. 두 번째로 언급된 곳은 여호수아 23장 6절인데 이 구절에서 여호수아는 온 이스라엘이 모인 공개 연설에서 그들에게 좌로나 우로나 치우치지 말고 "모세의 율법책에 기록된 것을 다 지켜 행하라"고 엄숙히 권고했다. 두 본문은 모세에게까지 소급되어 올라가며 이스라엘을 위한 지침을 제공하는 권위있는 문서가 존재했다는 것을 가정한다. 이후에 모세의 토라는 구약과 신약 모두에서 자주 언급되는 기록 문서에 대한 고정된 용어가 되었다.예를 들어, 눅 2:22; 24:44; 요 7:23; 고전 9:9.

이 맥락에서 구약성경의 또 다른 본문이 언급되어야 한다. 이것은 열왕기하 22-23장에 나오는 예루살렘 왕 요시아의 종교 개혁 이야기이다. 요시야는 기원전 560-609년에 남유다를 다스렸다. 이 이야기는 예루살렘 성전 보수 공사 중에 요시야 왕이 대대적인 종교 개혁을 시작하게 만든 "율법책" 사본이 어떻게 발견되었는지에 대해 말해준다. 학자들은 일반적으로 요시야의 개혁 시기를 기원전 621년으로 추정한다. 이 율법책이 발견된 이야기는 열왕기하 22장에 나와 있다.

> 8 대제사장 힐기야가 서기관 사반에게 이르되 내가 여호와의 성전에서 율법책을 발견하였노라 하고 힐기야가 그 책을 사반에게 주니 사반이 읽으니라 9 서기관 사반이 왕에게 돌아가서 보고하여 이르되 왕의 신복들이 성전에서 찾아낸 돈을 쏟아 여호와의 성전을 맡은 감독자의 손에 맡겼나이다 하고 10 또 서기관 사반이 왕에게 말하여 이르되 제사장 힐기야가 내게 책을 주더이다 하고 사반이 왕의 앞에서 읽으매 11 왕이 율법책의 말을 듣자 곧 그의 옷을 찢으니라 열왕기하 22:8-11

요시야 왕은 새로 발견된 "율법책"으로부터 알게 된 사실에 매우 괴로워하며 제사장 힐기야와 그의 동료들을 예루살렘에 사는 훌다라는 여선지자에게 보낸다. 성전 관리의 아내인 훌다는 그 책의 내용이 하나님의 뜻은 반영하고 있다는 것을 확증해 주었고 그 때에 요시야 왕은 예루살렘과 유다의 배교와 우상 숭배의 모든 흔적을 제거하는데 주로 중점을 둔 종교 개혁을 시작했다. 이것이 바로 요시야 왕의 위대한 제의cult 개혁이다.

열왕기하의 저자는 예루살렘 성전에서 발견된 불가사의한 책이 실제로 무엇이 기록되었는지 말해주지 않는다. 개혁이 어떻게 실행되었는지 말해주는 묘사로부터 그 내용을 추정할 수 있을 뿐이다. 빌헬름 드 베테 Wilhelm de Wette는 200년 전에 쓴 그의 논문에서 열왕기하 23장에 묘사된 요시야의 제의 개혁이 신명기에 있는 율법의 핵심과 매우 닮았다고 주장한 것으로 유명하다. 따라서 드 베테는 요시야가 발견한 신비로운 "율법책"은 다름 아닌 신명기의 초기 판본이라는 결론을 내렸다. 이 가설은 이후 널리 받아들여 졌다. 예루살렘 성전에서 이 초기 형태의 신명기가 발견된 것이 실제로 일어났는지, 아니면 이것이 요시야의 제의 개혁에 신성한 권위와 합법성을 부여하기 위해 요시야 지지자들이 꾸며낸 이야기인지는 알기 어렵다. 두 경우 모두 토라의 책book of the Torah이 중심적인 역할을 하여 종교 개혁을 촉발시켰다는 점은 의미심장하다.

에스라/느헤미야: 이스라엘의 성문법으로서의 토라

요시야 왕에서 페르시아 시대와 바벨론 포로기 이후 기원전 5세기 회복의 시기로 넘어가 보자. 에스라 시대 동안 토라에 대한 인식에 중대한 변화가 일어났다. "율법책"이 중심을 차지하는 신명기에서 법적인 사고가 시작되었다는 것을 볼 수 있지만 토라가 이스라엘의 성문법이라는 개념은 에스라서와 느헤미야서에서만 발견된다.

에스라는 기원전 515년에 두 번째 성전이 봉헌된 후 반세기가 조금 지난 후에 바벨론에서 예루살렘으로 돌아왔다. 그의 이름을 따라 명명된 이 책은 에스라가 제사장이었다는 것을 반복해서 언급한다에스라 7:11, 12, 21; 10:10, 16. 또한 에스라는 토라의 기록된 말씀을 해석하여 설명할 수 있는 서기관이었으며, 그에게는 하나님의 인정된 권위가 있었다. 에스라서는 그를 이렇게 묘사한다.

> 6 이 에스라가 바벨론에서 올라왔으니 그는 이스라엘의 하나님 여호와께서 주신 모세의 율법에 익숙한 학자로서 그의 하나님 여호와의 도우심을 입음으로 왕에게 구하는 것은 다 받는 자이더니…10 에스라가 여호와의 율법을 연구하여 준행하며 율례와 규례를 이스라엘에게 가르치기로 결심하였었더라 에스라 7:6, 10

6절에 나오는 왕은 페르시아바사 왕이다. 유다가 포로가 된 후에도 계속해서 페르시아의 지배를 받았기 때문에 아마도 에스라는 자신의 율법책에 어떤 권위를 부여하기 위해 페르시아 당국의 허가가 필요했을 것이다. 페르시아는 속국에 상당한 자유를 인정해 준 것으로 알려져 있어서 페르시아 왕이 에스라에게 자비의 표시로 "왕에게 간구한 모든 것"을 기꺼이 허락한 것은 그리 놀랄 만한 일이 아니다. 어쨌든 성경 저자는 에스라가 페르시아 왕의 승인을 받았을 뿐 아니라 이스라엘 하나님의 은혜를 입었다고 말한다. 에스라는 하나님의 위임mandate을 가지고 있었다.

느헤미야 8장에 중요한 장면이 묘사되어 있다. 이 장은 유배자들이 바벨론에서 예루살렘으로 돌아온 후 처음으로 공개적으로 토라를 낭독하는 장엄한 광경을 보여준다. 사람들은 광장에 모였고 에스라는 이 행사를 위해 특별히 지은 나무 강단 위에 섰다. 학사 에스라는 "모세의 율법책"을 가져와서 모인 모든 사람들에게 그것을 읽어달라는 요청을 받았다. 모임을 시작할 때 간단한 의식을 마친 후 에스라와 그의 동료들은 공개적으로 낭독하기 시작했다. 때때로 그들은 읽기를 중단하고 백성들이 낭독한 율법책을 이해할 수 있도록 읽은 내용을 설명했다. 이것은 몇 시간 동안 계속되었다.

> 5 에스라가 모든 백성 위에 서서 그들 목전에 책을 펴니 책을 펼 때에 모든 백성이 일어서니라 6 에스라가 위대하신 하나님 여호와를 송축하매 모든 백성이 손을 들고 아멘 아멘 하고 응답하고 몸을 굽혀 얼굴을 땅에 대고 여호와께 경배하니라 7 예수아와 바니와 세레뱌와 야민과 악굽과 사브대와 호디야와 마아세야 그리다와 아사랴와 요사밧과 하난과 블라야와 레위 사람들은 백성이 제자리에 서 있는 동안 그들에게 율법을 깨닫게 하였는데 8 하나님의 율법책을 낭독하고 그 뜻을 해석하여 백성에게 그 낭독하는 것을 다 깨닫게 하니 느헤미야 8:5-8

느헤미야 8장의 토라 낭독 의식은 포로기 이후 이스라엘 역사에서 결정적인 순간을 나타낸다. 그것은 토라가 귀환자들과 전체 이스라엘에게 중심적인 역할과 기능을 한다는 것을 말해준다. 토라는 더 이상 고립된 성경의 율법 모음이 아니라 이스라엘의 성문법이 되었고, 모든 법적 판결의 원천이 되었으며 따라서 유대적 정체성의 기초가 되었다. 이후에 토라는 유대인의 삶의 방식을 정의한다는 의미에서 규범적 기능을 얻게 되었다. 토라는 유대인이 된다는 것이 무엇을 의미하는지를 규정할 수 있는 궁극적인 규정집이다. 토라의 역할이 완전히 바뀌었고 학사 에스라의 역할도 그러했다. 몇 세기 이후 랍비 문헌에서 에스라는 종종 모세와 비교된다. 모세가 광야에서 토라를 준 것처럼 에스라는 포로 귀환 이후에 이스라엘에게 토라를 주었다. 이 회복의 시기에 에스라는 새로운 율법의 수여자로서 제2의 모세 역할을 맡았다. 에스라는 더 이상 관습적이고 제의적인 의미에서 제사장이 아니라 토라의 관리자이며 경우에 따라 토라를 공개적으로 읽는다. 그는 또한 법정과 전체 이스라엘에 구속력이 있는 하나님의 가르침을 토라에서부터 이끌어 내는 토라의 최고 해석자이다. 이와 관련하여 에스라는 후대의 서기관들과 본문 해석자들, 궁극적으로 오늘날 랍비들의 선조이다.

벤 시라: **지혜로서의 토라**

개념이나 사상의 지성사를 재구성할 때 여기에서는 토라의 개념이 고대 이스라엘의 권위있는 규정집이 된 경우, 역사가들은 직선적으로 개념 형성을 재구성하려는 유혹에 빠질 수 있다. 그러한 유혹은 바로 과거의 특정한 순간을 확인하고 그것을 연대순으로 나열한 하나 위에 다른 하나가 세워지는 진보적인 단계를 거치는 직선적인 발전을 나타낸다고 주장하는 것이다. 우리는 이러한 개념이 직선적인 방식으로 발전했다고 가정하는 경향이 있다. 먼저 모세는 토라로 알려진 그의 가르침을 기록하였다. 그 후에 토라는 성전에서 발견되어 요시야의 종교 개혁을 일으킨 책이 되었다. 그리고 나서 페르시아 시대에 토라는 전체 이스라엘을 위한 성문법이 되었고 에스라는 그 뒤를 이은 서기관들과 랍비들처럼 율법의 최고 해석자가 되었다. 여기에서 토라 개념의 단절되지 않고 직접적이며 거의 필연적인 발전이 직선적으로 이루어져 왔던 것처럼 보일 것이다. 실제로 이러한 재구성은 결코 쉽지 않은 것이며 고대 이스라엘의 지성사가 훨씬 더 복잡했다는 것을 안다. 예를 들어, 신명기는 모세 시대에 기록된 것이 아니라 아마도 바벨론 포로 기간이나 그 이후에 기록되었을 가능성이 높지만 에스라서와 느헤미야서보다 훨씬 더 이른 시기는 아닐 것이다. 그리고 요시야의 개혁과 관련하여 우리는 실제로 무엇이 일어났는지에 대해서는 더 잘 알지 못한다. 토라의 의미가 시간이 지남에 따라 변하고 신명기와 에스라서가 그러한 발전의 중요한 순간을 나타내는 것은 분명한 사실이지만 토라에 대한 자신만의 고유한 이해를 가졌던 고대 이스라엘의 다른 종파들이 있었다는 것 또한 동일한 사실이다. 토라에 대한 그들의 이해는 위에서 설명한 것과는 다르며 이 직선적인 발전 모델과 깔끔하게 일치하는 것은 아니다. 고대 이스라엘의 문헌이 풍부한 것은 거의 모든 사안에 대해 특히 토라의 의미에 대해 다양한 관점을 가진 여러 종파들이 항상 공존했기 때문이다. 제2성전 시대 동안 이러한 다양한 관점이 더욱 증가하여 더 많은 종파가 등장하고, 자신들의 견해를 담은 문서를 기록하며 자신들의 세계관을 발전시켰다.

이것과 관련하여 특히 흥미롭고 구약에 깊이 뿌리를 두고 있는 하나의 사상적 흐름은 지혜 전통이다. 하나님의 지혜에 대한 개념은 성서 시대의 이스라엘에 중요한 역할을 했다. 성경에서 지혜는 많은 것을 의미한다. 지혜는 세상을 보는 특정한 방식을 의미하며, 모든 것 이면에 있는 통합적이고 조직적인 원리를 찾으려고 한다. 지혜는 삶의 방식과 관상, 배움, 가르침에 대한 사랑을 의미한다. 그리고 지혜는 특정 종류의 문학을 의미한다. 구약에서 학자들이 흔히 지혜 문학이라고 여기는 몇 권의 책이 있는데 예를 들어, 잠언, 일부 시편, 욥기, 전도서 코헬렛 그리고 아가서가 그것이다. 이 책들은 모두 어떤 특징을 공유한다. 토라와 예언서는 대부분 산문으로 쓰여졌지만 지혜서는 거의 대부분 시로 쓰여졌다. 지혜서는 어떤 진리를 포착하는 잠언 모음을 담고 있다. 토라와 예언서는 주로 고대 이스라엘의 역사와 그것의 주요 사건들에 관심을 가지는 반면, 지혜 문학에는 어떤 특정한 역사적 사건에 대한 언급이 거의 없다. 지혜 문학의 관심은 시대를 초월한 진리, 고대 이스라엘만 국한되지 않는 보편적인 삶의 모습에 있다. 지혜서는 이스라엘에서뿐만 아니라 고대 근동 전역에 인기있는 장르였으며 문화와 역사와 언어의 경계를 넘어 공통점이 많았다. 이스라엘의 지혜 전통이 여러 가지로 성서의 다른 책들과 구분이 된다는 점을 감안하면 토라라는 단어에 대한 이해가 다르다는 것도 놀랄 만한 것이 아니다. 우리는 이 장을 토라라는 단어를 포함하고 있는 잠언 1장 8절과 6장 20절로 시작했다. 이 두 구절에서 토라는 모세와 관련된 것이 아니며 법적 의미는 전혀 없다. 대신 여기서 토라는 일반적으로 부모의 가르침을 의미하며, 부모가 자녀를 양육하고 가르치는 모든 집에서 볼 수 있는 그러한 종류의 가르침이다. 구약 성경의 다른 지혜 본문을 살펴보면 토라가 좀 더 일반적이고 비법적이며 다소 덜 구체적인 의미를 가지고 있다는 것을 확인할 수 있다. 시편에서 다음 두 가지 예를 살펴보자.

> 1 복 있는 사람은
> 악인들의 꾀를 따르지 아니하며
> 죄인들의 길에 서지 아니하며

오만한 자들의 자리에 앉지 아니하고

2 오직 여호와의 율법을 즐거워하여

그의 율법을 주야로 묵상하는도다 시편 1:1-2

1 행위가 온전하여

여호와의 율법을 따라 행하는 자들은 복이 있음이여

...

18 내 눈을 열어서

주의 율법에서 놀라운 것을 보게 하소서 시편 119:1, 18

시편 1편과 119편은 지혜시로 분류된다. 이 두 시편에서 토라는 주제 reflections의 중심이다. 시편 1편의 저자는 악인, 죄인, 그리고 오만한 자와는 달리 지혜로운 자는 그의 토라를 주야로 묵상할 것이라고 말한다 수 1:8을 보라. 토라를 항상 묵상하라는 요청은 신명기 17장의 왕의 법을 생각나게 한다 실제로 신명기에는 몇 가지 지혜 요소가 있다. 이 책을 쓴 서기관들은 분명히 이스라엘의 지혜 전통에 정통했다. 시편 중에 가장 긴 시편인 119편은 저자가 자주 토라를 언급하기 때문에 현대 학자들은 그것을 '토라 시편'이라 부른다. 두 시편의 기자들은 독자들에게 토라를 지키고 묵상하며 토라를 가르고 잊지 말며 그 안에서 기뻐하고 그리하여 생명을 소유하라고 요청한다. 토라는 삶의 지침서로 다소 일반적인 용어로 언급되며 어떠한 구체적인 법적 결정 legal rulings으로는 언급되지 않는다. 사실 두 시편 모두는 토라가 정확하게 무엇인지에 대해 의도적으로 모호하게 남겨두어 보다 구체적인 지침을 찾고자 하는 독자들에게는 실망스러울 수 있다. 시편 1편과 119편은 일종의 토라 경건, 즉 묵상, 성찰, 배움을 담고 있지만 잘 정의된 일련의 법적 결정에 얽매이지 않는 생활 방식을 증언한다.

구약의 풍부한 지혜 전통은 제2성전 시대까지 계속되었다. 그 지혜 전통은 기원전 2세기에 쓰여진 지혜서인 외경 벤 시라^{또는 시락}를 통해 계속되었으며 특히 헬레니즘 시대의 지혜 전통을 가장 잘 드러냈다. 이 책의 이름인 벤 시라는 예루살렘에 자신의 학교인 "교육의 집"^{벤 시라 51:23}을 가지고 있었으며 거기에서 수업을 제공한 교사이자 현자였다. 벤 시라서는 구약의 지혜 전통에 굳게 서 있으며 지혜 전통을 따르는, 내용에 따라 느슨하게 모아져있고 다양한 삶의 측면을 반영하는 전통적인 문학 형식인 잠언으로 구성되어 있다.

대략 책의 중간에 위치한 24장에는 지혜를 찬양하는 놀라운 시들이 포함되어 있다. 이 장에서 지혜는 신성한 속성을 가진 여성으로 의인화되어 있고 1인칭으로 말하며 스스로를 찬양한다. 젊은 여성으로 의인화된 지혜는 그녀가 천국에 살고 있었을 때 천상 회의에서 어떻게 그녀가 지상에 가고 싶다고 말했는지 설명한다. 이 천상의 장면은 잠언 8장에 나오는 여자로 의인화된 지혜 모티브에 기초한 것으로 고대 이스라엘은 이스라엘의 하나님과 가장 가까이 동행하는 여자인 지혜에게로 왔다. 지혜는 그녀가 집을 찾아 지상을 돌아다녔지만 하나님께서 이스라엘에서 살라고 말씀하실 때까지 머물 곳을 찾을 수 없었던 이야기를 1인칭으로 말해준다.

> 그때 만물의 창조자께서 나에게 명령을 내리셨고
> 나의 창조자께서 나의 거처를 세울 장소를 선택하셨다.
> 그가 이르시되 "너는 야곱 가운데 거처를 삼고
> 이스라엘에서 너의 유산을 받으라"

벤 시라 24:8

그런 다음 지혜는 이스라엘에서 '존귀한 사람들' 가운데 살기로 결정했다. 계속해서 그녀는 새로운 거처를 마련한 후에 얼마나 그녀가 탁월했는지, 얼마나 그녀의 영광이 가장 높은 나무보다 뛰어났는지, 그리고 어떻게 그녀가 영원한 양식sustenance을 주었는지를 설명한다. 이 시점에서 나레이터는 지혜 찬양을 중단하고 다음과 같은 해설을 삽입한다.

> 이 모든 것은 지극히 높으신 하나님의 언약의 책,
> 즉 야곱의 회중을 위해 기업으로 주신
> 모세가 우리에게 명한 율법이라 벤 시라 24:23

"언약의 책"은 하나님께서 이스라엘과 언약 관계를 맺으셨던 출애굽 이야기에 관한 것이다. 토라Torah는 그 언약의 표시이다. 세 번째 줄에서 벤 시라는 "모세가 우리에게 명한 율법"이라는 구절을 추가하여 "율법"을 더욱 강조한다. 이것은 벤 시라가 모세의 토라, 특히 모세가 시내산에서 이스라엘에게 토라를 준 출애굽 이야기의 그 순간을 생각하고 있었다는 것을 분명히 말해준다. 여기서 지혜는 토라와 연결되어 있다. 특히 벤 시라는 지혜를 토라와 동일시한다. 벤 시라 24장은 지혜와 모세의 토라를 명시적으로 동일시하는 첫 번째 유대 문헌이다. 벤 시라는 원래는 구별된 두 가지 전통, 즉 지혜가 지상으로 내려온 전통잠언 8장과 시내산에서 토라를 수여하는 전통출애굽기을 계승하여 지혜와 토라를 동일시하므로 두 가지를 통합한다. 벤 시라에게 토라가 지혜가 되었던 것처럼 지혜는 토라에 구현되어 있다. 지혜가 학생들을 깨우치고 생명으로 인도하는 것은 토라를 통해서이다.

몇 세기 후 최초의 기독교 작가들은 그들이 예수를 묘사할 때 지상으로 내려온 지혜 모티브를 사용했다. 그러나 그들은 지혜의 구현인 토라를 나사렛 예수로 대체했다. 예를 들어, 고린도전서 1장에서 바울은 예수가 하나님의 능력이요 "하나님의 지혜"라고 주장했다 고전 1:24. 마찬가지로 요한복음 서문 요 1:1-18에서 벤 시라 24장의 지혜가 태초에 있었다가 나중에 이스라엘에 거하기 위해 땅에 내려온 것처럼 "태초에" 있었다가 땅으로 내려온 것은 하나님의 말씀이다. 요한에게 그 말씀은 다름 아닌 예수이다. 벤 시라는 지혜를 토라와 동일시하는 반면 바울과 요한은 지혜를 예수와 동일시한다.

사해 두루마리: 토라의 다양한 의미

지금까지 살펴본 문헌과는 달리 사해 두루마리는 단일한 구성이 아니라 서고library와 같은 다양한 문헌들의 모음이다. 많은 사본들이 쿰란에서 쓰여졌기 때문에 이 사본들이 쿰란 공동체의 사상을 반영하지만 그중 일부는 다른 곳에서 쓰여졌고 공교롭게도 쿰란 동굴에서 발견되었다. 결과적으로 사해 두루마리는 쿰란 공동체 구성원들의 견해뿐만 아니라 광범위한 관점을 나타낸다. 토라는 이 많은 문헌들 중에서도 두드러지게 나타난다. 위에서 논의한 토라의 모든 측면들은 일부 문헌들과 사해 두루마리에서도 찾아 볼 수 있다.

쿰란 공동체에게 모세의 토라는 무엇보다도 그들의 정체성을 정의하는 모든 결정의 중심이 되는 권위 있는 문서이며 원천이었다. 사해 두루마리는 공동체 생활에서 토라가 중심이 되는 것에 대해 의심의 여지를 조금도 남기지 않으며 토라의 올바른 해석의 중요성을 반복해서 강조한다. 기본 문서 중 하나이며 다마스쿠스 문서로 알려진 본문에서 저자는 쿰란 공동체의 기원과 초기 역사를 되돌아본다. 온 이스라엘이 타락했을 때 하나님은 쿰란 공동체 구성원들을 선택하셔서 그들과만 특별하고 영원한 언약을 세우셨다. 이 구절에서 공동체는 이사야서에서 순종하는 남은 자들의 모티브를 암시하는 "남은 자"라고 불렸다. 이것이 쿰란 공동체 시작의 표시였다.

> 오직 하나님의 계명을 지키는 남은 자들과 더불어 이스라엘과 영원히 언약을 세우사 온 이스라엘의 그릇 행하던 은밀한 일을 그들에게 보이셨도다. 거룩한 안식일과 영광스러운 절기들과 그의 의의 증거와 그의 진리의 길과 사람이 살기 위하여 마땅히 행하여야 할 그의 뜻의 소원을 그들 앞에 보이셨느니라 다마스쿠스 문서 3:12-16

이 구절에 따르면 쿰란 공동체가 나머지 이스라엘과 분리되는 것은 토라에 대한 올바른 해석이다. 전형적인 종파적 방식으로 저자는 공동체가 그들의 고유한 지식과 통찰에 접근할 수 있었다고 주장한다. 위 본문에 따르면 이 지식의 기원은 명민한 성경 해석이 아니라 신적인 계시이다. 하나님은 이러한 통찰을 이 공동체에게만 계시하시기로 선택하셨다. 이 계시의 주제는 신명기 29장 29절에서 가져온 구절 "감추어진 일"이다. 성경에서 가져온 이 표현은 공동체 정체성의 합법적 기초가 되었던 토라의 종파적 해석을 위한 쿰란의 암호code와 같은 언어가 되었다. 그 다음 구절에서는 안식일과 절기의 적절한 준수와 같은 특히 중요한 몇 가지 법적 문제들을 계속해서 나열한다. 후자는 달력에 대한 논쟁이 있었다는 것을 암시하며 그 공동체가 애초에 스스로 자기 분리를 선택한 이유 중 하나이다. 다마스쿠스 문서는 쿰란 공동체가 하나님께서 특별한 사람들을 선별하시고 선택하셔서 그들과 언약 관계를 맺으시고 올바른 토라 해석을 계시하시며 그런 다음 그들을 나머지 이스라엘과 분리시켜 생명으로 인도하셨을 때 세워졌다고 말한다.

동일한 견해가 쿰란의 다른 문서, 즉 할라카 서신 Halakhic Letter 또는 4QMMT로 알려진 문서에 표현되어 있다. 심하게 조각나 있는 이 문서는 쿰란 공동체의 지도자가 쓴 것으로 추정되는 편지 형식을 취하고 있으며, 종교적 권위자 아마도 예루살렘의 대제사장에게 보내졌다. 그 편지에서 발신자는 예루살렘에서 공동체가 분열된 이유를 자세히 설명한다. 그 편지의 핵심 부분에는 약 17개의 율법 논쟁 목록이 있는데 그것들 각각에 대해 저자는 그들의 관점이 수신자의 관점과 어떻게 다른지 설명한다. 편지는 수신자가 토라, 예언서, 다윗의 시편을 재검토하고 적절하게 연구하여 쿰란 분파의 성경 해석만이 정확하다는 것을 인식하도록 호소하는 것으로 마친다. 토라의 올바른 해석에 대한 율법 논쟁은 쿰란 공동체가 스스로 분리하여 나가게 된 주된 이유이다. 일부 학자들은 4QMMT가 화해의 어조를 띠고 있으며 율법적 차이가 중재될 수 있어 그 공동체가 예루살렘으로 돌아갈 수 있다는 희망이 여전히 남아 있었던 공동체의 초기 역사 시기에 기록되었다고 제안하지만 이것은 명확하지 않다.

그러나 모든 사해 두루마리 문서가 율법적 문제와 관련된 것은 아니다. 상당 수의 사해 두루마리 문서가 지혜 문학에 속한다. 이 지혜 문서들 중 일부는 이전에 알려진 사본인 반면 다른 지혜 문서들은 쿰란에서만 알려져 있다. 토라는 이 지혜 문서들의 중심이 아니다. 예를 들어, 쿰란의 주요 지혜 문서들 중 하나인 4QInstruction에는 토라가 언급되지 않

는다. 그러나 토라는 다른 지혜 문서들에 언급되어 있다. 4QBeatitudes
가 그 한 가지 예이다.

> 지혜를 얻고 [본문의 공백] 지극히 높으신 분의 토라에 따라 걸으며 그의 마음을 그 길에 세우고 [본문의 공백] 그 훈계로 자신을 절제하며 토라의 징계에 지속적으로 만족하는 사람은 복이 있다 4Q525 II, 3:3-4

복의 긴 목록에서 저자는 독자들에게 지혜를 구하고 어리석음을 피하라고 권합니다. 여기서 토라는 시편 1편과 119편 그리고 벤 시라 24장에서 본 것처럼 지혜와 관련이 있다. 토라는 삶의 지침이다. 토라는 특정한 법적 판결의 출처가 아니다. 법적 관심이 쿰란의 지혜 문서에서 완전히 없는 것은 아니지만 중심적인 관심도 아니다.

쿰란 문헌들은 제2성전 시대가 끝날 무렵 토라에 대한 다양한 이해를 충분하게 보여준다. 그리고 이러한 서로 다른 개념들이 어떻게 상호 배타적이지 않고 나란히 공존할 수 있었는지 또한 보여준다.

예수는 토라에 대해 무엇이라 말하는가

토라는 언제나 신약의 중심 주제 중 하나이다. 우리는 토라와 그 의미 그리고 정확한 해석에 대한 다양한 견해가 어떻게 구약성경까지 거슬러 올라가고 제2성전 시대에 확산되었는지 살펴보았다. 사해 두루마리가 가장 좋은 예가 될 수 있다. 사해 두루마리에는 폭넓은 의견을 반영하는 많은 문헌들이 있다. 초기 유대교는 예수와 떠오르는 예수 운동의 본거지 home였기 때문에 토라가 계속해서 논의의 주제가 되는 것은 놀랄만한 일이 아니다. 이것은 확실히 새로운 논의가 아니지만 위에서 설명한 논의의 직접적인 연속 선상에 있으며 그 역사와 맥락을 염두에 두고 이해해야 한다. 예수를 따르는 사람들 중 일부는 유대인이었고 토라에 대한 그들 자신의 이해를 가지고 믿음에 이르렀지만 다른 사람들은 토라에 대한 선이해 없이 예수를 믿게된 이방인이었다는 사실로 인해 상황은 복잡해진다. 이 문제는 이방인의 사도인 바울에게 특히 중요하다.갈 1:16

나는 토라에 대해서 반복적으로 말했던 예수와 바울에 초점을 맞춰 논의할 것이며 첫 번째 복음서인 마태복음에서부터 시작할 것이다. 마태는 초기에 예수를 따르는 무리들을 위해 글을 썼고 그 중 상당수는 유대인이었다. 마태의 이야기를 읽으면 그의 복음서에 그 당시 유대교에 대한 관심이 항상 존재했다는 느낌을 강하게 받는다. 비유로 말하자면 회당이 마태의 거리 바로 건너편에 있었던 것 같다. 마태는 마가와 누가보다 더 토라에 대한 순종을 포함하여 제2성전 유대인과 관련된 다양한 주제를 다루어야 한다고 느꼈다. 그의 중심 과제 중 하나는 그의 동료 믿는 유대인들에게 예수가 이스라엘의 메시아임을 확신시켜 그들이 실망하여 예수를 믿는 새로운 믿음을 버리고 다시 길을 건너 이전의 유대인의 삶으로 돌아가지 않도록 하는 것이었다. 그렇게 하기 위해 마태는 토라에 대한 예수의 입장을 명확하게 해야 할 필요가 있었다. 살펴보려고 하는 첫 번째 본문은 마태복음 5-7장의 산상 수훈에 있는 본문이다. 예수가 마태복음에서 행한 다섯 개의 주요 설교 중 첫 번째 설교는 주로 토라에 대한 예수의 이해에 할애되어 있다. 산이라는 배경은 즉시로 시내산에 올라갔던 최초의 율법의 수여자인 모세를 연상시킨다.출 19-24장. 마태는 예수를 새로운 모세로 묘사한다. 모세는 이스라엘에게 토라를 주었고 이제 예수는 그것을 해석하려고 한다.

예수의 산상 수훈은 주의 깊게 구성되어 있다. 따라서 예수께서 그의 설교 어디에서 토라에 대한 그의 견해를 설명하셨는지를 이해하는 것은 중요하다. 마태는 5장 1-2절에서 산상 수훈의 무대를 도입함으로써 시작한다. 예수는 산에 올라가 그의 제자들을 가르치신다. 설교의 첫 부분인 5장 3-12절은 보통 팔복이라고 불리는 아홉 가지의 복으로 구성되어 있다. 이것은 위로하기 위한 복이며 신실한 자들에게 더 나은 현실을 약속하는 복이다. 각각의 복은 예수를 따르는 자들이 현재에 처한 특정한 현실적 측면으로 시작하고 후반부는 그들의 미래를 약속한다. 팔복 이후 5장 13-16절에는 소금, 빛 그리고 등불에 대한 세 가지 비유가 나온다. 세 가지 짧은 비유에서 예수는 말씀에 따라 살려고 하는 사람들을 묘사한다.

그 다음에 팔복의 종말론적 약속과 그의 청중들의 세 가지 간단한 특징에 이어 예수는 뒤로 물러나 토라에 대한 자신의 입장을 설명한다. 이것이 산상 수훈의 세 번째 부분이다.

> 17 내가 율법이나 선지자를 폐하러 온 줄로 생각하지 말라 폐하러 온 것이 아니요 완전하게 하려 함이라 18 진실로 너희에게 이르노니 천지가 없어지기 전에는 율법의 일점 일획도 결코 없어지지 아니하고 다 이루리라 19 그러므로 누구든지 이 계명 중의 지극히 작은 것 하나라도 버리고 또 같이 사람을 가르치는 자는 천국에서 지극히 작다 일컬음을 받을 것이요 누구든지 이를 행하며 가르치는 자는 천국에서 크다 일컬음을 받으리라 20 내가 너희에게 이르노니 너희 의가 서기관과 바리새인보다 더 낫지 못하면 결코 천국에 들어가지 못하리라 마태복음 5:17-20

이 단락은 뒷부분보다 앞부분을 향해 의도되어 있다. 이 단락의 주요 목적은 설교의 다음 부분을 소개하고 가능한 모든 오해를 미리 피하는 것이다. 예수의 설교 네 번째 부분인 5장 21-48절은 안티테제antitheses, 문자적으로 '반대'로 잘 알려진 여섯 가지 말씀으로 구성되어 있다. 이것이 안티테제로 불리는 것은 그 구조 때문이다. 각 절은 토라로부터 인용했다는 것을 나타내는 "너희는....하였다는 것을 들었다"라는 문구로 시작한다. 예수는 여기에 "그러나 나는 너희에게 이르노니..."를 덧붙였다. 소위 안티테제는 그것의 정확한 해석에 대해 엄청나게 많은 학문적 토론을 낳았는데 이것은 그 구조가 예수가 모세와 모순된다는 것을 암시하는 것처럼 보이기 때문만은 아니다. 즉 산상 수훈의 안티테제 형식은 예수가 대조되는 새로운 가르침, 말하자면 새로운 토라를 제시한다는 의미로 해석되었으며 일부는 심지어 모세의 토라와 완전히 모순된다고 말하기까지 한다. 이것은 정확하게 예수께서 5장 17-20절에서 예상하셨고 배제시키려고 했던 종류의 해석이다. 예수께서 소위 안티테제를 제시한 것은 새로운 율법적 규칙이 아니다. 그는 분명히 모세의 토라를 반박하기는 커녕 축소하기도 원하지 않으셨다. 실제로 예수는 토라를 변경시킨 것이 아니라 급진적으로 적용시켰다. 예수는 토라를 영감 있게 해석함으로써 실제로 토라가 생명의 약속과 완전함의 성취에 관한 것이라는 것을 드러냈다. 이것이 예수가 5장 48절의 말씀으로 결론을 내리는 이유이다. "그러므로 하늘에 계신 너희의 아버지의 온전하심과 같이 너희도 온전하라".

그러나 우리는 5장 17-20절로 다시 돌아가 예수의 의도를 살펴보아야 한다. 그는 처음부터 토라를 무효화하기는 커녕 반대할 의도가 없었다는 것을 분명히 하셨다. 그래서 예수는 17절 말씀, 곧 "내가 율법이나 선지자를 폐하러 온 줄로 생각하지 말라 폐하러 온 것이 아니요 완전하게 하려 함이라"로 시작한다. 이 구절에서 예수는 자신이 토라를 지지하며 자신과 모세 사이의 갈등이 없다는 것을 분명하게 말한다. 더 나아가 자신이 토라를 "완전하게" 하기 위해 왔다고 설명한다. 즉 단순히 계명을 문자적으로 순종하는 것이 아니라 자신의 삶과 가르침을 통해서 토라를 완전하게 하기 위해 왔다는 것이다. 18절에서 그는 같은 맥락으로 말씀을 이어가면서 "하늘과 땅이 사라질" 종말의 때를 내다봄으로 그의 가르침을 종말론적 상황에 둔다. 토라는 새 창조 때까지 지속될 것이며 일점 일획그리스어 원문에는 그리스어 알파벳에서 가장 작은 이오타[iota]로 되어있다이라도 그 의미를 잃어버리지 않을 것이다. 토라의 모든 것이 그대로 남아 있기 때문에 모두가 그것을 따라야 하며 그렇게 하지 않는 사람들은 최후의 심판에서 책임을 지게 될 것이다. 다시 말하면, 이 세상에서의 행위—특히 토라에 대한 순종과 관련해서—와 내세로 들어가는 것과는 직접적인 상관관계가 있다. 마지막으로 20절은 안티테제의 다음 부분으로 전환하는 역할을 하고 경고의 형식으로 토라에 대한 예수의 가르침을 요약한다. 제자들은 모세의 토라에 복종해야 할 뿐 아니라 그들의 의는 유대교 지도자들의 의를 능가해야 한다. 하지만 이것은 대단히 어려운 일이다.

의는 마태가 가장 선호하는 용어 중 하나이다. 마태에게 의는 하나님의 뜻과 일치하는 올바른 행동을 의미한다. 본문에서 오는 긴장은 예수와 모세의 가르침 사이의 잠재적인 모순에서 비롯된 것이 아니다. 오히려 예수는 제자들에게 토라에 순종하는 것보다 더 많은 것을 행하여 그들의 의가 서기관과 바리새인의 의를 능가하도록 요구하신다. 예수께서 토라에 대한 문자적인 해석 그 이상의 것을 요구하실 때 정확하게 그가 원하시는 것은 무엇인가? 나중에 예수는 복음서에서 서기관과 바리새인들에게 이것에 대해 다시 언급한다. 이제 예수가 자신이 염두에 두고 있는 것이 무엇인지 더욱 분명해졌다.

> 화 있을진저 외식하는 서기관들과 바리새인들이여 너희가 박하와 회향과 근채의 십일조는 드리되 율법의 더 중한 바 정의와 긍휼과 믿음은 버렸도다 그러나 이것도 행하고 저것도 버리지 말아야 할지니라 마태복음 23:23

예수는 서기관과 바리새인들이 토라를 따르거나 그들의 토라 해석이 잘못되었기 때문에 책망하지 않으셨다. 그것과는 거리가 멀다. 오히려 예수는 그가 "율법의 더 중한 것"이라고 부른 토라의 가장 중요한 부분을 놓쳤기 때문에 그들을 책망하셨다. 여기서 "더 중한 것the weightier"은 더 중요하다는 의미이며 토라의 더 어려운 측면을 의미하기도 한다. 예수는 그가 의미하는 것이 무엇인지 설명하기 위해 미가 선지자를 소환한다. "사람아 주께서 선한 것이 무엇임을 네게 보이셨나니 여호와께서 네게 구하시는 것은 오직 정의를 행하며 인자를 사랑하며 겸손하게 네 하나님과 함께 행하는 것이 아니냐" 미 6:8. 예수는 어떤 식으로든 율법을 무시하거나 축소하지 않으셨다. 그러나 율법의 더 중요한 것과 덜 중요한 것은 구분하셨다. 특정한 율법을 지키는 것은 의향과 헌신보다 덜 중요한 두 번째 사항이다. 율법은 지키는 것만으로는 안 된다. 더 중한 것은 계명을 지키려는 정신과 토라가 개별적인 계명 이상이라는 인식이다.

이 문제는 마태복음에서 반복적으로 등장하는데 가장 잘 알려진 것은 바리새인이 예수에게 가장 큰 계명이 무엇인지 직접 물었을 때이다.

> 35 그 중의 한 율법사가 예수를 시험하여 묻되 36 선생님 율법 중에서 어느

계명이 크니이까 37 예수께서 이르시되 네 마음을 다하고 목숨을 다하고 뜻을 다하여 주 너의 하나님을 사랑하라 하셨으니 38 이것이 크고 첫째 되는 계명이요 39 둘째도 그와 같으니 네 이웃을 네 자신 같이 사랑하라 하셨으니 40 이 두 계명이 온 율법과 선지자의 강령이니라 마태복음 22:35-40

율법사와 예수의 이 짧은 만남은 바리새인과 예수가 다양한 종교적 문제에 대해 토론한더 길고 논쟁적인 교류의 일부이다. 이 짧은 장면이 시작되는 첫 부분에서 율법사가 "예수를 시험하기 위해" 나갔다는 마태복음의 편집적 논평은 이어지는 대화에 긴 그림자를 드리운다. 바리새인은 정말 예수가 무엇이라 말하는지 알고 싶었던 것일까 아니면 그를 함정에 빠뜨리고 싶었던 것일까?

예수는 동요되지 않고 침착했다. 그의 대답에 논쟁적인 것은 아무것도 없었다. 예수의 대답은 간결했고 더욱 놀라운 것은 대단히 전통적이었다는 것이다. 예수는 바리새인의 동기나 그의 주장에 결코 의문을 제기하지 않으셨고 하나님 사랑과 이웃 사랑 이 두 가지 계명으로 요약하심으로 응답하셨다. 하나님 사랑은 신명기 6장 4절에서 가져온 것으로 신실한 자들이 오늘날까지 하루에 두 번 암송하는 쉐마 기도로 알려진 유대교의 전통적인 기도의 일부이다. 이 기도는 성경의 세 가지 구절 신 6:4-9; 11:13-21; 민 15:37-41로 구성된 것으로 신명기 6장 5절의 첫 줄에서 그 이름을 가져왔다. 예수는 율법사가 이미 알고 있는 것을 상기시켜 준 것뿐이다. 두 번째 계명인 이웃 사랑은 레위기 19장 18절에서 가져왔다. "원수를 갚지 말며 동포를 원망하지 말며 네 이웃 사랑하기를 네 자신과 같이 사랑하라 나는 여호와이니라".

문맥을 고려하지 않고 읽으면 예수의 반응은 다소 무작위적 random 으로 보일 것이며 계명을 선택한 것도 임의적arbitrary으로 보일 것이다. 분명히 토라에는 예수께서 인용할 수 있었던 계명이 많이 있다. 그러나 예수께서 그 계명을 선택한 것은 결국 그리 임의적이지 않았을 수도 있다. 훨씬 후대의 랍비 작품인 바벨론 탈무드에는 예수보다 한 세대 전에 살았던 유명한 유대 지도자인 힐렐에 대한 짧은 일화가 보존되어 있다. 이 일화에서 힐렐도 테스트를 받는다.

> 유대인이 아닌 어떤 사람이 샴마이에게 와서 그에게 말했다. "내가 한 발로 서 있는 동안 나에게 전체 토라를 가르쳐 준다면 나는 개종할 것입니다." 그 때 샴마이는 그의 손에 들고 있었던 건축 연장으로 그를 내어 쫓았다. 그 사람은 힐렐 앞에 와서 그에게 말했다. "나를 개종시켜 주십시오" 힐렐은 그에게 말했다. "네가 싫어하는 것을 이웃에게도 행하지 말라. 이것이 토라 전체이니 나머지는 그것에 대한 주석이다. 가서 그것을 배우라" 바벨론 탈무드, 샤밧 31a

예수와 힐렐에게 레위기 19장 18절의 네 이웃을 사랑하라는 계명은 황금률과 동의어이다. 그리고 이 두 교사는 사랑하라는 계명이 토라의 요약이라는 것에 동의한다. 예수의 말씀에 따르면 이 계명이 "온 율법과 선지자의 강령"이고 힐렐의 말을 빌리면 "이것이 토라 전체이며 나머지는 그것에 대한 주석이다".

예수는 하나님 사랑과 이웃 사랑 이 두 가지 계명을 함께 두셨다. 둘 다 사랑하라는 계명이기 때문이다. 예수께서 어떻게 이 두 계명이 서로 관련되어 있는지 정확히 설명하지 않았음에도 불구하고 서로 분리되지 않는다. 예수의 응답에는 예상할 수 없는 것이 아무것도 없다. 현대 마태복음 주석가인 데일 앨리슨Dale Allison은 예수의 응답이 유대교와 상관없는 것이라고 여기는 것은 기독교적 편견 때문이라고 적절하게 지적했다. 예수는 토라를 지지한다. 그리고 동시에 힐렐과 그 이전의 다른 사람들처럼 모든 율법이 동등하지는 않다고 주장한다. 가장 기본적이면서 동시에 본질적인 율법은 사랑하라는 계명이다. 바리새인에 대한 예수의 반응 특히 '율법과 선지자'에 대해 그가 언급한 것은 첫 부분에서 시작했던 산상 수훈을 생각나게 한다. 이미 마태복음 5장 17절에서 예수는 "내가 율법이나 선지자를 폐하러 온 줄로 생각하지 말라 폐하러 온 것이 아니요 완전하게 하려 함이라"고 선언하셨다. 따라서 산상 수훈에서 율법을 완성하러 오셨다는 예수의 말씀과 하나님과 이웃을 사랑하라는 쌍둥이 계명은 서로 하나가 된다. 그것들은 복음서 이야기에서 두 가지 중요한 순간을 표시하고 토라의 지속적인 중요성, 하나님을 향한 경외심 그리고 이웃 사랑에 대한 예수의 가르침을 간결하게 포착한다.

바울은 토라에 대해 무엇이라 말하는가

로마서는 바울의 마지막 편지이다. 로마서는 또한 바울 신학을 가장 잘 설명한 책이기도 하다. 사도 바울은 이전 그의 편지에서 논의했던 몇 가지 주제와 개념을 선택하여 더욱 발전시킨다. 로마서의 중심 주제 중 하나는 이스라엘과 토라에 대한 바울의 생각이다. 이 주제는 바울이 그의 편지에서 반복적으로 언급하는 주제이다. 왜 이스라엘과 토라가 바울에게 중요한 주제인가?

바울은 빌립보인들에게 보낸 편지에서 자신은 유대인으로 태어나고 자랐으며 바리새파의 유대교 관습을 실천했다고 말했다 빌 3:4-6. 그는 심지어 "율법의 의로는 흠이 없는 자"로 토라를 지키는 일에 실패한 적이 없다고 자랑했다. 바울은 그의 유명한 다메섹 경험 이후에 행 9:1-19 할례 받지 않은 이방인들이 이제는 하나님의 백성으로 편입되었으며 예수의 삶과 죽음 그리고 부활을 통해 이방인들은 이스라엘에게 하신 하나님의 약속에 포함되었다고 설교했다. 이방인들의 지위는 분명하다. 이스라엘의 메시아로 예수를 알게 된 사람들은 이제 하나님이 백성이 되었지만 바울은 그들이 유대인이 될 것이라고 기대하지 않았다. 그들은 약속의 일부가 되었지만 유대인들처럼 토라에 복종하거나 아들에게 할례를 행하거나 음식법을 따를 것이라고 기대되지 않았다. 바울이 이방인들에 대한 약속을 말하기 시작했을 때 발생하는 주요한 쟁점은 현재 이스라엘의 운명과 토라의 의미에 관한 것이다. 첫째, 바울이 예수에 관해 말했던 견해들을 공유하지 않고 예수가 메시아라고 고백하지 않는 유대인들은 어떻게 되는가? 그렇기 때문에 바울은 그들이 하나님께 버림받았다고 생각하는가? 둘째, 토라는 어떤가? 만약 이방인들이 오직 은혜로 믿음으로 말미암아 의롭게 된다면 토라는 더 이상 쓸모없는 것이 되는가? 이스라엘이 토라를 따른다면 어떤 이점이 있는가?

로마서를 읽으면 바울이 사람들의 비판으로부터 자신을 변호하고 있으며 자신의 입장에 대한 그들의 잘못된 해석을 바로잡으려 한다는 인상을 받을 수 있다. 바울의 반대자들은 바울의 가르침을 들었거나 갈라디아서와 같은 그의 초기 서신들의 사본을 읽었을 수 있다. 그 중 상당 부분은 이스라엘에 할애되어 있다. 바울을 비방하는 사람들은 바울은 하나님이 이스라엘을 거부하셨고 토라는 그것의 신학적 의미를 상실했다고 주장한다고 말한다. 바울은 이 두 가지 입장을 모두 언급하고 비록 헛되지만 하나씩 반박한다. 그러나 바울이 논쟁에서 패한 것처럼 보인다. 최근까지도 바울의 현대 해석가들은 고대 바울 비평가들의 의견에 동의했다. 그들 역시 바울이 효과적으로 유대교에서 기독교로 개종했으며 그 결과 바울은 자신의 동족에게 등을 돌려 이스라엘을 비판했고 구약의 유효성을 반박했으며 토라를 경시한다고 믿었다. 최근 수십 년 동안 학자들은 바울을 새롭게 바라보고 있으며 그가 이스라엘도 토라도 거부하지 않았다는 사실을 깨닫게 되었다. 로마서 일부 구절들을 자세히 읽어보면 바울의 서신들에 대한 이러한 새로운 해석이 올바른 이유를 알 수 있다.

먼저, 바울은 이방인들에게 예수를 전파하는 자신을 따르지 않는 동료 유대인들을 어떻게 생각했을까? 바울은 그들이 이스라엘의 메시아이신 예수를 거부한 것처럼 하나님도 그들을 거부하셨다고 주장하는가? 바울은 그의 서신 전체에서 유대인들이 어떤 것에서도 제외된 것이 아니라 **이방인들이 하나님의 백성으로 더해졌다는 것을** 반복해서 주장한다. 오직 한 분 하나님이 계시니 먼저는 유대인의 하나님이요 또한 이방인의 하나님이시다. "하나님은 다만 유대인의 하나님이시냐 또한 이방인의 하나님은 아니시냐 진실로 이방인의 하나님도 되시느니라"롬 3:29. 아브라함은 할례자 즉 이스라엘의 조상일 뿐 아니라 무할례자 즉 이방인의 조상이기도 하다. 창세기의 아브라함 이야기는 바울이 이방인에게 전한 복음에 성경적 정당성을 부여한다롬 4장. 하나님은 이스라엘뿐 아니라 이방인 모두를 구원할 것이다롬 11장. 바울은 그의 서신에서 하나님께서 이방인들을 포함시키셨지만 이스라엘을 제외시키지 않으셨다고 일관되게 말한다.

로마서는 9-11장에서 수사학적 정점에 도달한다. 이 장들은 그의 서신들 중에서 이방인의 구속과 이스라엘의 구원에 대한 바울의 가장 자세한 성찰이다. 이전 8장까지 바울은 이 정점을 위해 진술해 왔으며 이제 문제의 핵심으로 여겨야 할 부분에 도달했다. 바울은 깊은 개인적인 이야기로 이스라엘에 관한 논제를 시작한다.

> 1-2 내가 그리스도안에서 참말을 하고 거짓말을 아니하노라 나에게 큰 근심이 있는 것과 마음에 그치지 않는 고통이 있는 것을 내 양심이 성령 안에서 나와 더불어 증언하노니 3 나의 형제 곧 골육의 친척을 위하여 내 자신이 저주를 받아 그리스도에게서 끊어질지라도 원하는 바로라 4 그들은 이스라엘 사람이라 그들에게는 양자 됨과 영광과 언약들과 율법을 세우신 것과 예배와 약속들이 있고 5 조상들도 그들의 것이요 육신으로 하면 그리스도가 그들에게서 나셨으니 그는 만물 위에 계셔서 세세에 찬양을 받으실 하나님이시니라 아멘 로마서 9:1-5.

바울은 유대인으로서 로마인들에게 말한다. "그러므로 내가 말하노니 하나님이 자기 백성을 버리셨느냐 그럴 수 없느니라 나도 이스라엘인이요 아브라함의 씨에서 난 자요 베냐민 지파라" 롬 11:1. 우리는 로마에 있었던 기독교 공동체에 대해 많이 알지 못하며 바울도 그들에 대해 얼마나 알고 있었는지 분명하지 않다. 바울은 거기에 가본 적이 없었지만 그들을 곧 방문하기를 원했다. 로마서에 따르면 그 공동체는 아마도 유대인과 이방인으로 구성되었던 것 같다. 이 첫 부분에서 두 가지 요소가 눈에 띤다. 첫째, 바울은 그의 동족 유대인들에게 나아간다. 그들이 예수를 메시아로 인정하지 않는다는 사실은 바울에게 고통스러운 일이였으며 "큰 근심과 그치지 않는 고통"을 안겨 주었다. 그들에게 분노하며 하나님의 구원에 대한 소망을 상실했다고 말하는 대신에 바울은 간절한 소원과 긍휼함으로 편지를 썼다. 동족 유대인들이 바울이 그들을 설득하여 그들을 얻기 원하는 유대인으로서 편지를 쓰고 있다는 것을 아는 것은 바울에게 매우 중요하다. 바울은 유대인을 정죄하는 이방인이 아니라 그의 동족 유대인을 크게 염려하는 유대인이다. 조금 후에 바울은 이렇게 기록한다. "형제들아 내 마음에 원하는 바와 하나님께 구하는 바는 이스라엘을 위함이니 곧 그들로 구원을 받게 함이라"롬 10:1. 둘째, 바울은 로마서 9장 4-5절에서 이스라엘의 속성, 즉 이스라엘이 하나님께로부터 받은 긴 은사 목록을 추가한다. 그들의 하나님은 그들에게 토라를 주시고 약속을 주시고 심지어 메시아까지 주시는 하나님이시다. 이 은사들은 모두 먼저 이스라엘에게 속한 것이며 바울은 하나님이 그것들을 빼앗아가지 않으셨다고 말한다. 오히려 그 반대로 그의 논증에서 이렇게 썼다. "그러므로 내가 말하노니 하나님이 자기 백성을 버리셨느냐 그럴 수 없느니라!"롬 11:1. 바울의 주장은 일관적이다. 하나님은 그 어떤 것도 가져가지 않으셨고 이스라엘의 지위를 유지시켜 주셨다. 그리고 그 사실은 이스라엘이 예수를 믿지 않는다고 해서, 바울의 슬픔의 근원이 된다고 해서 달라지지 않는다.

바울은 로마서 9-11장의 자신의 논증 끝부분에서 하나님이 이스라엘에게 주신 많은 은사와 하나님의 택한 백성으로서 이스라엘의 지위는 취소될 수 없다고 반복해서 주장한다. 바울은 그가 이전에 했던 말을 되풀이하지만 이제 이방인을 위해 이스라엘의 지속적인 존재의 중요성을 설명한다.

> 28 복음으로 하면 그들이 너희로 말미암아 원수 된 자요 택하심으로 하면 조상들로 말미암아 사랑을 입은 자라 29 하나님의 은사와 부르심에는 후회하심이 없느니라 30 너희가 전에는 하나님께 순종하지 아니하더니 이스라

엘이 순종하지 아니함으로 이제 긍휼을 입었는지라 31 이와 같이 이 사람들이 순종하지 아니하니 이는 너희에게 베푸시는 긍휼로 이제 그들도 긍휼을 얻게 하려 하심이라 로마서 11:28-31

여기서 바울은 그토록 자신을 고통스럽게 하는 것이 무엇인지 이해하려고 한다. 그것은 이스라엘이 메시아이신 예수를 받아들이지 않은 것이다. 이스라엘이 복음에 저항했기 때문에 그들은 "하나님의 원수"가 되었지만 이스라엘의 선택을 포함하여 하나님이 주신 은사는 "취소될 수 없다." 바울은 어떻게 이것을 설명하는가? 그의 주장은 다음과 같다. 이스라엘의 불신앙은 이스라엘 자신이 행한 것이 아니다. 오히려 이스라엘을 복음에 불순종하게 만든 분은 하나님이시다. 그리고 하나님은 이방인을 구원하시려는 한 가지 이유 때문에 그렇게 하셨다. "그러므로 내가 말하노니 그들이 넘어지기까지 실족하였느냐 그럴 수 없느니라 그들이 넘어짐으로 구원이 이방인에게 이르러 이스라엘로 시기나게 함이니라" 롬 11:11. 바울은 이방인과 유대인이 동일하게 불순종했다고 생각했다. 그러나 하나님께서 이방인의 불순종에 대해 거절이 아니라 긍휼함으로 응답하신 것처럼 복음에 대한 유대인의 불순종에도 긍휼함으로 응답하실 것이다.

모세의 율법은 어떠한가? 바울은 토라의 역할에 대해 무엇이라 말하는가? 이방인이 유대인이 되어 계명을 따라지 않아도 되는 것은 토라가 더 이상 유효하지 않다는 것을 의미하는가? 여기에 대해서도 바울은 분명하게 말한다. 그는 로마서 3장에서 우리가 이번 장 5장을 시작하면서 물었던 질문, 토라는 폐지되었는가에 대한 문제를 다룬다.

> 그런즉 우리가 믿음으로 말미암아 율법을 파기하느냐 그럴 수 없느니라 도리어 율법을 굳게 세우느니라 로마서 3:31

바울은 율법을 거부하지 않는다. 반대로 그는 율법을 지지한다. 그렇다면 중요한 질문이 생긴다. 율법과 관련하여 이방인의 믿음에 대해 생각해 보자. 믿음은 율법을 쓸모없는 것으로 만드는가? 바울은 이미 몇 구절 전에 이 질문에 답했다.

> 21 이제는 율법 외에 하나님의 한 의가 나타났으니 율법과 선지자들에게 증거를 받은 것이라 22 곧 예수 그리스도를 믿음으로 말미암아 모든 믿는 자에게 미치는 하나님의 의니 차별이 없느니라 로마서 3:21-22

바울이 율법을 무시한다고 주장하는 바울의 해석자들에게는 율법과 믿음은 상호 배타적이다. 그들은 바울에게 있어서 하나님의 의는 율법이나 믿음 중 하나로 말미암아 오는 것이지 둘 다로부터 올 수 없는 것이라고 주장한다. 그리고 그들은 또한 모세의 율법이 먼저 왔고 믿음은 두 번째로 그리스도로부터 왔기 때문에 후자는 전자를 효과적으로 무효화시키고 바울의 말에 따르면 믿음이 율법을 폐지한다고 말한다.

이러한 해석의 문제점은 바울이 율법과 믿음은 사실상 반대되는 용어가 아니라는 점을 분명히 한다는 것이다. 방금 인용한 구절에서 바울은 율법과 선지자들은 이미 "율법 외에" 하나님의 의를 증거했다고 설명한다. 이방인의 구속은 이미 히브리 성경에 계시되어 있다. 여기서 다시 우리는 바울이 이스라엘을 제외하는 것이 아니라 이방인을 포함하는 것을 반복해서 강조하는 것을 본다. 전통적인 바울 해석자들이 말한 것처럼 믿음은 율법을 폐지시켰는가? 바울은 로마서 3장 31절에서 그 질문에 대해 단호하게 '아니오'라고 대답한다.

우리는 바울에 따르면 하나님이 이방인과 유대인 모두를 위해 율법을 폐지하셨다고 주장하려는 사람들이 자주 인용하는 마지막 구절을 살펴볼 필요가 있다. 그 구절은 로마서 10장 4절이다.

> 그리스도는 모든 믿는 자에게 의를 이루기 위하여 율법의 마침이 되시니라
> 로마서 10:4

이 구절에서 중요한 문제는 '마침end'이라는 단어, 그리스어로는 텔로스telos라는 단어이다. 바울이 예수가 율법의 마침telos이라고 말했을 때 그가 정확히 의도하고 있었던 것은 무엇인가? 텔로스telos에는 여러 가지 의미가 있다. 그것들 중 하나는 '취소, 정지'라는 의미로 진정한 '종료, 끝'이다. 그리스도께서 율법의 마침이 되셨다. 이것이 이 구절에 대한 전통적인 해석이고 대부분 번역본들이 번역하는 방식이다.

> 흠정역KJV: "그리스도는 모든 믿는 자에게 의를 이루기 위해 율법이 마침이 되시니라"
> 개정 표준역RSV: "그리스도는 율법의 마침이 되시니 이는 믿는 자마다 의롭다 함을 얻으려 함이라"

그러나 이것이 텔로스telos의 유일한 의미는 아니다. 텔로스는 또한 '목표' 또는 '성취'를 의미하기도 한다. 바로 이 의미를 취하여 바울은 예수께서 토라의 진정한 의미를 드러내시고 그것을 진정으로 성취하시는 분

이라고 주장한다. 예수는 토라를 폐지하신 것이 아니라 토라의 진정한 목표, 즉 텔로스telos를 선포하셨고 이 텔로스는 바로 "믿는 모든 자들", 즉 이방인들을 위한 하나님의 의이다.

로마서 10장 4절은 로마서 3장 21-22절, 31절과 함께 읽을 때만 이해가 된다. 바울은 로마의 수신자들에게 하나님의 의는 이방인들이 받을 수 있으며 항상 그러했다는 것을 알도록 간청했다. 이 의는 율법과 상관없이 그들에게 주어졌는데 이는 그들이 유대인이 될 필요가 없다는 것을 의미한다. 바울은 유대인들이 예수가 이스라엘의 메시아인 것을 받아들이지 않았기 때문에 그들을 배척하지 않았다. 비록 그것이 바울이 크게 근심하게 된 원인이기는 하지만 중요한 요점은 아니다. 바울에 따르면 이스라엘이 실패한 것은 토라의 주된 목표를 알지 못했기 때문이다. 그래서 그는 토라와 상관없이 이방인들이 하나님의 의를 받을 수 있으며 이 의가 항상 그들에게 주어질 수 있다는 것을 알도록 간청한다. 그리스도는 토라의 진정한 목표를 드러내셨다.

결국 바울의 지혜과 논거의 건전함은 로마서 9-11장에 있는 이스라엘에 관한 그의 논증의 결론에서 분명해 진다. 바울은 11장 끝부분에서 이스라엘은 하나님의 선택된 백성으로 그 지위를 유지하고 있으며 마지막 때에 하나님께서 이스라엘과 이방인 모두를 구원하실 것이라는 것을 분명히 밝히면서 하나님의 지혜를 찬양하는 송영으로 11장을 마친다. 그의 송영은 이번에는 유대인이 아니라 이방인에게 경고하는 역할을 한다. 바울은 하나님의 길은 사람이 결코 알 수 없다고 강조한다. "깊도다 하나님의 지혜와 지식의 풍성함이여, 그의 판단은 헤아리지 못할 것이며 그의 길은 찾지 못할 것이로다"로마서 11:33. 안타깝게도 그리스도인들은 너무나 자주 이 구절을 잊어버리고 하나님이 이스라엘을 버리셨으며 모세의 율법을 폐지하셨다고 잘못 주장한다. 바울은 다르게 본다. 그는 "온 이스라엘이 구원을 받으리라"롬 11:26라고 기록했지만 이스라엘이 먼저 복음을 받아들이기 위해 필요한 조건이 무엇인지는 전혀 언급하지 않았다.

6. 죽은 자의 부활과 천사와 함께하는 삶

복음서에서 죽은 자의 부활

사람들이 예수가 정말 누구인지 궁금해하기 시작했을 때 그에 관한 소문이 돌고 있었다. 어떻게 그는 지혜로 가르칠 수 있었으며 권능 있는 일을 행하실 수 있었을까? 마가는 예수가 고향 나사렛으로 막 돌아온 예수의 이야기를 들려준다. 고향으로 돌아오신 예수는 열두 제자를 두 명씩 짝지어 주변 마을로 보내시면서 그들에게 회개를 선포하고 귀신을 쫓아내며 병자를 고치는 권세를 주셨다. 열두 제자는 예수께서 이전에 하신 일을 하도록 보냄을 받았다 막 1:14-15. 마가복음을 읽는 한 방법으로 만약 마가복음에서 제자들이 교회를 대표한다면 이 이야기의 요점은 예수와 교회의 사명 사이의 직접적인 연결선을 만드는 것이다. 예수와 교회는 밀접하게 연결되어 있다. 마가의 기독론예수에 대한 가르침은 그의 교회론교회에 대한 가르침을 위한 길을 닦고 곧 바로 그의 교회론으로 연결된다.

헤롯 왕은 곧 제자들의 활동을 듣고 근심에 싸였다.

> 12 제자들이 나가서 회개하라 전파하고 13 많은 귀신을 쫓아내며 많은 병자에게 기름을 발라 고치더라 14 이에 예수의 이름이 드러난지라 헤롯 왕이 듣

> 고 이르되 이는 세례 요한이 죽은 자 가운데서 살아났도다 그러므로 이런 능력이 그 속에서 일어나느니라 하고 15 어떤 이는 그가 엘리야라 하고 또 어떤 이는 그가 선지자니 옛 선지자 중의 하나와 같다 하되 16 헤롯은 듣고 이르되 내가 목 벤 요한 그가 살아났다 하더라 _{마가복음 6:12, 8:27-28을 보라}

이 장면에서 예수가 등장하지 않고 잠시 동안 이야기에서 빠져있더라도 에피소드는 모두 예수에 관한 것이다. 예수에 관한 소문은 헤롯의 주목을 끌었다. 어떤 이들은 예수가 죽은 자 가운데서 돌아온 세례 요한이라고 말하고 또 어떤 이들은 예수가 예언자 엘리야라고 말한다. 그러나 또 어떤 이들은 예수가 고대 이스라엘 예언자들과 같은 예언자라고 주장한다. 예수가 누구인지에 대한 이러한 추측은 모두 거짓으로 판명되었지만 그 추측이 처음 나타났을 때만큼 요란하지 않았다. 예수는 헤롯이 처형한 요한이라는 첫 번째 소문은 마가가 이미 두 번_{5:30, 6:2} 언급한 것처럼 예수가 그러한 권위를 가지고 행동할 수 있는 이유를 설명하려는 욕구에서 비롯되었다. 여기서 부활은 권능과 관련 있다. 예수가 부활한 요한일지도 모른다는 생각은 예수의 놀라운 권능을 설명하기 위한 것이다. 예수가 엘리야라는 두 번째 소문은 구약에 뿌리를 두고 있다. 선지자 엘리야는 죽지 않고 불병거를 타고 하늘로 올라갔으며_{왕하 2:11} 언제라도 다시 돌아올 수 있다. 선지자 말라기에 따르면 엘리야는 메시아의 강림을 알리기 위해 마지막 때에 다시 올 것이다_{말 4:5-6; 막 9:9-13}. 엘리야는 메시야를 알리는 전령_{precursor}이지만 그 자신이 메시아는 아니다. 예수가 선지자였다는 세 번째 소문은 예수가 고대 이스라엘의 예언적 전통에 깊이 뿌리를 두고 있다고 말하는 마태와 다른 복음서 기자들이 같은 견해를 공유하고 있었다는 사실을 반영한다. 헤롯은 세례 요한을 참수한 두려움과 죄책감 때문에 첫 번째 소문을 듣고 예수가 다시 살아난 세례 요한이라고 믿으려 했을 것이다.

죽은 자의 부활은 죽었다가 예수에 의해 살아난 마르다와 마리아의 형제 나사로가 깨어난 이야기를 능숙하게 풀어낸 요한복음 11장의 주제이기도 하다. 이 이야기는 네 번째 복음서에서만 나온다. 나사로는 예루살렘에서 동쪽으로 약 2마일약 3.2km 떨어진 작은 마을인 베다니에서 살았다. 이 이야기에서 나사로는 심각한 병에 걸렸고 얼마 지나지 않아 예수가 없는 동안 죽었다. 예수께서 그의 친구가 죽었다는 소식을 듣고 베다니로 가셨을 때는 나사로가 죽은 지 이미 나흘이었고 그의 무덤에는 냄새가 나고 있었다. 마르다는 예수가 오신다는 소식을 듣고 마중하러 나갔다. 다음 구절은 예수께서 베다니에 도착하셨을 때 마르다와 예수가 나눈 대화의 시작 부분에서 가져온 것이다.

> 21 마르다가 예수께 여짜오되 주께서 여기 계셨더라면 내 오라버니가 죽지 아니하였겠나이다 22 그러나 나는 이제라도 주께서 무엇이든지 하나님께 구하시는 것을 하나님이 주실 줄을 아나이다 23 예수께서 이르시되 네 오라비가 다시 살아나리라 24 마르다가 이르되 마지막 날 부활 때에는 다시 살아날 줄을 내가 아나이다 25 예수께서 이르시되 나는 부활이요 생명이니 나를 믿는 자는 죽어도 살겠고 요한복음 11:21-25

마르다와 예수가 만났을 때 마르다가 먼저 말을 시작한다. 그녀의 말에서 예수를 원망하는 흔적을 감지할 수 있다. "예수여, 만약 당신께서 여기 계셨더라면 당신은 분명히 나의 사랑하는 오라비 나사로의 죽음을 막을 수 있었을 것입니다." 이것은 그녀가 말하고자 하는 본질적인 의미이다. "그러나 모든 희망이 사라진 것은 아닙니다. 당신은 여전히 무엇인가 하실 수 있습니다." 예수의 대답은 짧고 핵심적이다. "네 오라비가 다시 살아날 것이다." 마르다는 예수의 말씀을 재빠르게 확인한다. "마지막 날 부활의 때에는 다시 살아날 줄을 내가 아나이다."

다음 말씀은 예수께서 마르다에게 자신이 마지막 부활의 동인agent이라고 말씀하시는 순간이다. "나는 부활이요 생명이니." 네 번째 복음서 전반에 걸쳐 요한은 "나는…이다"라는 문구 양식을 사용함으로 지상에서 예수의 현존의 의미를 해석한다. 요한은 일곱 개의 이야기를 전할 때마다 그 문구 양식을 집어넣는다. 요한복음의 독특한 양식인 "나는…이다"라는 문구는 예수가 누구인지를 요약하는 요한의 방식이다 요 6:35; 8:12; 10:7, 9; 10:14; 11:25; 14:6; 15:1, 5. 이 단락을 읽는 독자들은 출애굽기에 나오는 모세의 소명 내러티브를 떠올린다. 모세가 하나님께 그분의 이름이 무엇인지 물었을 때 하나님은 "나는 스스로 있는 자이니라"I am who I am, 출 3:14; 사 43:10-11라고 응답하셨다. 요한복음의 "나는…이다"는 하나님께서 불타는 떨기나무 속에서 모세에게 말씀하셨던 고대 이스라엘 역사의 중요한 계시의 순간을 암시한다. 이 일곱 개의 문구는 하나님 아버지와 예수의 하나됨을 표현한 것으로 하나님이 예수 안에서 온전히 임재하신다고 말하는 요한의 방식이다.

헤롯에 관한 마가의 짧은 에피소드나 나사로에 관한 요한의 이야기는 예수에 관한 것은 아니지만 둘 다 예수 생애의 마지막에 일어날 일들이 무엇인지를 예견한다. 세례 요한의 처참한 죽음은 십자가에서 예수의 죽음을 예고하고 나사로의 소생은 예수의 부활을 기대한다. 그러나 우리에게 가장 중요한 것은 두 개의 이야기가 모두 이미 죽은 자의 부활에 대한 믿음을 전제하고 있다는 것이다. 일반적으로 신약성경의 사복음서 중 가장 오래된 것이라고 여겨지는 마가복음에 따르면 헤롯은 세례 요한이 마지막 때가 아니라 그들의 생애 동안 부활했다고 믿었던 사람들과 같은 견해를 가지고 있었다. 그리고 마르다는 그녀의 오라비가 "마지막 날 부활의 때에" 다시 살아날 것을 알고 위로를 얻었다. 그러므로 죽은 자의 부활에 대한 갈망은 기독교의 새로운 개념이 아니다. 그것은 예수가 세상에 가지고 온 것이 아니다. 헤롯이 들은 예수에 관한 소문을 퍼트린 사람들과 마르다도 역시 그들이 예수를 만나기 전부터 이미 부활에 대해 알고 있었다. 따라서 죽은 자의 부활에 대한 믿음은 예수를 따르는 사람들이 제2성전 시대의 유대인들로부터 물려받은 기독교 믿음의 또 다른 측면이다.

이 장은 세 부분으로 구성되어 있다. 먼저 구약성경에 나오는 죽은 자의 부활에 대한 모티브를 살펴볼 것이다. 다음으로 죽은 자의 부활을 알리고 때로는 그것을 묘사하는 성경 외의 일부 유대교 본문으로 이동할 것이다. 이 장의 세 번째이자 마지막 부분에서는 사해 두루마리와 신약성경에서 찾아 볼 수 있는 현저한 모티브인 천사들과 함께하는 복된 삶에 대해 기록한 일부 초기 유대교 본문을 읽을 것이다.

구약에서 초기 유대교를 거쳐 신약에 이르기까지 세 가지 기본 단계를 따를 때 초기 유대교에서 죽은 자의 부활에 대한 믿음의 기원과 초기 역사를 재구성할 수 있다. 부활의 언어는 기원전 6세기 고대 이스라엘의 주요 예언자들의 글에 나타난다. 이사야서와 에스겔서에서 부활의 언어는 바벨론 포로 이후 이스라엘 공동체의 회복과 재탄생에 대한 은유로 사용된다. 예언자들의 언어에서 포로는 죽음과 같고, 회복과 이스라엘 땅으로의 귀환은 부활과 같다. 특정 개인들의 육체적 부활에 대해 모호하지 않게 말하는 첫 번째 성경 본문은 기원전 2세기에 기록된 다니엘서이다. 일단 기원전 2세기에 이 분수령에 이르러 육체적 부활의 개념이 도입면서 개인의 부활이 널리 받아들여지게 되고 구약성경 외의 다양한 유대교 문헌에 나타나게 되었다. 예수와 그를 따르는 자들이 살던 시대에는 죽은 자의 육체적 부활에 대한 믿음이 널리 퍼져 있었고 일반적으로 받아들여졌다. 예수를 만난 사람들에게 제2성전 시대의 조상들에게 물려받은 부활에 대한 기대는 더 이상의 설명이나 확증이 필요 없는 고정된 믿음이었다.

구약성경의 부활

구약에서 시편보다 인간이 된다는 것의 의미가 무엇인지 더 잘 설명하는 책은 없다. 토라와 선지서에서 주도권을 잡으시고 이스라엘에게 말씀하시는 분은 하나님이시지만 시편에서는 믿는 자들이 하나님께 말한다. 시편 기자들은 하나님께 나아가 흙으로 된 그들의 육신을 넘어 자신을 확장하며 그들의 기도에서 자신의 인간적 상황에 대한 많은 것들을 드러낸다. 어떤 시편 기자들은 넘치는 기쁨을 드러내지만 대부분은 도움을 절실히 구한다. 그들은 전쟁이나 기근의 때에 살기도 했고 박해를 받거나 질병에 고통스러워하기도 했다. 하나님은 그들의 마지막 희망이 되셨기 때문에 그들은 하나님께 나아가 울부짖으며 도움을 구했다. 그들은 다음과 같이 간구한다.

> 4 여호와여 돌아와 나의 영혼을 건지시며
>   주의 사랑으로 나를 구원하소서
> 5 사망 중에서는 주를 기억하는 일이 없사오니

스올에서 주께 감사할 자 누구리이까 시편 6:4-5

시편 6편은 치유를 위한 기도이다. 신원을 알 수 없는 사람이 절망에 빠져 하나님께 나아와 치유해 달라고 간청한다. 이 시편은 간구의 형식을 취한다.이 시편은 매일 드리는 유대인의 예전에서 오늘날에도 여전히 간구의 기도로 사용된다. "여호와여 주의 분노로 나를 책망하지 마시오며 주의 진노로 나를 징계하지 마옵소서 여호와여 내가 수척하였사오니 내게 은혜를 베푸소서 여호와여 나의 뼈가 떨리오니 나를 고치소서"시 6:1-2. 위에서 인용한 4절과 5절은 시의 중심 부분을 형성한다. 시편 기자는 하나님 앞에서 자신의 입장을 변론하면서 하나님께서 도와주셔야 하는 두 가지 이유를 제시한다. 첫째, 하나님의 변함없는 사랑으로 인해 자신을 구원해 주셔야 한다. 여기서 주목할 만한 것은 시편 기자의 진술에는 하나님이 간섭해 주셔야 한다거나 자신의 죄에 대한 고백이 부족하다는 것이다. 둘째, 시편 기자가 죽어서는 더 이상 하나님을 찬양할 수 없고 저승에서는 하나님을 기억할 수 없기 때문에 하나님이 도와주셔야 한다.

같은 생각이 시편 30편에도 표현되어 있다.

> 8 여호와여 내가 주께 부르짖고
> 여호와께 간구하기를
> 9 내가 무덤에 내려갈 때에
> 나의 피가 무슨 유익이 있으리요
> 진토가 어떻게 주를 찬송하며
> 주의 진리를 선포하리이까
> 10 여호와여 들으시고 내게 은혜를 베푸소서

여호와여 나를 돕는 자가 되소서 하였나이다 시편 30:8-10

시편 30편은 중병에서 회복된 후 개인이 낭독한 감사의 시이다. 8-10절은 시인이 질병으로 인해 극심한 곤경에 처해 있었던 날들을 회상한다. 이 구절들은 치유를 위해 시인이 드린 기도를 직접 인용한 것이다. 죽음에 이르면 모든 인간은 무덤으로 내려가며 예배 공동체로 부터 단절되어 더 이상 하나님을 찬양할 수 없다. 시편 가지가 죽는 것은 하나님께 유익이 될 수 없다. 그렇게 되면 모든 인간의 주된 목적인 하나님을 찬양하는 것을 성취할 수 없기 때문이다. 이러한 죽음의 성격은 시편의 전형적인 특징이다. 죽은 자들은 무덤, 즉 어둠의 장소인 스올로 내려가 예배 공동체로부터 단절된다. 이 두 시편에서 개인은 죽음에 직면해 있으며 두 시편 모두 하나님이 그들을 구원해야 하는 이유를 설명한다. 그들의 말은 진지하다. 시편 6편의 기자는 아직 고통의 숲에서 나오지 않은 반면 시편 30편의 기자는 질병에서 회복되어 그때를 회상한다.

이 시편들이 인상적인 것은 시편이 말하고 있는 것 때문이 아니라 말하지 않은 것 때문이다. 많은 시편 기자들은 죽음을 눈 앞에 두고 있지만 죽음 후에 그들에게 일어날 일에 대해서는 결코 말하지 않는다. 심판의 날은 있는가? 어떤 형태로든 하나님의 신원이 있는가? 죽음 이후의 삶은 있는가? 이스라엘은 죽음 이후의 보상과 형벌이나 죽음 이후의 삶에 대한 개념을 알지 못했다. 모든 사람은 죽음을 맞이하게 되면 사회적 지위나 공적에 상관없이 지하 세계underworld로 내려간다. 시편 6편은 모든 산 자가 죽을 때 가는 음부netherworld인 스올을 언급한다. 그곳은 후기 기독교 전통에서 지옥과 같은 음산한 공포의 장소가 아니라 죽은 자를 위한 장소이다. 시편 6편에 따르면 음부는 형벌의 장소가 아니라 더 이상 하나님을 찬양할 수 없는 장소이다. 그곳에 있는 사람들은 살아있는 예배 공동체에서 단절된다. 시편 기자에게 죽음은 최종적인 것이다. 시편 기자는 시편 어디에도 죽은 자의 부활을 언급하지 않는다. 무덤으로부터 구원은 전적으로 현세적인 것이다.

부활의 언어는 기원전 6세기 바벨론 포로기 동안 성경 예언자들의 글에 나타난다. 성경의 예언에서 부활은 한 국가로서 이스라엘의 회복에 대한 은유로 사용된다. 이사야 26장은 이사야의 소묵시록으로 알려진 구절 중 일부이며 애가 형태로 된 시편이다. 시인인 예언자는 이스라엘이 느부갓네살 왕이 그 땅을 침공하여 예루살렘을 점령하고 그 주민들을 추방했을 때 바벨론의 지배를 받았지만 이스라엘 사람들은 항상 그들의 하나님께 신실했다고 회상한다.

> 13 여호와 우리 하나님이시여
> 　주 외에 다른 주들이 우리를 관할하였사오나
> 　우리는 주만 의지하고 주의 이름을 부르리이다
> 14 그들은 죽었은즉 다시 살지 못하겠고
> 　사망하였은즉 일어나지 못할 것이니
> 　이는 주께서 벌하여 그들을 멸하사
> 　그들의 모든 기억을 없이하셨음이니이다
> 15 여호와여 주께서 이 나라를 더 크게 하셨고
> 　이 나라를 더 크게 하셨나이다 스스로 영광을 얻으시고
> 　이 땅의 모든 경계를 확장하셨나이다 이사야 26:13-15

시인예언자이 처음에 언급하는 다른 주들the lords은 압제자, 즉 이스라

엘 사람들이 입 밖으로 말하기를 거부하는 바벨론 사람들의 통치자들이다. 14절에서 이사야는 시편에서 익숙한 언어를 사용한다. 죽은 자는 산 자와 단절되며 그들은 다시 일어나지 못한다. 이러한 표현은 하나님께서 물리치신 이스라엘의 적의 특성을 기술하는 예언자의 방법이다. 이 시의 목적은 하나님께서 그들의 비참함을 회복시키시고 포로된 이스라엘을 집으로 데로오실 것이라는 희망을 이스라엘 백성들에게 주는 것이다. 머지않아 바벨론 사람들은 더 이상 있지 않을 것이다. 몇 구절 뒤에 예언자는 바벨론의 운명을 이스라엘의 운명과 대조한다. 여기서 시인은 이스라엘 백성에게 직접적으로 말하고 있다.

> 19 주의 죽은 자들은 살아나고 그들의 시체들은 일어나리이다
> 티끌에 누운 자들아 너희는 깨어 노래하라
> 주의 이슬은 빛난 이슬이니
> 땅이 죽은 자들을 내놓으리로다 이사야 26:19

바벨론과 이스라엘의 대조는 곧 죽음과 생명의 대조이다. 이스라엘의 적들은 죽었고 다시 살아나지 못할 것이지만 이사야 26:14 이스라엘은 다시 살아날 것이다. 19절은 14절에 대한 직접적인 응답이다. 예언자는 "주의 죽은 자들은 살아나고 그들의 시체들은 일어나리이다" 이사야 26:19라고 약속한다. 이스라엘 백성들은 바벨론 포로 중에 죽음에서 살아남았고 그들이 고향으로 돌아가 다시 삶으로 돌아갈 것이다. 이사야의 시는 부활의 언어를 사용하는 구약의 첫 번째 본문 중 하나이다. 그러나 문맥을 보면 이사야가 신자 개개인의 운명이나 죽은 자의 육체적 부활에 대한 희망을 생각하고 있지 않다는 것이 분명해진다. 오히려 예언자는 바벨론 포로기

의 트라우마에 대한 은유로 '죽음'과 '부활'이라는 언어를 사용한다. 이스라엘의 "시체들이 일어날 것"이라는 영광스러운 약속은 포로 생활에서 이스라엘 땅으로 귀환할 것이라는 적절한 은유로, 새로운 삶으로 복귀할 것이라는 약속을 표현한다. 이사야서의 부활이 바벨론 포로 이후 이스라엘 공동체의 회복과 재탄생에 대한 이미지라고 관찰한 것은 대략 같은 시대의 본문인 에스겔서 37장의 유명한 마른 뼈 골짜기 환상에 의해서도 지지를 받는다. 예언자 에스겔은 기원전 6세기 초 첫 번째 포로기 물결에 바벨론으로 끌려갔으며 그곳에서 유다에서 일어난 사건에 대해 잘 알고 있었다. 에스겔의 환상은 그와 함께 포로로 끌려간 추방자들과 이스라엘 땅에 남겨진 사람들 모두에 관한 것이다. 37장에 나오는 마른 뼈 골짜기 환상은 이사야가 그 시를 썼던 대략 같은 시기에, 아마도 그보다 조금 더 일찍 쓰여졌을 것이다. 그 환상에서 에스겔은 "여호와의 영에 의해" 마른 뼈가 가득한 골짜기로 인도되었다. 거기에서 하나님은 에스겔에게 마른 뼈가 다시 살아날 것을 대언하라고 명령하신다. 예언자가 대언하기 시작할 때 그는 뼈들이 어떻게 연결되고 그 위에 힘줄이 붙는지를 보았다. 그런 다음 그 환상에 대한 해석이 뒤따른다.

> 11 또 내게 이르시되 인자야 이 뼈들은 이스라엘 온 족속이라 그들이 이르기를 우리의 뼈들이 말랐고 우리의 소망이 없어졌으니 우리는 다 멸절되었다 하느니라 12 그러므로 너는 대언하여 그들에게 이르기를 주 여호와께서 이같이 말씀하시기를 내 백성들아 내가 너희 무덤을 열고 너희로 거기에서 나오게 하고 이스라엘 땅으로 들어가게 하리라 13 내 백성들아 내가 너희 무덤을 열고 너희로 거기에서 나오게 한즉 너희는 내가 여호와인 줄을 알리라 14 내가 또 내 영을 너희 속에 두어 너희가 살아나게 하고 내가 또 너희를 너희

> 고국 땅에 두리니 나 여호와가 이 일을 말하고 이룬 줄을 너희가 알리라 여호와의 말씀이니라 에스겔 37:11-14

이 구절도 역시 포로된 이스라엘 백성들에게 희망을 주고자 한다는 점에서 이사야 26장의 시와 닮아 있다. 11절에 따르면 곧 소생될 마른 뼈의 인상적인 이미지 자체는 이전에 "우리의 뼈들이 말랐고 우리의 소망은 없어졌도다"라고 애통해했던 포로들의 불평에서 가져온 것이다. 포로기 동안 이스라엘 백성은 모든 희망을 잃었고 그들의 포로 생활은 그들의 무덤이 되었다. 이스라엘을 "너희 무덤에서" 나오게 할 것이라는 하나님의 예언의 말씀은 하나님이 "너희를 너희 고국 땅에 두리라"는 약속과 동일하다. 이사야와 같이 에스겔에게 부활은 회복, 곧 포로된 자들이 이스라엘 땅으로 돌아오는 것을 의미한다. 다시 살아날 마른 뼈는 예언자가 분명히 말한 것처럼 "이스라엘 온 족속"에 대한 은유이다. 에스겔은 죽음 이후의 개인의 운명에 대해 관심을 가지지 않는다. 엄밀히 말하면 에스겔 37장에는 부활의 언어가 없지만 죽음과 부활은 바벨론 포로로부터 이스라엘의 회복을 나타내는 강력한 은유이다. 이것들이 예언자들의 상상 속의 이미지라는 것을 주목하는 것도 중요하다. 이사야서나 에스겔서 어디 곳에서도 죽은 자의 소생이 실제 역사적 시간 속에서 실제로 일어날 것이라고 주장하지 않는다. 에스겔은 "여호와의 영에 의해" 마른 뼈의 골짜기로 인도되어졌다고 말한다. 다시 말해, 이것은 종교적 경험을 전달하기 위해 예언자가 사용하는 환상의 언어이다. 이사야와 에스겔은 죽은 자의 부활이 아니라 이스라엘 백성이 고향으로 회복되는 것을 소망하고 있다.

우리가 살펴볼 구약의 마지막 본문은 그 상황이 매우 다르다. 구약성경에서 처음으로 그리고 유일하게 개인의 육체적 부활의 희망이 명확하게 표현되어 있는 곳은 다니엘서 13장이다. 본문은 이사야와 에스겔 이후 사백 년이 조금 안 되는 기원전 2세기에 기록되었다.

> 1 그 때에 네 민족을 호위하는 큰 군주 미가엘이 일어날 것이요 또 환난이 있으리니 이는 개국 이래로 그 때까지 없던 환난일 것이며 그 때에 네 백성 중 책에 기록된 모든 자가 구원을 받을 것이라 2 땅의 티끌 가운데에서 자는 자 중에서 많은 사람이 깨어나 영생을 받는 자도 있겠고 수치를 당하여서 영원히 부끄러움을 당할 자도 있을 것이며 3 지혜 있는 자는 궁창의 빛과 같이 빛날 것이요 많은 사람을 옳은 데로 돌아오게 한 자는 별과 같이 영원토록 빛나리라 다니엘 12:1-3

1절은 "그 때까지 없던 환난의 때"에 대해 말한다. 이것은 기원전 167년부터 164년까지 예루살렘에 대한 분노로 성전을 더럽히고 유대인을 박해한 시리아-그리스 통치자 안티오코스 4세 에피파네스Antiochus IV Epiphanes의 치세 기간 동안 행해진 유대인 박해에 대한 암시이다. 안티오코스의 침략으로 인해 궁극적으로 마카비 혁명이 일어나고 마카비 왕조가 세워지는 결과를 가져왔다. 우리는 다행스럽게도 박해 당시 또는 그 직후에 기록된 두 개의 유대 문헌을 통해 유대인의 반응을 알 수 있다. 하나는 다니엘서이고 다른 하나는 외경인 마카비 1, 2서이다. 그 사건에 대한 두 문헌의 반응에는 몇 가지 중요한 차이점이 있다. 다니엘서는 평화적인 형태의 저항을 옹호하는 반면, 마카비서는 다니엘서와는 반대로 무장 반란을 선택하여 결국 기원전 164년에 성전을 탈환하였다. 다니엘서가 평화적인 형태의 저항을 선택한 것은 안티오코스를 대항하여 목숨을 잃은 사람들이 부활의 때에는 다시 되찾을 것이라는 믿음에 의존했기 때문이다.

1절에서 이스라엘을 위해 일어나 싸우는 천사장 미가엘이 언급된다. 다니엘서 저자는 안티오코스에 대한 그들의 저항을 천사 미가엘이 그들을 대신하여 싸우는 우주적 차원에서 이해했다. 2절은 죽은 자의 부활에 대해 말한다. 다른 많은 초기 유대 문헌에서와 같이 여기에서 부활은 고난과 박해에 대한 하나님의 신원이며 보상이다. 박해로 죽은 사람들은 다시 깨어날 것이다. 부활은 하나님의 최후의 심판과 연결되어 있고 다니엘은 이중 부활에 대해 기록한다. 안티오코스를 대적한 사람들은 영원한 생명으로 보상받게 될 것이고 죄인들은 정죄받게 될 것이다. 그들의 운명은 이미 하늘 책에 기록되어 있다. 3절에서 다니엘은 그가 "지혜 있는 자"라고 부르는 특정한 사람들을 선별한다. 이들은 신실한 자들에게 인내하며 견디라고 가르쳤고 본문이 말하는 것처럼 "많은 사람을 옳은 데로 돌아오게 한" 저항군들의 교사이며 지도자이다. 많은 학자들이 주장하듯이 다니엘서의 저자와 최종 편집자는 그들 자신을 이러한 지혜로운 교사로 여겼을 가능성이 매우 높다. 그들은 부활할 것이라는 약속만을 받은 것이 아니다. 그들이 부활하면 "궁창의 빛과 같이" 빛날 것이고 부활한 상태로 "별과 같이 영원토록" 있을 것이다.

이사야서나 에스겔서와는 달리 다니엘서는 부활의 언어를 은유적으로 사용하지 않는다. 또한 선견자는 전체로서 이스라엘이나 재난 이후 이스라엘의 회복에 대해서는 관심이 없다. 다니엘은 안티오코스에 저항하는 유대 지도자들, 즉 지혜로운 특정한 사람들을 선별하고 그들에게 약속한다. 다니엘은 그들 중 일부가 죽을 것이라는 것을 선뜻 인정한다 그리고 아마도 이 본문이 기록되었을 쯤에는 이미 죽었을 것이다. "또 그들 중 지혜로운 자 몇 사람이 몰락하여 무리 중에서 연단을 받아 정결하게 되며 희게 되어 마지막 때까지 이르게 하리니 이는 아직 정한 기한이 남았음이라"^{단 11:35}. 그러나 그들의 죽음은 헛되지 않을 것이며 그들의 죽음도 최종적이지 않을 것이다. 지혜로운 자들은 다시 일어날 것이다. 비록 이 약속이 특정한 역사적 상황과 연결되어 있어서 약속을 받는 사람들은 상당히 적고 이스라엘의 남은 자들의 운명은 고려되지 않지만 이것은 개인의 육체적 부활을 약속하는 첫 번째 성경 본문이다. 구약성경에서 가장 늦은 시기에 쓰여진 다니엘서에서 적어도 한 그룹의 유대 지식인들은 잔인한 폭군의 손에 의해 직면하게 된 죽음이 최종적인 것이 아니며 다시 삶을 되찾을 것이고 별과 같이 영원토록 빛날 것이라는 믿음으로 위로를 얻었다.

초기 유대교의 부활

지혜로운 자의 부활에 대한 소망으로 절정에 이르는 다니엘의 묵시적 전망은 구약에서 독특하다. 다른 성경 저자들은 죽은 자의 육체적 부활이나 의인이 별과 같이 빛날 것이라는 약속을 기록하지 않았다. 그러나 다니엘서가 성경 이외의 초기 유대 문헌들 중에 유일한 것은 아니다. 다니엘서의 환상과 의롭고 경건한 자들에 대한 에녹서의 격려를 비교해 보자. 에녹서는 의인들이 그들의 삶에서 고난을 겪고 그들의 죽은 뒤의 상태가 죄인들의 상태와 다르지 않을 것이라고 느낄 수 있지만 잊혀지지 않을 것이라고 보증한다. 이 구절은 대략 다니엘 12장과 같은 시대에 기록되었거나 수십 년 전인 기원전 2세기 초에 기록되었을 수 있는 에녹의 서신^{에녹 1서 91-108}에서 발췌한 것이다.

1 하늘에 있는 천사들이 크신 이의 영광 앞에서 너를 영원히 기억할 것을 네게 맹세하고 네 이름이 크신 이의 영광 앞에서 기록되리라

2 그러므로 용기를 내어라. 전에는 너희들이 악과 환난으로 지쳤지만 이제는 하늘의 광명체처럼 빛날 것이다. 당신은 빛나게 나타날 것이며 하늘의 문이 당신을 위해 열릴 것이다.

. . .

4 용기를 내어 희망을 버리지 말아라. 하늘의 천사들처럼 큰 기쁨을 누리게 될 것이다.

. . .

6 의인들아, 죄인들이 왕성하는 것을 볼 때에 두려워하지 말라. . . 너희는 하늘 군대의 동료가 될 것이기 때문이다. 에녹 1서 104:1-2, 4, 6

하나님께서 역사의 마지막에 죽은 자를 일으키실 것이라는 희망은 초기 유대교에 널리 퍼져 있었다. 많은 저자들이 부활에 대한 희망을 표현했지만 정확히 누가 부활할 것이며 어떻게 부활이 일어날 것이라고 생각했는지는 문헌마다 달랐다. 아래의 문헌들은 다양한 부활에 대한 기대의 일부를 보여준다. 이 문헌들은 육체적 부활의 개념이 유대 문헌에 처음으로 표현된 기원전 2세기부터 제2성전 시대가 끝나는 시기이며 예수 운동의 기원이 시작된 시기인 기원후 1세기까지 약 300년에 걸쳐 기록되었다. 이 시기는 예수의 생애까지 이어지고 포함하는 세기이다. 우리가 알고 있는 범위 내에서 각 문헌이 쓰여진 특정한 역사적 맥락에 주의를 기울이고 죽음 이후의 삶에 대한 분명한 희망을 표현하고 있다는 것을 염두에 두는 것이 중요하다.

마카비 2서 7장: 부활과 순교

마카비 2서는 구약의 그리스어 번역본인 칠십인역에는 있지만 히브리 성경에는 없는 소위 외경의 일부이다. 마카비 2서는 기원전 2세기 중반 예루살렘에서 일어난 사건들을 설명한다. 이 시기는 안티오코스의 성전 공격과 유다 마카비의 업적을 포함하는 격동의 시기였다. 마카비 2서의 중간 부분인 4-10장은 예루살렘 성전이 모욕당한 이야기를 들려준다. 마카비 2서 6장과 7장은 유대 문헌에서 가장 초기의 순교한 자들의 이야기이다. 이 이야기는 나중에 특히 초기 기독교인들에게 인기를 얻게 되었는데 그들은 불과 몇 세기 후에 자신들의 순교 기록을 쓰게 되었다. 순교 기록의 목적은 신실한 자들이 박해를 견디어 다른 사람들에게 긍정적인 본이 되도록 격려하는 것이다. 마카비 2서 6장과 7장에서 신실한 자들이 잔인하게 살해당하는 내용을 생생하게 설명하는 것은 의심할 바 없이 마카비 통치를 정당화하고 합법화하기 위함이다.

마카비 2서 6장은 돼지고기 먹는 것을 거부하여 안티오코스에게 고문 당하고 살해당한 나이 많은 서기관 엘르아살Eleazar에 대해 생생하게 설명한다. 마카비 2서 7장은 일곱 아들과 그들의 어머니의 유명한 순교 이야기이다. 이 이야기의 배경은 안티오코스의 박해가 절정에 이르렀을 때이다. 그들 이전에 순교한 엘르아살처럼 일곱 형제도 돼지고기 먹는 것을 거부하고 한 명씩 고문받아 죽는다. 그들의 어머니는 아들들의 죽음을 목격하고 마지막으로 죽는다. 아래는 두 번째 형제의 죽음에 관한 내용이다.

7 첫 번째 형제가 이런 방식을 죽은 후에 그들은 장난삼아 둘째를 데리고 왔

다. 그들은 머리털과 그의 머리의 가죽을 벗기고 그에게 물었다. "너는 가슴뼈가 하나하나 부러지기보다 차라리 돼지고기를 먹겠는가?" 8 그가 그의 조상들의 언어로 대답하여 그들에게 이르되 "아니라". 그래서 그는 첫 번째 형제가 당한 것이 고문을 당했다. 9 그가 마지막 숨을 거두며 이르되 "너희 저주받은 가련한 자들아, 너희는 우리의 생명을 앗아가지만 우주의 왕께서 우리를 일으켜 영원한 생명을 얻게 하시리니 우리는 그분의 법으로 인해 죽음이라" 마카비 2서 7:7-9

일곱 형제가 안티오코스 앞에 끌려가 고문을 당하고 죽임을 당하는 이야기에서 나레이터는 각 일곱 형제에게 구두로 증언할 수 있는 기회를 준다. 둘째 형제는 안티오코스의 권세는 이 세상에 있을 동안만 누릴 수 있는 제한된 것이므로 그의 무력함을 조롱하므로 시작한다. 둘째 형제가 사용한 신의 별칭인 "우주의 왕"은 유대인 기도에서 잘 알려진 것으로 진정한 왕은 오직 한 분뿐임을 암시한다. 아들들은 그들이 토라에 순종했기 때문에 부활할 것이라고 확신하면서 기꺼이 죽음을 받아들였다. 안티오코스는 현세에 대해서만 권세를 가졌으나 이스라엘의 하나님은 장차 오는 세상에서 "우리를 일으켜 영원한 생명을 얻게 하실" 것이다.

같은 영혼으로 셋째 아들도 기꺼이 그의 혀와 손을 내밀며 이렇게 선언한다. "나는 이것들을 하늘에서 받았다....그리고 다시 그분으로 부터 그것들을 되찾기를 소망한다"마카비 2서 7:11. 마찬가지로 네째 아들도 이렇게 말한다. "사람은 인간의 손에 죽고 하나님이 주시는 부활의 소망을 간직하지 않을 수 없다. 그러나 당신에게는 생명의 부활이 없을 것이다"마카비 2서 7:14. 마지막으로 그들의 어머니는 비슷한 말로 그녀의 마지막 아들에게 권면한다. "이 살육자를 두려워하지 말고 너희 형제들의 존

귀함을 증명하거라. 죽음을 받아들여라. 그러면 하나님의 자비하심으로 나는 너를 너희 형제들과 함께 다시 데리고 올 수 있을 것이다."^{마카비 2서 7:29.} 이 유대인 순교자들이 안티오코스에게 굴복하지 않고 용기있게 죽을 수 있었던 것은 부활에 대한 그들의 믿음 때문이었다. 일곱 형제와 그들의 어머니는 하나님께서 그들의 억울한 죽음을 외면하지 않으시고 마지막 때에 의인을 의롭다 하시고 다시 살리실 것을 확신하였다. 하나님은 안티오코스가 훼손하고 빼앗아 간 것을 회복시키시며 그들에게 다시 돌려주실 것이다. 여기에는 육체도 포함되어 있다.

솔로몬의 시편: 의인의 부활과 죄인의 멸망

솔로몬의 시편은 여러 내용이 혼합되어 있는 18개의 시편 모음으로 솔로몬 왕의 것으로 여겨지지만 특별히 솔로몬의 것이라고 할 수 있는 내용은 없다. 이 시편은 기원전 63년 로마 사령관 폼페이우스가 거룩한 도시를 함락한 특정 역사적 사건에 대한 응답으로 예루살렘이나 그 주변에서 쓰여졌을 가능성이 크다. 이 시편의 실제 저자는 알 수 없지만 본문에서 그들이 근본적으로 도시를 침범한 로마인을 반대했다는 것은 분명하다. 또한 시편의 저자들은 마카비 혁명 이후 예루살렘을 장악했던 하스모니안 왕조에 강하게 반대했다. 솔로몬의 시편에서 반복되는 주제는 의인과 죄인을 구분하는 것이다. 둘 사이를 구분하는 것은 구약에 뿌리를 두고 있으며 세 번째 시편에 소개되어 있다. 이 시편의 기자는 의인들에게 항상 깨어 있어 하나님을 기억하라고 촉구한다. 의인은 금식하고 자신을 겸비하므로 죄를 속죄하지만 죄인은 무지 속에서 비틀거리며 인생을 살아간다.

9 죄인은 비틀거리며 자신의 생명과

　태어난 날과 어머니의 고통을 저주하리니

10 그는 그의 삶에 죄에 죄를 더하고

　그는 넘어지고―그의 넘어짐은 심각하며―일어나지 못할 것이라

11 죄인의 멸망은 영원히 이르리니

　하나님이 의인을 돌보실 때에 그가 기억되지 아니하리로다

12 이는 영원히 죄인의 몫이나

　여호와를 경외하는 자는 영생에 이르고

　그 생명이 여호와의 빛 가운데 있어 무궁하리로다 솔로몬의 시편 3:9-12

　의인과 죄인의 대조적인 묘사는 솔로몬의 시편에 고루 퍼져 있으며 교훈적인 기능을 한다. 그것은 독자들에게 죄인의 길을 피하고 대신 의인의 모범을 따르도록 훈계하기 위한 것이다. 죄인과 의인이라는 명칭은 유대 공동체의 특정 그룹들을 나타내는 것 같지는 않다. 오히려 이것은 다양한 삶의 방식을 나타내는 유형을 지칭하는 명칭이다. 하나의 삶의 방식은 부주의와 하나님에 대한 경외심의 부족으로 멸망으로 인도되는 태도가 특징이고 다른 하나의 삶의 방식은 사려 깊고 의는 오직 하나님에게서만 나와 생명으로 이끈다는 것을 인정하는 삶이다.

　죄인과 의인의 구분이 구약의 지혜서에도 동일하게 묘사되어 있다. 고대 현자들은 그들의 제자들에게 악을 피하고 의를 추구하라고 가르쳤다. 그러나 고대 이스라엘의 지혜 본문과 솔로몬의 시편에는 중요한 차이점이 있다. 전자는 현세의 삶에만 관심이 있는 반면 후자는 다가올 세상을 바라본다. 솔로몬의 시편 기자의 말처럼 죄인의 멸망은 일시적인 실책이 아니라 영원한 멸망이며 하나님은 그들에게 내세의 삶을 허락하

지 않으신다. 반대로 의인의 상급은 그들의 부활이며 다가올 세상에서 그들의 거처이다. 그들은 "영원한 생명으로 일어나" 영원히 그치지 않는 주의 빛 안에서 살 것이다. 동일한 개념이 솔로몬의 시편 15편 끝에 반복되어 나타난다.

> 12 죄인들은 여호와의 심판의 날에 영원히 멸망하리니 곧 하나님이 그의 심판으로 땅을 다스리시는 때라 13 그러나 여호와를 경외하는 자들은 그 날에 긍휼을 얻어 하나님의 긍휼로 살리라 그러나 죄인들은 영원히 멸망할 것이다 솔로몬의 시편 15:13

이 구절은 명시적으로 부활을 언급하지 않지만 솔로몬의 시편 3편과 매우 유사하여 저자가 부활을 염두에 두고 있다는 것에는 의심의 여지가 거의 없다. 이 구절에서 초점은 하나님이 의인에게 상을 주시고 죄인에게 벌을 주시는 결정적인 순간인 하나님의 심판에 있다. 심판은 사후에 있을 것이다. 의인은 영생에 이르고 죄인은 영원히 멸망할 것이다. 다니엘서와 마카비 2서에서 부활은 폭력적 죽음을 당한 자들에게 주시는 하나님의 약속이며 부당한 죽음에 대한 하나님의 신원이다. 솔로몬의 시편에서 사후 생명에 대한 약속은 그들의 폭력적이거나 부당한 죽음에 대한 배상이 아니라 그들의 모범적인 행동과 경건에 대한 상급이다. 그들은 "하나님의 긍휼"로 살 것이다. 솔로몬의 시편 기자들에게 죽은 자의 부활은 어떤 폭력적인 위협에 대한 답이 아니라 오히려 의인의 본을 따라 의를 추구하는 모든 사람에게 주어지는 상급이다.

에녹 1서 51장: 부활과 메시아의 강림

부활 모티브는 에녹 1서의 일부37-71장이며 족장 에녹의 것으로 여겨지는 유대 묵시 문학인 에녹의 비유서Enochic Book of Parables에 다시 나타난다. 에녹의 비유서 연대는 학자들에게 집중적으로 논의되어 왔으며 기원후로 전환되는 시기부터 기원전 1세기 말까지로 제안되었다. 에녹의 비유서가 구성된 장소는 아마도 예루살렘이나 그 주변 지역이였을 것이다. 에녹 1서 51장은 부활에 대해 간략하게 설명하고 심판의 날 이후 의인의 지복의 삶을 기대한다.

> 1 그 날에 땅은 맡은 것을 되돌리겠고 스올도 그 받은 것을 되돌리며 멸망은 빚진 것을 되돌리리라. 5a 그 날에 내가 택한 자가 일어날 것이요
> 2 그들 중에서 의인과 성도를 택하라 그들이 구원을 받을 날이 가까웠음이니라
> 3 그 날에 택함을 받은 자가 내 보좌에 앉을 것이요 지혜의 모든 비밀이 그의 입의 가르침에서 나올 것이니 이는 영혼들의 여호와께서 그에게 [그것들을] 주셨고 영화롭게 하셨음이니라 에녹서 1서 51:1-3

이 짧은 구절은 죽은 자의 부활과 뒤이은 심판의 장면을 묘사한다. 땅은 인간 몸의 보고repository이다. 그것의 임무는 "땅에 맡겨진" 몸을 지정된 시간까지 온전하게 유지하는 것이다. 부활의 때에 땅은 죽은 자의 몸을 재생시킨다. 토양soil은 이 구절에서 세 가지 명칭을 가지고 있다. 땅은 세 가지 명칭 중 가장 중립적이다. 스올은 시편 6편에서 사용된 것과 같은 단어이다. 그리고 멸망은 지하 세계netherworld에 대한 다른 단어이

다. 부활 이후에 즉시로 "내가 하나님 택한 자"라고 불리는 사람이 나타날 것이다. 택함을 받은 자는 메시아 비유에서 사용되는 여러 용어 중 하나이다. 메시아는 부활 이후에 이 땅에 나타나 심판의 보좌에 앉을 마지막 신적 대리자이다. 메시아는 영혼들의 주인이신 하나님께서 임명하신다. 심판 장면에 대한 묘사는 다소 짧으며 의인들의 운명만 언급된다. 강조되는 것은 정죄가 아니라 약속이다. 메시아가 하나님의 심판의 보좌에 앉아 계시는 동안 "지혜의 비밀"을 알려 주실 것이다. 이 비밀이 심판의 행위와 관련되어 있는 것 같지만 더 이상 그것이 무엇인지 알 수 없다.

택함을 받는 것chosenness은 에녹의 비유서의 중심 주제이다. 메시아는 택함을 받은 자로 불리며 "의인을 택하기" 위해 보좌 위에 앉으실 것이다. 부활은 더 이상 동떨어진 사건이 아니다. 부활은 메시아의 강림 직전에 일어나며 다니엘 12장과 솔로몬의 시편처럼 대심판과 연결되어 있다. 다니엘 12장에서 어떤 사람은 깨어나 영생을 또 어떤 사람은 영원한 수치를 당하지만 구체적인 심판 장면은 없다. 솔로몬의 시편에서 하나님은 "그의 심판으로 땅을 다스리는" 최고 재판관이시다. 에녹의 비유서에서 하나님의 보좌에 앉아 영화롭게 되시는 분은 메시아 재판관이다.

에스라 4서 7장: 부활과 마지막 때의 묵시적 드라마

에스라 4서는 묵시 문헌이며 예루살렘 성전이 파괴된 지 한두 세대 후인 기원후 1세기 후반에 기록되었다. 저자가 이 문헌을 쓰게된 것은 성전이 파괴되었기 때문이다. 저자는 로마의 침략을 이해하기 위해 고군분투하였고 그 시대의 역사적 사건과 이스라엘을 향한 하나님의 약속을 조화시키기 위해 노력하였다. 에스라 4서는 기원후 1세기 후반에 기록되었기 때문에 엄밀히 말하면 제2성전 문헌이 아니다. 성전은 기원후 70년에 파괴되었고 에스라 4서는 성전 파괴 후에 기록되었기 때문이다. 그러나 에스라 4서 안에 있는 많은 자료들은 책 자체의 구성 연대보다 훨씬 더 오래된 것이다. 또한 에스라 4서의 세계관과 언어 그리고 제기하는 많은 질문들은 기원후 70년 이전의 유대 문헌에서 우리가 발견하는 것과 매우 유사하다. 마지막으로 기독교의 관점에서 에스라 4서가 매우 흥미를 끄는 것은 바로 그것이 신약성경, 특히 복음서의 구성 연대와 내용에 확실히 근접해 있다는 점이다.

아래 구절은 7장에서 가져온 것이다. 이 책의 주인공인 에스라가 천사와 대화를 나누는데 그 천사는 하나님을 대신하여 말하고 에스라에게 시대의 끝에 일어날 일들에 대해서 알린다.

26 보라 내가 너희에게 예언한 징조가 나타날 때가 이르리라... 28 나의 메시아가 자기와 함께 있는 자들에게 나타나리니 그는 사백 년 동안 남아 있는 자들을 기쁘게 하리라 29 그리고 수년 후에 내 아들 메시아가 죽을 것이며 인간의 숨을 쉬는 모든 자들도 죽으리라 30 그리고 세상은 처음과 같이 원래의 침묵으로 돌아갈 것이다. 그래서 아무도 남아 있지 않을 것이다. 31 칠일 후에 아직 깨어나지 않은 세상은 일어날 것이요 썩어질 것은 멸망할 것이다. 32 그리고 땅은 그 안에서 잠들어 있는 자들을 돌려주고 흙은 그 안에서 쉬는 자들을 돌려줄 것이다. 보고treasuries는 그것에 맡겨진 영혼들을 내어줄 것이다. 33 지극히 높으신 자가 심판 자리에 나타나시리니 긍휼이 사라지고 자비가 떠나며 인내가 물러가리라. 34 오직 정의만 남고 진실이 서며 정직함이 더 강해지리라. 35 보상이 따를 것이며 상급이 나타날 것이라. 의로운 행위는 깨어날 것이고 불의한 행위는 잠들지 못할 것이다. 36 그 때에 고통

의 구덩이가 나타날 것이며 그 맞은편에는 안식처가 있으리라. 그리고 지옥의 불구덩이가 드러나고 그 맞은편에는 희락의 낙원이 있을 것이라 에스라 4서 7:26, 28-36

부활에 대한 위의 묘사가 우리가 지금까지 살펴보았던 것들과 다른 점은 이 저자가 종말론적 시간표와 지정된 시간에 전개될 사건의 정확한 순서를 명확히 이해하고 있다는 것이다. 종말론적 과정은 다소 갑작스럽게 메시아의 출현과 함께 시작된다. 하나님이 그를 "내 아들"이라고 부른 사실은 구약성경에서 다윗 왕조에게 하신 약속에 그 기원이 있다 시 2:7; 삼하 7:14. 그것은 어떤 사람들이 주장하는 것처럼 예수가 하나님의 아들이라는 기독교의 주장에 대한 유대적 반응으로 이해할 필요는 없지만 구약에 대한 암시로 설명할 수 있다. 지상에 메시아가 현존하는 것은 우리가 알고 있는 것처럼 역사의 마지막 편에 대한 표시이다. 메시아는 사백 년 동안 지속될 중간interim 왕국을 다스릴 것이다. 그때 메시아와 모든 인간은 죽고 창조는 그치며 우주는 혼돈으로 되돌아 갈 것이다. 여기서도 초기 기독교 신학과 가깝다는 것이 놀랍다. 신약 밖의 다른 초기 유대교 문헌은 메시아의 죽음에 대해 언급하지 않는다. 이 비창조un-creation적 상태는 7일 동안 지속될 것이며 이는 창세기 1장 1절부터 2장 4절에 나오는 첫 번째 창조 기록에 대한 분명한 암시이다. 곧이어 현재의 세계는 새창조로 대체될 것이다. 위 구절들의 언어는 미래 시대가 현재에 감추어져 있다 하더라도 이미 존재하고 있다는 것을 암시한다.

미래 시대의 첫 번째 사건은 죽은 자의 부활이다. 기본적인 개념은 이렇다. 죽음의 순간에 죽은 자의 몸과 영혼이 분리되어 몸은 땅에 놓이고 영혼은 특별히 고안된 하늘의 보고에 유지된다. 에스라 4서에서 부활은 육체와 영혼의 재결합을 의미한다. 에녹의 비유서에서 본 것처럼 땅은 온전하게 유지하도록 맡아놓은 것을 다시 내어놓을 것이며 동시에 하늘의 보고는 열려 그 사람이 회복될 것이다. 최종적으로 지극히 높으신 하나님께서 심판의 보좌에 앉으실 것이다. 구덩이와 불타는 용광로가 악인을 기다리고 희락의 낙원은 의인the fortunate을 기다릴 것이다.

우리가 살펴본 몇 안 되는 분문은 부활을 언급하는 초기 유대 문헌의 한 예에 불과하다. 그럼에도 불구하고 이 본문은 부활에 대한 희망이 유대인의 상상 속에 얼마나 많은 부분을 차지하고 있었는지를 보여준다. 이 본문들을 함께 읽으면 부활에 대한 믿음의 기원과 그 초기 역사에 대해 매우 잠정적인 결론을 내릴 수 있다. 다니엘서와 마카비 2서의 부활은 구체적인 역사의 위기—안티오코스의 유대인 박해—에 대한 응답으로 특정 그룹에게 주어진 약속이다. 이 문헌들의 저자들은 일반적으로 인류의 운명에 대해서는 물론이거니와 이스라엘 전체의 운명에 대해서도 말하지 않는다. 현대 시대에 성경을 읽는 독자들, 특히 구약성경이 죽은 자의 부활에 대해 무엇이라 말하는지 궁금해 하는 독자라면 더욱 그들의 침묵을 존중해야 할 것이다. 모든 인류의 운명은 이 저자들의 관심사가 아니다. 시간이 지남에 따라 약속은 제한된 의미에서 벗어나게 되어 부활은 점점 더 최종적 드라마의 일부이며 하나님이 미리 정하심에 따라 마지막 때에 펼쳐질 사건 중 하나로 여겨졌다. 메시아의 강림과 같은 다른 사건들이 부활과 연관되게 되었고 최후의 심판은 더 상세히 묘사되었다. 예수 시대이자 랍비 유대교의 초기 형성기인 기원후 1세기에 이르러 죽은 자의 부활에 대한 희망은 마지막 때에 일어날 유대적 기대의 고정된 부분이 되었으며 관련 문헌에서 다양하게 표현되었다. 이러한 일반적인 발전을 고려해 볼 때 일부 초기 유대 저자들이 미래 시대를 숙고

하는 것에서 더 나아가 천사와 함께하는 지극히 행복한 삶에 대해 쓰기 시작한 것은 그리 놀라운 일이 아니다.

부활과 천사와 함께하는 삶

바룩 2서는 기원후 1세기 후반에 기록된 유대 묵시 문헌이며 그것과 밀접한 관련이 있는 에스라 4서와 마찬가지로 기원후 70년 로마가 예루살렘 성전을 멸망시킨 후에 기록되었다. 바룩 2서는 히브리 성경에서 예레미야의 서기관이자 친구이지만 우리의 본문바룩 2서에서는 스스로 예언자가 된 바룩과 하나님 사이의 확장된 대화 형식으로 되어있다. 성전이 파괴되어 충격을 받은 바룩은 침략의 의미과 이스라엘의 미래에 대해 묻는다. 이제 대화는 부활의 문제로 바뀌었다. 바룩은 죽은 자들이 어떠한 몸으로 부활할 것인지에 대해 알고 싶어한다.

> 2 참으로 당신의 날에 사는 사람들은 어떤 모습으로 살게 될까요? 혹은 그 후에도 살아가게 사람들의 영광이 어떻게 지속될까요? 3 그들이 참으로 현재의 이 모습을 취할 것이며 지금 악에 [물들어 있고] 이를 통해 악이 일어나는 이러한 사슬을 입게 될까요? 아니면 세상에 있는 것들과 세상 [그 자체]를 바꾸시겠습니까? 바룩 2서 49:2-3

바룩은 인간의 몸이 "악에 물들어" 있고 죄의 근원이기 때문에 하나님께서 죽은 자를 동일한 몸으로 부활시키리라는 것은 믿기 어렵다는 것을 알았다. 세상이 변하고 지금 썩을 것이 나중에 썩지 않는다고 해서 사람의 몸도 그러할 것인가? 이에 대해 하나님은 상세한 답을 주신다.

2 땅은 확실히 죽은 자를 돌려보낼 것이고 땅은 그들을 보존하려고 받았으므로 어떠한 것도 변화시키지 않을 것이다. ²그러나 땅은 받을 대로 돌려 줄 것이며 내가 그들을 땅에게 맡긴 대로 땅은 그들을 되돌려 줄 것이다 3 그때에 죽은 자가 다시 살아나고 떠났던 자들이 다시 돌아왔다는 것을 살아있는 자들에게 알려주어야 할 것이다 바룩 2서 50:2-3

하나님은 땅이 그것에 맡겨진 몸을 보호할 것이라고 설명한다. 부활한 몸은 죽을 때의 몸과 같을 것이기 때문에 부활의 날에 살아 있는 사람들은 부활한 자들을 알아보게 될 것이다. 처음에 부활한 자들은 그들이 땅에서 사는 날 동안 가졌던 것과 같은 몸을 입게 될 것이다. 그러나 이것이 전부는 아니다.

7 그러나 그들의 행위로 구원받은 자들에게 그리고 지금 토라가 소망이요 명철이 기대요 지혜가 믿음이 되는 자들에게 기이한 일들이 그들의 때에 나타날 것이라.
8 그들은 이제 그들에게 보이지 않는 세상을 볼 것이고 이제 그들에게 감추어진 시간을 볼 것이기 때문이라.
9 그리고 시간이 더 이상 그들을 늙게 만들지 않을 것이라 10 그들이 저 세상 꼭대기에 거하며 천사와 같아지며 별과 같이 여김을 받을 것이로다 그들은 자신이 원하는 어떠한 모양으로든, 어여쁨에서 아름다움으로, 빛에서 영광스러운 광채로 변할 것이다.
11 그곳에서 광활한 낙원이 그들 앞에 펼쳐질 것이라 보좌 아래 생물들의 위엄의 아름다움을 그들에게 보이리라 또 이제 내 말을 붙잡고 있는 천사의 모든 군대 곧 저희가 자기를 드러내지 아니하게 하려 함이니 곧 명령으로 붙들

려 있는 자니라 그리하여 그들은 재림 때까지 그 자리에 서 있을 것이라 12 그리고 의인은 천사보다 더 뛰어날 것이다 바룩 2서 51:7-12

여기서 부활은 심판과 연결되어 있다. 의인은 새로운 세상의 "꼭대기에" 거하게 될 것이며 "천사와 같아지며…별과 같이"다니엘서 12장에 대한 언급 될 것이다. 7절은 의인으로 여겨지기 위해 충족되어야 할 전제 조건을 나열한다. 그것은 착한 행위, 토라에 대한 순종, 명철과 지혜이다. 이 모든 것을 소유한 의인은 다음 세상에 들어갈 것이다. 우리 본문은 다가올 세상이 지금은 "보이지 않거나", "숨겨져" 있고 하나님이 "천사들의 군대"를 풀어주실 마지막 때가 되어야 드러날 것이지만 다가올 세상은 하늘에 있는 모든 존재들과 함께 이미 존재한다고 분명히 말한다. 8절에서 "이제 보이지 않는 세상"과 "이제 감추어진 시간" 사이의 평행법에 주목해 보라. 다가올 세상은 공간적 용어와 시간적 용어 모두로 사용되며 이 둘은 동의어가 된다. 그러면 하나님의 명령에 붙들려 있는 자들이 풀어질 때 많은 상급이 있을 것이다. 곧 원래 그들의 땅의 몸으로 부활한 의인은 천사와 같이, "별과 같이 여김을 받을 것이다"10절. 그때 그들은 그들이 원하는 어떠한 모양으로나 형태로든 변할 수 있을 것이며10절, "광활한 낙원"에서 살 것이며11절 하늘에 있는 모든 피조물과 함께 하나님의 보좌 아래에 살게 될 것이다11절. 마침내 그들은 "천사보다 더 뛰어날 것이다"12절.

쿰란 본문으로 들어가기 전에 우리는 신약을 빠르게 살펴보고 바울의 고린도전서 중에 몇 구절을 읽어볼 필요가 있다. 고린도전서 15장에서 바울은 죽은 자의 부활에 관한 놀라운 논증적인 서술을 한다. 이 서술은 신약에서 이 주제에 관한 가장 길고 포괄적인 설명이다. 바울은 처음부터 그가 부활을 전혀 믿지 않거나 부활이 정확히 어떻게 펼쳐질지에 대해 잘못 생각하고 있는 고린도 사람들에게 직접 답변해야 한다고 그의 독자들에게 정직하게 말했다. 바룩 2서의 저자는 현세와 내세 사이의 육체적corporeal 연속성에 대해 관심을 가졌던 유일한 사람이 아니었다. 바룩 2서의 저자 보다 약 반세기 전인 50년대에 바울이 자신의 편지를 썼을 때 그는 이미 정확히 같은 문제에 대해 응답했다. 그러나 바울은 스스로 질문하는 대신 익명의 목소리를 인용하여 계속해서 질문자의 의문을 일축한다.

> 35 누가 묻기를 죽은 자들이 어떻게 다시 살아나며 어떠한 몸으로 오느냐 하리니 36 어리석은 자여 네가 뿌리는 씨가 죽지 않으면 살아나지 못하겠고
> 고린도전서 15:35-36

바룩 2서의 저자는 하나님께 정중하게 반응했고 그로 인해 하나님은 그의 질문에 상세하게 답해주셨다. 하나님은 땅의 몸과 인식 모티브로 시작하여 "별보다 더 뛰어난" 부활자의 상태로 끝나는 부활자의 몸의 변화의 연속적인 단계를 바룩에게 자세히 알려주셨다. 반면에 바울은 적어도 처음에는 다소 무시하는 태도로 반응했다. 그런 다음 부활과 씨뿌리기 사이의 유비를 사용하여 질문에 답한다.

> 42 죽은 자의 부활도 그와 같으니 썩을 것으로 심고 썩지 아니할 것으로 다시 살아나며 43 욕된 것으로 심고 영광스러운 것으로 다시 살아나며 약한 것으로 심고 강한 것으로 다시 살아나며 44 육의 몸으로 심고 신령한 몸으로 다시 살아나나니 육의 몸이 있은즉 또 영의 몸도 있느니라 고린도전서

15:42-44

바룩은 현세에서 내세로 이어지는 연속성을 본다면 바울은 불연속성을 본다. 두 사람은 모두 현세와 내세의 주된 차이점이 현세는 약함과 부패, 죽음으로 고통당하지만 내세는 질병과 죽음이 더 이상 존재하지 않는다는 데 동의한다. 바룩의 말을 빌리면, "시간이 더 이상 [의인을] 늙게 만들지 않을 것이다"바룩 2서 51:9. 죽음은 더 이상 없을 것이며 현재의 육신의 몸은 영적인 몸으로 바뀔 것이다. 바울은 이것 외에도 약간의 내용을 간결하게 더 남긴다. 바울은 부활의 때에 부활한 자들과 그때에 살아 있는 자들이 모두 변화될 것이라고 기록한다. 몇 구절 뒤에 그는 이렇게 덧붙인다. "나팔소리가 나매 죽은 자들이 썩지 아니할 것으로 다시 살아나고 우리도 변화되리라 이 썩을 것이 반드시 썩지 아니할 것을 입겠고 이 죽을 것이 죽지 아니함을 입으리로다"고전 15:52-53. 바울과 바룩 2서 사이의 탐구할 가치가 있는 훨씬 더 중요한 유사점이 있는데 그것은 부활에 대한 초기 유대교와 기독교의 사상은 물론 다른 많은 문제에 대해서도 서로 동떨어져 있지 않다는 것을 보여준다.

사해 두루마리를 쓴 공동체는 그들이 종말의 때를 살아가고 있다고 믿었던 묵시적 집단이었다. 그들은 하나님이 개입하셔서 역사의 종말을 가져올 그 정해진 시간을 준비하는데 많은 힘을 쏟았다. 사실, 그들은 열광적인 종말론자들이어서 세상이 그들 자신에게 좀 더 가까이 오도록 하기 위해 할 수 있는 모든 것을 했다. 그때에 죽은 자의 부활은 쿰란에서 많이 논의된 주제였던 것 같다. 그러나 그것은 우리가 발견한 것이 아니다. 다니엘서와 에녹 1서의 여러 사본이 쿰란에서 발견되었는데 이것은 그 공동체가 부활을 알고 있었다는 것을 의미한다. 이 사본들 외에 두 개의 다른 비성경 문헌에서도 부활에 대한 믿음이 표현되어 있다. 하나는 3장에서 이미 논의한 메시아 묵시록 4Q521이라고 알려진 짧은 본문이다. 메시아 묵시록에는 메시아가 강림하실 때 일어날 여러 가지 사건들이 나열되어 있는데 그 중에 죽은 자의 부활도 포함되어 있다. 또 하나는 위-에스겔 Pseudo-Ezekiel로 알려진 본문으로 성경의 에스겔서를 밀접하게 모방했기 때문에 붙여진 이름이며 위에서 논의했던 에스겔 37장의 해석을 제공한다. 그러나 이 두 문서 중 어느 것도 사해 공동체에 의해 쓰여졌는지 그렇지 않은지는 확실하지 않다. 실제로 이 문서들은 원래 다른 곳에서 쓰여진 다음 쿰란으로 들어왔을 가능성이 훨씬 높아 보인다. 이것은 이 두 문서가 쿰란 공동체의 믿음을 반영하지 않는다는 것을 의미한다.

다음에 살펴볼 본문은 확실히 쿰란에서 작성된 것으로 상황이 다르다. 이 본문은 1동굴에서 발견된 히브리어로 호다욧 Hodayot, הודיות이라고 불리는 문서로 몇몇 감사 찬송을 포함하고 있다. 이 찬송 중 두 개에서 시인은 그를 흙에서 하늘로 올리시고 천사들과 함께 있는 자리를 주신 하나님을 찬양한다. 아래 본문은 조금 더 긴 두 번째 것이다.

> 6 오 나의 하나님이여, 흙으로 기이하게 행하셨고 진흙으로 된 피조물에게 그처럼 매우 능력 있게 일하심을 감사드립니다 7 내가 누구관대 주의 진리의 은밀한 가르침으로 나를 가르치시며 주의 기이한 일을 깨닫게 하시고 내 입에 감사와 내 혀에 찬송을 두셨나이까 8 내 입술의 말을 환희의 기초를 삼아 내가 주의 인자하심을 노래하고 주의 능력을 종일 생각하리이다 9 나는 계속해서 당신의 이름을 송축하고 당신의 영광을 사람들 가운데 선포할 것입니다 10 당신의 크신 선하심을 내 영혼이 기뻐합니다 11 나는 당신의 명령이 진리요 당신의 손에 의가 있고 당신의 생각에 모든 지식이 있으며 모든

능력이 당의 힘에 모든 능력이 있고 모든 영광이 당신과 함께 있음을 압니다 당신의 진노에 모든 벌하는 심판이 있지만 12 당신의 선하심에 풍성한 용서가 있으며 당신의 긍휼은 당신의 선한 은혜의 자녀를 위하심이니이다 그들에게 당신의 진리의 은밀한 뜻을 알게 하시고 13 당신의 기이한 비밀을 깨닫게 하셨나이다 당신의 영광을 위하여 사람을 죄에서 정결하게 하사 14 그가 당신을 위하여 모든 더러운 것과 가증한 일에서 자기를 거룩하게 하시고 또 당신의 진리의 자녀들과 연합하게 하시고 당신의 거룩한 자들과 제비를 뽑게 하셨나이다 15 구더기가 득실거리는 시체가 티끌에서 일어나 당신의 진리의 회합 이르고 타락한 영혼에서 당신의 명철로 나오며 16 그가 영원한 군대와 영원한 영들과 함께 당신 앞에서 그의 자리를 차지하게 하시고 17 이제와 장차 될 모든 만물과 함께 그리고 지식을 가진 자들과 더불어 기뻐하게 하옵소서 1QHa 19:6-17

익명의 시인은 그의 감사 찬송을 1인칭으로 쓴다. 그는 하나님께서 자신을 흙에서 일으키신 것을 감사함으로 시작한다. 히브리어로 오데카 odekha, אודך 는 "나는 당신께 감사합니다"라는 뜻으로 이것을 따라 호다욧 Hodayot이라는 이름이 붙여졌다. 전형적인 호다욧의 방식으로 시인은 강하고 자기를 낮추는 언어를 사용하여 자신의 경험을 되돌아본다. 그는 아무것도 아닌 죽은 자이며 "타락한 영혼"이지만 오직 하나님의 주도권으로 인해 부활하여 이제는 하나님을 찬양하기에 합당하다. 하나님은 7절과 12절에서 반복되어 나타나는 문구인 "[하나님의] 신리의 은밀한 가르침"으로 그를 가르친다. 이것은 쿰란 공동체의 교훈에 나타나는 독특

---

7 역주- 오데카(אודך)는 감사하다는 뜻의 히브리어 동사 'הודה'에 일인칭 접두사 'א'와 이인칭 남성 단수 접미사 'ך'가 붙어서 오데카(אודך), 즉 "나는 당신께 감사합니다"가 된다.

한 코드 언어이며 홀로 구원으로 인도하는 비밀 지식이다. 공동체의 구성원은 "[하나님의] 선한 은혜의 자녀"이다12절. 그들은 은총을 입은 사람들이다. 왜냐하면 하나님께서 그들을 선택하셔서 그분의 진리와 "기이한 비밀"13절에 대한 특별한 지식을 계시하셨기 때문이다. 특히 흥미로운 것은 13-17절이다. 시인은 부활의 언어를 사용하여 하나님이 어떻게 그를 "정결하게" 하셨고 천사들을 지칭하는 하나님의 "거룩한 자들"과 "연합"시키셨는지 묘사한다. 시인의 말에 따르면 그는 의심할 바 없이 "티끌에서" 하늘에 있는 "[하나님의] 진리의 회합으로" 일으키심을 받았다.

호다욧의 언어를 어떻게 해석해야 하나? 일부 학자들은 여기서 호다욧의 저자가 쿰란 공동체에 합류한 순간을 묘사한다고 말한다. 다른 말로 하면 그는 종교적 체험을 통해 그가 쿰란의 공동체의 일원이 된 순간 이미 티끌에서 일어나 하늘의 천군 천사들과 연합했다. 공동체에 합류하는 것은 부활하는 것과 같다. 시인은 그의 새로운 삶을 상기된 언어로 묘사한다. 그는 하나님에 의해 정결하게 되어 하나님을 찬양하기에 합당한 자가 되었고 하나님의 특별한 "진리"와 공동체의 독특한 코드 언어인 "기이한 비밀"에 접근할 수 있게 되어 천사들과 연합했다. 이 생각은 공동체의 일원들이 그들의 생애 동안 이미 종말이 시작된 것처럼 그리고 마치 그들이 천사들과 함께 살고 있는 것처럼 살았다는 것을 말한다.

호다욧의 이러한 해석은 사해 두루마리의 기본 문서들 중 하나인 공동체 규칙서에 의해서도 지지된다. 공동체 규칙서 11단에서 저자는 하나님이 택하신 쿰란 공동체의 일원들이 다른 모든 사람들과 구분되는 점을 설명한다.

7 하나님께서 당신이 택하신 자들에게 이 모든 것을 주셨으니 곧 영원한 기

업이로다 그분은 그들을 거룩한 자들의 8 유산의 상속자로 삼으셨고 그들의 모임인 공동체를 천사들과 연합시키셨다 그들은 거룩함을 위해 세워진 모임이요 9 대대로 영원히 심길 것이다 1QS 11:7-9

여기서 "공동체"라는 용어는 쿰란 공동체를 의미한다. 공동체 규칙서의 이 맥락에서 저자는 마지막 때에 일어날 것으로 예상되는 일들을 설명하지 않는다. 대신 천사와 함께 하는 삶은 쿰란 공동체에게는 현재 그들의 삶의 실재이다. 따라서 나는 호다욧의 저자가 공동체에 합류한 경험을 반영하기 위해 부활의 언어를 사용한다고 주장하는 사람들에게 대체로 동의한다. 그에게 이러한 변화는 완전히 새롭게 됨의 경험이므로 그것을 정확하게 표현할 수 있는 유일한 방법은 바로 부활의 언어를 사용하는 것이었다.

그러나 호다욧에 대한 이러한 해석이 답하지 못하는 것은 이것이 전부인가에 대한 물음이다. 호다욧은 사실상 마지막 때에 죽은 자가 부활할 것이라는 전통적인 기대를 배제하는가? 쿰란 공동체에 합류한 사람들의 완전히 새롭게 되는 갱신의 경험이 너무나 압도적이여서 기본적으로 죽음 이후의 삶에 대한 어떠한 관심도 쓸모없게 되는가? 분명히 쿰란 공동체의 일원들도 동료들의 죽음을 경험했다 쿰란에는 큰 묘지가 있다. 쿰란 두루마리에는 의도적인 모호함이 있는 것 같다. 지금 여기에서 쿰란 두루마리는 쿰란 공동체의 독특한 신학적 입장에 관한 것이 분명한 만큼, 마지막 때의 부활에 대한 전통적인 이해에 대해 문을 활짝 열어둔다. 이러한 유쾌한 playful 모호함은 확실성을 찾는 현대 독자들에게 항상 당혹감을 주지만 그것은 고대 작가의 편에서는 의도적인 것일 수 있고 의식적인 움직임을 반영하는 것일 수 있다. 쿰란의 시인 호다욧의 저자은 이미 일어난 일과 앞으로 다가올 일 사이의 경계를 모호하게 하고 바룩 2서의 저자와 바울처럼 이 세상에서의 종교적 경험과 다가올 세상의 종교적 경험이 완전히 반대되는 것이라고 생각하지 않는다. 그들은 이 세상과 다가올 세상의 육체적 연속성에 대해 궁금해하고 부활한 자의 육체성에 대한 질문을 던진다. 그러면 그때의 몸은 지금의 몸과 같을 것인가? 호다욧의 시인은 그 구분을 모호하게 하고 이미 천사들과 함께 부활의 삶을 살고 있다고 주장한다.

살펴볼 마지막 본문은 마가복음에서 찾을 수 있다. 마가복음 12장에서 우리는 죽은 자의 부활을 믿지 않았던 제2성전 시대의 유일한 유대교 분파인 사두개인과 예수와의 만남을 읽을 수 있다. 이것은 신약성경에 나타난 예수와 사두개인이 만나는 유일한 이야기이다. 요세푸스는 사두개인은 "영혼도 몸과 함께 죽는다고 생각한다"라고 기록했다 유대 고대사 18.16. 본문에서 사두개인은 예수를 시험한다. 그들은 서로 다른 일곱 남편과 결혼한 한 여자의 이야기를 들려준 후 부활을 조롱하며 그녀가 내세에는 누구의 남편이 될 것인지 예수에게 묻는다.

> 24 예수께서 이르시되 너희가 성경도 하나님의 능력도 알지 못하므로 오해함이 아니냐 25 사람이 죽은 자 가운데서 살아날 때에는 장가도 아니 가고 시집도 아니 가고 하늘에 있는 천사들과 같으니라 마가복음 12:24-25

마가복음의 맥락에서만 읽을 때 예수의 대답은 거의 의미가 없다. 예수는 왜 갑자기 천사를 소환하는 것일까? 예수는 천사가 출산하지 않는 것처럼 출산도 더 이상 문제가 되지 않는다라는 것을 말하고자 했는가? 여기서 예수는 천사들과 함께하는 부활한 자들의 삶에 관한 훨씬 더 광범위하고 계속되어 온 초기 유대교 논쟁을 암시하고 있다. 예수는 어떠한 세부적인 내용을 다루지 않고 단순히 그 논쟁을 암시하는 것만으로도 충분하다. 우리가 예수의 대답을 정확히 이해하려면 이러한 더 넓은 유대적 맥락을 알아야 한다.

당신은 큰 자비로 죽은 자를 살리신다

"만일 그리스도 안에서 우리가 바라는 것이 다만 이 세상의 삶뿐이면 모든 사람 가운데 우리가 더욱 불쌍한 자이리라"고전 15:19. 그래서 사도 바울은 고린도인들에게 편지를 쓰는데 특히 그는 오늘날 많은 진보적인 그리스도인들처럼 부활이 있는지 의심하는 고린도인들에게 기독교 신앙은 단지 이 세상에 관한 것만이 아니라고 단호하게 반박한다. 만약 부활이 없다면 그리스도인은 세상에서 가장 불쌍한 사람이다. 그리고 "그리스도께서 다시 살아나신 일이 없으면 믿음도 헛된"고전 15:17 것이라고 분명히 말하며 바울은 타협하지 않는다. 부활은 필수적인 것이다. 기독교 신앙은 단지 이생에 관한 것이 아니다.

바울은 예수의 부활과 그가 곧 임박했다고 생각한 일반 부활 사이의 짧은 기간에 자신이 시대의 끝에 살고 있다고 이해했다. 그는 예수의 죽음과 부활과 함께 "시대의 끝이 도래"고전 10:11했다고 믿었다. 바울은 예수의 부활을 "죽은 자들의 첫 열매"고전 15:20라고 불렀다. 이것은 예수께서 죽은 자 가운데서 살아나실 때 이미 마지막 때가 이르렀고 오는 세상은 시작되었음을 의미한다. 모든 믿는 자들의 부활은 이제 얼마 남지 않았다. 바울은 자신이 살아서 예수의 재림을 보고 죽은 자들의 부활을 직접 경험하게 될 것이라고 기대했다. 그래서 그는 데살로니가전서에서 예수가 재림하실 때에 일어날 일들을 설명한다. "그 후에 우리 살아 남은 자들도 그들과 함께 구름 속으로 끌어 올려 공중에서 주를 영접하게 하시리니 그리하여 우리가 항상 주와 함께 있으리라"살전 4:17. 바울은 미래 시대가 가까왔다고 생각했다. 미래 시대는 이미 예수의 죽음과 부활로 시작되었으며 어느 때라도 침투해 들어온다.

마지막 때에 신실한 자들을 일으키실 것이라는 기대는 제2성전 시대 동안 발전했다. 그 기대는 오늘날에도 유대교와 기독교의 일부로 남아 있으며 각각의 예전에서 고정된 부분을 차지하고 있다. 쉐모네 에스레이 Shemoneh Esrei[8]로 알려진 아미다Amidah[9]는 유대교의 중심적인 기도 중 하나이며 그 기원은 제2성전 시대까지 거슬러 올라간다. 아미다는 19개의 축복으로 구성되어 있다. 19가지의 축복 중 두 번째 축복을 게부라Gevurah, 능력[10]라고 부른다. 게부라는 오직 하나님의 권능을 묘사한다. 하나님의 속성 중 가장 중요한 것은 삶과 죽음에 대한 하나님의 권능이다.

> 여호와여, 주는 영원히 능하시며 죽은 자를 살리시며 구원하실 능력이시라. 주는 인자하심으로 산 자를 붙드시며 큰 긍휼로 죽은 자를 살리시며 넘어지는 자를 붙드시고 병든 자를 고치시며 묶인 자를 자유케 하시며 티끌 가운데서 자는 자들에게 믿음을 지키시나이다. 능한 일을 행하시는 자여, 당신과 같은 자가 누구오니이까? 죽이기도 하시고 살리시기도 하며 풍성한 구원으

---

8 역주- 쉐모네 에스레이(שמונה עשרה)는 히브리어로 숫자 '18'이다.
9 역주- 아미다(עמידה)는 '서다'라는 뜻으로 서서 드리는 기도를 말한다. 유대인들이 아침, 점심, 저녁으로 하는 열 여덟개의 공식 기도문으로 기원전 5세기 유대교 율법학자 에스라가 편찬한 것으로 전해진다. 원래 18개의 기도문인데 1세기에 한 개를 추가하여 지금은 총 19개의 기도문으로 이루어져 있다. 주기도문이 여기에서 나왔다고 한다.
10 역주- 히브리어로 גבורה(게부라)이며 주기도문의 마지막 구절 "나라와 권능과 영광이 영원히 아버지의 것입니다. 아멘"에서 '권능'에 해당한다.

로 인도하는 왕이시여, 누가 당신과 같으시나이까? 죽은 자를 살리시는 여호와를 송축할지어다.

히브리어로 테히야트 하메팀tehiyyat ha-metim, 죽은 자의 부활[11]으로 알려진 이 청원 기도는 생명의 유지자이신 하나님을 높이는 언어로 가득 차 있다. 하나님은 넘어진 자를 도우시며 병든 자를 고치시고 묶인 자를 자유케 하신다. 죽은 자를 살리시는 하나님의 속성보다 더 강조되는 것은 없다. 이 짧은 구절에서 죽은 자의 부활에 대한 믿음을 다섯 번 확증한다. 오늘날 유대인과 그리스도인은 함께 "죽은 자를 살리시는 여호와를 송축할 지어다"라고 기도한다.

---

11 역주- 히브리어로 תחיית המתים(테히야트 하메팀)으로 תחייה(테히야)는 부활이며 מתים(메팀)은 죽은 자, ה(하)는 정관사이다. תחייה는 연계형으로 תחיית(테히야트)로 변형되었다.

에필로그

예수가 유대인이었다는 사실은 어떤 변화를 가져오는가?

약 1년 전, 내가 이 책의 초고를 쓰기 시작했을 때 학부생 중 한 명인 샤론Sharon이 연구실에 있는 나를 찾아왔다. 그녀는 자리에 앉아 우리가 논의하려고 했던 그녀의 논문을 꺼내면서 내가 무슨 작업을 하고 있는지 물었다. 나는 그녀에게 내가 신약의 유대 세계에 관한 책을 쓰고 있다고 말했다. 그리고 그녀에게 그 책의 주요 논거에 대해 다음과 같이 설명했다. 예수와 그를 따르는 자들은 그 당시의 유대교에 깊이 뿌리를 두고 있었기 때문에 신약을 읽는 현대 독자들은 예수의 생애와 가르침을 이해할 수 있기 위해 그 당시 유대교에 대한 최소한의 기본적인 지식을 가지고 있어야 한다. 이 지식은 구약을 공부하는 것에서 얻어지지 않는다. 구약 성경 안에 있는 책들은 1천년 전에 쓰여졌기 때문에 구약의 종교는 예수의 유대교가 아니다. 샤론은 놀라운 눈으로 나를 바라보며 다소 믿을 수 없다는 표정으로 말했다. "교수님은 그것을 알기 위해 한 권의 책만큼의 분량이 필요하지는 않아요. 그런 책이 필요할 만큼 논쟁이 될 만한 것이 있나요?" 그녀는 그녀의 얼굴 표정을 통해 나에게 이러한 것을 말해 주는 것 같았다. "교수님의 동료들은 지구가 평평하지 않고 둥들다는 주제의 책을 쓰지 않는데 왜 교수님은 예수가 유대인이었다는 지극히 당연한 사실에 대한 책을 쓰고 계신가요?"

샤론에게 분명하다고 해서 모든 사람들에게 분명한 것은 아니다. 예수가 유대인이었다고 주장하는 것만으로는 충분하지 않다. 만약 예수의 유대교가 무엇인지 구체적으로 이해하지 못한다면 예수가 유대인이었다고 말하는 것은 단지 하나의 관용구에 불과하다. 중요한 것은 예수가 단지 유대인이었다는 사실이 아니라 특정 형태의 유대교에 충실하고 실천했다는 점이다. 오늘날 신약성경의 많은 독자들은 예수의 유대교에 대해 스스로 배우기 위해 어디로 향해야 하며 무엇을 읽어야 할지 알지 못한다. 그들은 사해 두루마리와 다른 고대유대교 문헌에 대해 들어봤을지는 모르지만, 이 문헌이 우리에게 초기 예수 운동에 대해 무엇을 말해줄 수 있는지 또는 없는지를 분명히 설명하는 것은 고사하고 실제로 이 문헌 중 일부라도 읽은 사람은 많지 않을 것이다. 내가 그날 샤론에게 설명했듯이, 약 한 세기 전에 독일의 신약 학자들은 예수가 갈릴리 출신이었기 때문에 실제로 유대인이 아니라는 것을 증명하기 위해 열심히 노력했다. 그리고 또 그들은 예수가 처음에는 유대인이었지만 이후에 어쨌든 그의 유대성을 극복했고 부패하고 타락한 형태의 유대교를 개혁하여 과도한 율법주의와 행위에 대한 의존을 제거하려고 노력했다고 주장했다. 분명히 그 학자들은 특정한 의제를 가지고 있었는데 그것은 예수가 유대인이었다는 것을 철저히 부인하는 것, 그리고 적어도 예수와 유대교 사이에 균열을 일으키는 것이다. 그러한 학자들이 활동한 것은 그리 오래되지 않았다. 그들 중 일부는 그 분야에서 일급 학자들이었고 그들의 학문은 지금도 여전히 통용되고 있다.

나의 연구실에서 종종 있는 일이듯이 샤론과의 대화는 그녀보다는 나에게 더욱 눈이 열리는 경험이었다. 나는 나의 학생들과의 대화가 그들에게 명료함을 주는 것만큼이나 나에게도 더욱 명료함을 준다는 사실에 항상 놀란다. 샤론과 대화하고 그녀의 얼굴에 나타난 의심스러운 표정을 보면서 나는 아직 내 프로젝트의 가장 근본적인 질문을 다루지 않았다는 것을 깨달았다. 그것은 무엇인가? 고대의 풍부한 유대 문헌들을 조사한 다음 이 책에 인용된 유대 문헌들의 특정 구절들을 사용하고 신약성경의 동등한 구절들을 옆에 나란히 배치하여 예수의 유대 세계가 어떻게 이 병치를 통해 생생하게 살아나는지를 보여주는 것이 바로 그것이다. 그러나 이렇게 비교할 때 정확히 어떤 위험성이 있는지 설명하는 것은 상당히 다른 문제이다. 예수가 유대교 관습을 지키는 유대인이었다는 사실을 인정하는 것은 실제로 변화를 가져오는가? 만약 그렇다면 어떻게 그렇게 되는가? 우리가 예수의 유대 세계를 진지하게 받아들인다면 신약성경을 읽는 방식이 어떻게 바뀌는가? 우리가 성경이 쓰여진 구체적인 역사적 종교적 맥락인 제2성전 시대의 유대교를 이해하지 못하고 성경을 읽는다면 신약성경을 읽는 것이 기껏해야 불완전하고 최악의 경우 잘못 이해할 수 있다는 것을 인정할 때 그에 대한 결과는 무엇인가?

너무 많은 유대교? 세 가지 반대

내가 이 책을 쓰기 시작한 이후로 다양한 교단의 여러 교회들에게 예수의 유대교의 다양한 측면에 대해 많은 강연을 했다. 대다수의 청중은 신약성경의 유대 세계에 흥미를 가졌고 이해하기를 간절히 원했다. 흥미롭지만 아직 거의 알려지지 않은 세계에 대한 그들의 호기심은 유대인과 그리스도인 사이의 차이점이 흔히 알려진 것만큼 극명하지 않다는 것을 알게 된 안도감과 뒤섞여 있었다. 그러나 또한 나의 강연에 "너무 많은 유대교"가 있다는 것에 불편함을 느끼는 청중들도 있었다. 나는 이 회의 론자들로 인해 내가 제안하는 신약성경에 접근하는 방식에 저항하는 이유를 더 잘 이해하게 되었다. 그리고 그들은 나로 인해 이스라엘이 지속적으로 존재한다는 것을 새롭게 인식하는 것의 중요성에 관심을 가지게 되었다. 우리의 토론은 종종 다음 세 가지 질문 중 하나로 되돌아 갔다.

1. "어떻게 예수가 그리스도인이 아니라고 말할 수 있습니까? 그는 기독교의 근원입니다. 그것은 말도 안 되는 소리입니다." 이것은 실제로는 질문이 아니라 비난이며 나는 이러한 비난을 자주 들었다. 그리스도인들은 예수가 그들과 같은 그리스도인이 아니라 그들과 달리 유대인이었으며 현대 그리스도인들에게는 익숙하지 않은 믿음과 관습에 깊이 잠겨있었다는 것을 받아들이기 어려울 수 있다. 오늘날 우리가 알고 있는 기독교는 신약 시대에는 존재하지 않았다. 예수가 이스라엘의 메시아이심을 믿게 된 사람들이 있었지만 유대교와 구별되는 종교로서의 기독교는 수 세기 후에 나타났다.

    내가 강연에서 예수는 그리스도인이 아니라 유대인이었다고 지적할 때 어떤 사람들은 언제나 내가 그들에게서 '그들의' 예수를 빼앗아 가기 위해 여기에 왔다고 느낀다. 나는 그들의 교회에 익숙하지 않은 것을 익숙하게 만들기 위해 강사로 초대받았다. 나의 과업은 성경에는 있지만 이전에 그들이 알지 못했던 어떤 것을 설명하는 것이다. 그러나 나는 그들에게 익숙한 것을 낯설게 만들었고 이것은 그들이 기대하거나 원하는 것이 아니었다. 어떤 것이라도 빼앗아 갈 의도는 없다. 오히려 요점은 오늘날 대부분의 그리스도인들이 그들에게 낯선 세계인 예수의 유대 세계를 점점 더 알게되는 것이다. 나는 나의 청중들이 예수가 21세기 미국의 감리교나 성공회 또는 로마 가톨릭교회가 아니라 기원후 1세기 이스라엘의 유대교에 있었다는 것을 알기를 바란다. 물론 이러한 역사적 분할divide을 염두에 두면서 예수가 유대인이었다는 것을 인정하고 예수의 유대교에 대한 자신의 지식이 부족하다는 것을 직면하는 것은 쉽지 않다. 그러나 우리가 성경의 증언과 그 역사적 종교적 배경에 충실하기를 원한다면 그것은 여전히 필수적이다. 신약성경의 저자 중 그 어느 누구도 예수가 1세기 이스라엘에 살았던 유대인이었다는 것을 의심하지 않았다.

2. "예수에 관해 기록한 최초의 저자들이 우리가 가지고 있는 성경의 일부가 아닌 고대 유대 문헌들을 알고 있었다고 어떻게 그렇게 확신할 수 있습니까? 오늘날 이 문헌들을 아는 사람이 거의 없는데 고대에는 왜 그렇지 않았습니까? 게다가 신약성경에서 인용된 내가 아는 모든 구절은 구약성경에서 가져온 것입니다." 내가 강연 중에 구약성경은 예수 시대에 널리 유통되었던 유대 문헌 중 단지 일부만을 보존하고 있다고 지적했을 때 청중들을 놀라움을 금치 못한다. 다음을 고려해 보자. 당신이 시간 여행을 할 수 있어서 예수와 대화를 나눌 수 있다고 가정해 보자. 만약 당신이 예수에게 "당신은 어젯밤 잠들기 전에 무엇을 읽었습니까?"라고 물었다면 그는 당신이 전에 들어본 적이 없는 문헌의 제목을 말해 주셨을 가능성이 많다.

고대 이스라엘의 문헌 자료들의 규모는 우리에게 익숙한 구약의 책들보다 훨씬 더 크다. 나는 이 모든 고대의 책들이 모든 유대교 종파에게 동등한 지위를 가졌다고 말하는 것이 아니다. 어떤 문헌들은 어떤 종파들에게 영감 있고 권위 있는 자료로 간주되었지만 다른 어떤 종파들에서는 그렇지 않았다. 그러나 나는 사해 두루마리와 다른 고대 자료들을 통해 예수 시대의 유대인들이 오늘날 우리가 가지고 있는 성경의 책들보다 더 많은 책들을 공부하고 필사하고 전달했다는 것을 명백히 알 수 있다고 제안한다. 게다가 우리의 성경에 포함되지 않은 많은 고대의 책들은 구약 만큼이나, 어떤 경우에는 그보다 훨씬 더 신약과 밀접하게 연관되어 있다. 그 책들은 예수의 시대에 읽히고 해석되었으며 신약성경에서 우리가 읽는 많은 이슈들과 관심들을 반영한다. 이러한 본문들 중 많은 부분이 지금까지 살아남아 오늘날 우리가 사용할 수 있는 다행스러운 상황에 놓여 있다. 그러나 여전히 누군가는 이 문헌들이 예수의 시대에 실제로 얼마나 중요했는지 궁금해 할지도 모른다. 신약의 저자들이 고대 유대교의 성경 외적 nonbiblical 문헌에 익숙했다는 어떤 증거가 실제로 있는가? 무엇보다 신약에 인용된 본문은 구약에서 가져온 것이다.

신약에 인용된 대부분의 본문은 구약에서 온 것이 사실이다. 실제로 신약성경에서 고대의 성경 외적 유대 문헌을 직접 인용하거나 분명하게 암시하는 경우는 거의 없다. 그러나 한 가지 예가 있는데 그것은 유다서이다. 유다서 6절과 14-16절에서 "타락한 천사"의 신화를 언급한다. 내가 말하고자 하는 요점은 신약성경의 저자들이 특정 유대 문헌을 알고 있고 그것에서 인용했다고 주장하는 것이 아니다. 다시 말하면, 신약성경이 특정한 고대 유대 문헌에 의존하여 그것을 권위 있는 출처로 사용했다고 주장하려는 것이 아니다. 그렇게 주장하기는 어렵다. 또 다르게 말하면 어떤 종류의 직접적인 문학적 의존성을 증명하려는 것이 아니다. 오히려 내가 이 책에서 보여주려는 것은 신약에서 우리가 발견하는 세계가 1세기 이스라엘의 유대 세계라는 것이다. 그 세계는 구약의 세계가 아니다. 만약 우리가 성경을 읽을 때 성경 외extra-biblical의 고대 유대 문헌으로 성경 읽기를 보충한다면 우리는 1세기 유대 세계를 회복하고 이해하기 시작할 수 있다. 두 개의 본문을 비교해서 읽지 않는다면 신약에는 모호하게 남아 있거나 인지하지 못하고 지나갔을 내용들이 많다.

그러나 여기에서 한 단계 더 나아갈 수 있다. 기원후로 넘어가기 전 마지막 세기 동안 활동했던 유대 지식인들은 유대교에 새로운 특징과 사상 그리고 문학적 표현을 풍부하게 도입했다. 회당 제도; 바리새파, 사두개파, 에세네파와 같은 분파로 나뉘어지는 유대교의 사회적 종교적 분열; 종교적 권위자로서 랍비; 천사, 영, 귀신에 대한 관심; 독특한 문학 장르로써 묵시; 다양한 신학적 개념과 관심, 즉 마지막 때에 하나님의 대리자로서 메시아에 대한 믿음, 죽은 자의 부활에 대한 희망 그리고 완전무결한 내세. 이 목록은 계속된다. 유대교의 이러한 측면은 구약에서는 찾아 볼 수 없다. 이러한 것들은 제2성전 시대 동안 형태를 갖추었고 예수 시대까지 수 세기 동안 유대교의 고정된 부분이 되었다. 신약성경이 쓰여질 무렵 이러한 사상과 개념은 당연한 것으로 여겨져 설명이 필요하지 않았다. 예수와 그를 따르는 자들의 등장은 이 놀랍고 용감한 유대 사상가들, 즉 예수의 지성적 선조가 없었다면 생각할 수 없었을 것이다. 그들은 유대교의 면면을 영원히 바꾸어 놓았고 의도하지 않게 기원후 1세 예수 운동의 길을 닦았다.

3. "신약성경을 고대 유대 문헌과 함께 나란히 읽는다면 우리는 예수 안에 있는 하나님의 계시의 특별한 중요성을 의심하지 않을까요? 그러

면 기독교는 더 이상 유일하지 않겠죠?" 기독교 신앙의 유일성에 대해 이 우려와는 조금 다른 질문이 있는데 그것은 다음과 같이 요약될 수 있다. "우리 모두는 신약성경을 통해 예수가 하나님의 아들이라는 것을 압니다. 그렇다면 이것은 성경의 일부가 아닌 유대 문헌은 말할 것도 없고 당신이 말하는 유대 문헌과 무슨 관계가 있나요?"

오늘날 많은 그리스도인들에게 신약성경과 동등한 것은 없다. 신약은 바로 그the 성경이다. 신약은 그 자체로 하나의 범주이며 다른 어떤 문헌들과도 비교할 수 없다. 신약과 정당하고 유익하게 비교할 수 있는 다른 어떤 문헌들이 있는가?

성경은 비교할 만한 것이 없는 독특한 문서라는 주장은 새로운 것이 아니다. 약 100년전 유럽의 선구적인 학자들이 고대 근동을 '발견'하고 그 풍부한 문명을 발굴하기 시작했을 때 도서관 전체가 발굴되었고 지금까지 알려지지 않았던 수메르어, 아카드어, 이집트어, 우가릿어 그리고 히타이트어로 쓰여진 문서들이 빛을 보게 되었다. 학자들은 이러한 언어를 해독하고 새로 발견된 문서를 읽는 고된 작업을 시작하면서 곧 이러한 문서들 중 많은 부분이 구약보다 훨씬 오래 되었으며 성경 저자들이 그들의 주변 문화의 책과 종교에 대해 잘 알고 있었다는 것을 알게 되었다. 성경 저자들은 그들을 둘러싼 주변 종교들의 일부 측면을 거부하고 다른 측면을 채택하고 변형시켰다. 구약이 진공 상태에서 쓰여진 것이 아니며 이스라엘 고대 자료들은 고대 근동 자료들의 훨씬 더 큰 모자이크의 작은 조각에 불과하다는 깨달음은 한 세기 전에 성서학을 변화시켰다. 갑자기 구약의 많은 부분이 더 이상 독특하지 않게 되었다. 예를 들어, 성경의 창조 설화는 더 이상 현존하는 가장 오래된 창조 설화가 아니다. 성경은 더 이상 원시 시대의 대홍수에 대해 말하거나 고대 신 바알과 아세라의 이름을 언급하는 유일한 고대 근동 문서가 아니다. 그리고 하나님과 이스라엘 백성 사이의 언약의 구체적인 형태도 더 이상 전례가 없는 것이 아니라 주권 국가의 황제와 그의 예속된 왕들 사이의 계약 관계를 규정하는 고대 근동의 조약을 모델로 삼은 것으로 밝혀졌다. 오늘날 이스라엘에 이웃한 문명의 본문을 읽는 것은 현대 성서학에서는 없어서는 안 될 부분이며 고대 근동의 맥락에서 구약을 해석하는 것은 대학 교과서와 현대 구약성경 개론의 표준적인 특징이 되었다.

구약성경이 역사적 문학적 맥락을 가지고 있고 그 맥락을 염두에 두고 읽을 필요가 있다는 것을 안다고 해서 그것이 다른 것과는 달리 신학적 문서로나 서구 문명을 형성시킨 책으로써 그 중요성이 사라지는 것은 아니다. 단지 성경의 책들이 특정한 시간과 특정한 역사적 맥락에서 사람들에 의해 쓰여졌다는 사실을 진지하게 받아들일 뿐이다. 많은 경우에 있어서 우리는 이 사람들이 누구이며 그들이 성경의 책을 썼던 환경에 대해 합리적으로 잘 알고 있다.

신약을 고찰할 때 주제는 다르지만 원칙은 같다. 비교 자료는 고대 근동이 아니라 동시대의 유대 자료에서 온다. 그리고 주제는 고대 이스라엘의 문학과 역사가 아니라 예수와 예수 운동의 기원이다. 그러나 개념아이디어은 비슷하다. 즉 성경의 책들은 특정한 맥락에서 쓰여졌으며 그러한 맥락을 아는 것은 현대 해석가의 도구 상자에 있는 강력한 도구이다. 이것은 하나님이 성경을 통해 말씀하지 않으신다는 뜻이 아니라 하나님의 계시의 도구로써 성경의 책들이 특정한 시대에 특정한 저자들에 의해 쓰여졌고 특히 성경의 책들을 신학적으로 이해할 때 이러한 문맥을 염두에 두는 것이 중요하다는 것을 의미한다.

이러한 생각으로 신약을 읽는 것은 신성한 본문의 신비를 없애고 다른 고대 본문들 처럼 주의 깊게 읽을 수 있는 문서로 바꾸는 효과를 가져올 수 있다. 어떤 독자들에게는 이것이 눈이 열리는 경험일 수 있으며 성경 본문의 독자들이 용기를 얻어 두려움 없이 본문에 질문을 던지도록 초대를 받기 때문에 심지어 자유로워질 수도 있다. 그러나 다른 독자들은 동일한 접근 방법으로 인해 불안해 할 수 있으며 그것은 이해할 만하다. 일단 신약성경이 특정한 역사적 문화적 맥락을 가지고 있다는 것을 인정하면 우리가 읽는 많은 부분이 더 이상 전례가 없는 유일한 것은 아니다. 예수만이 율법, 안식일 그리고 부활과 같은 주제에 관해 말한 고대 이스라엘의 유일한 종교 권위자가 아니다. 복음서에 나오는 예수의 묵시적 담화는 몇 세기 전에 기록된 초기 유대 묵시적 문헌과 놀랍도록 유사다하는 것이 밝혀졌다. 예수와 유대 권위자들과의 대화조차도 득특하지 않다.

내가 젊은 학생으로 제2성전 시대 동안 널리 퍼져 있었던 고대 유대교의 종교 논쟁 문화에 대해 처음 배웠을 때를 생생하게 기억한다. 나는 항상 다양한 종교 문제에 대해 예수가 바리새인들과 열띤 논쟁을 벌인 것은 고대 세계에서는 전례가 없고 유례가 없는 일이라고 항상 생각했다. 그것은 나에게 확실한 것이었다. 그러나 그때 나는 유대 종파들이 수 세기 동안 같은 종류의 종교 논쟁에 참여하였고 같은 문제를 논의했지만 최종적인 합의에 이르지 못했다는 사실을 알게 되었다. 그리고 나는 신약성경에 나오는 예수와 바리세인 사이의 논쟁에 특별한 것이 아무것도 없다는 것도 알게 되었다. 우리가 복음서를 읽을 때 복음서 내에서는 논쟁 문화의 넓은 맥락이 보이지 않는다 하더라도 예수와 유대 논쟁자들과의 대화는 고대 유대교에 넓게 퍼져 있었던 논쟁 문화에 비추어 읽어야 한다. 신약 안의 맥락을 모른다고 해서 맥락이 없는 것은 아니다.

신성한 것이든 속된 것이든 어떤 본문이 구체적인 역사적 맥락 안에서 기록되었다라고 지적한다고 해서 그것이 그 본문의 의미나 중요성에 대해 말해주는 것은 아니며 그렇다고 그 가치를 감소시키지도 않는다. 그것은 단지 모든 본문은 특정한 시간에 기록되었으며 본문을 이해하기 위해서는 무엇보다 먼저 원래의 역사적 문화적 맥락 안에서 해석해야 한다는 것을 말해 줄 뿐이다. 성경도 예외가 아니다.

이러한 노선을 따라 내가 들었던 가장 심각한 반대는 초기 예수 운동이 구체적인 역사적 맥락을 가졌다는 것을 인정하지 않는다는 것이 아니다. 이에 이의를 제기하는 사람은 거의 없을 것이다. 오히려 그것은 **신학적인 반대**이며 기독교 성경 해석의 역사에 깊은 뿌리를 두고 있다. 그것은 예수의 유일성과 기독교 신앙에 대한 염려이다. 고대 유대교의 잊혀진 서적을 연구했던 19세기와 20세기 초의 선구적인 학자들그들의 대부분은 유럽 개신교 신학자들이다은 그들이 수집하고 출판했던 고대 서적에 대해 매우 양면적인 감정을 가지고 있었다. 먼저 그들은 오랫동안 잃어버렸던 본문들에 익숙해지는 것이 그들에게 유익을 준다는 것을 알았고 신약성경에 대한 역사적 접근을 옹호하는 학자들은 이 유대 본문들이 초기 예수 운동에 많은 빛을 비춰줄 수 있다는 것을 분명하게 이해했다. 그러나 다른 한편으로는 그들은 이러한 본문들을 열등한 본문으로 생각한다는 점을 분명히 밝혔고 그 본문들이 성경의 일부가 아니라고 계속해서 지적했다. 그들은 이 본문들을 설명하기 위해 외경Apocrypha, "숨겨진 텍스트"라는 뜻과 위경Pseudepigrapha, "가짜 텍스트"라는 뜻이라는 명칭을 선택했는데 그것은 경멸적인 용어로, 이 책들이 성경의 책보다 가치가 떨어진다는 것을 표시하기 위해 의도적으로 선택한 것이다. 이 학자들에게 신약성경을 당시의 유대 문헌과 비교 및 대조하는 것은 **신약성경의 우월성을 부각시키기 위한 것이었다.**

유대 문헌과 신약성경은 본문을 주의 깊게 읽거나 증거를 비판적으로 평가한 기초 위에 비교된 것이 아니라 오히려 이미 내려진 신학적 결정 위에 비교되었다. 이미 내려진 신학적 결정은 예수는 동시대의 유대인보다 낫고 그 누구도 예수께서 말씀하신 것을 말하거나 예수께서 하신 것을 행할 수 없으며 그의 삶과 메시지는 비교 증거가 어떤 종류의 정보를 제공하는지 상관없이 비길 데 없고 예수 안에 현존하고 가능한 구원은 어떤 형태의 유대교에서는 가능하지 않으며 앞으로도 없을 것이라는 것이다. 그들은 그러한 신학적 입장이 예수 안에 있는 하나님의 계시의 유일성을 보존하고 유대교에 대한 기독교의 우월성을 보호하기 위해 반드시 필요하다고 느꼈다.

극단적인 형태로 예수가 그 시대의 유대인들보다 낫다는 믿음을 대체주의supersessionism라고 한다. 대체주의 또는 "대체 신학replacement theology"은 교회가 이스라엘을 대체했다는 기독교 믿음이다. 이스라엘에 대한 하나님의 인내는 소멸되었다. "유대인들"은 예수를 거부했기 때문에 하나님은 그들을 교회로 대체하셨고 교회는 새 이스라엘이 되었다. 대체주의는 종종 예수를 그의 동시대 유대인들과 맞서게 하려는 특정한 목표를 가지고 신약성경을 읽는 데서 시작된다.

아주 오랫동안 기독교의 일부였던 대체주의는 잘못된 길로 인도할 뿐 아니라 도움이 되지 않기 때문에 거부되어야 한다. 대체주의는 유대교의 살아있는 전통과 관습에 진지한 관심이 없으며 고대 유대교 본문을 공정하게 읽는 데도 관심이 없다. 대체주의자들의 유일한 관심은 유대교에 대한 기독교의 우월성을 주장하는 데 있다. 누가 옳고 누가 그른지는 책을 펴놓고 본문을 연구하기 오래 전에 이미 결정되었다. 대체주의자들은 예수가 유대인이었다는 사실을 받아들이는 대신, 유대교가 예수밖에 있는, 심지어 예수와는 이질적인 '다른 것'이 되었다고 본다. 유대교는 그 자체로는 내재적 가치가 없지만 예수께서 극복하셨고 무가치한 것으로 만드신 대상으로서만 관련이 있다.

대체주의는 또한 유대교가 타락하여 부정적 용어로 묘사되며 부조리와 맞닿아 있다고 생각한다. 대체주의자들은 유대교가 안타깝게도 한때 성서 예언자들의 순수한 종교였던 것이 왜곡되어 타락한 형태의 종교로 축소되었다고 본다. 유대교의 추종자들은 신성한 보상을 바라며 율법을 문자적으로 이행하는데 집착한다. 이러한 형태의 율법주의적 유대교는 우리가 1세기의 유대교 또는 다른 세기의 유대교에 대해 알고 있는 그 어떤 것과도 닮지 않은 기껏해야 우스꽝스럽게 묘사한 커리커처일 뿐이라는 것은 말할 필요도 없다. 또한 대체주의자들에게는 거의 낯설지 않은 유대교에 대한 이러한 사고방식은 여러 형태의 현대 반유대주의 근원이라는 것도 동일하게 분명하다. 오늘날 대부분의 기독교 주류 교단은 대체주의를 버렸지만 아직도 이러한 사고의 잔재는 여전히 널리 퍼져 있다.

21세기의 신약성경 읽기: 세 가지 과제

성서학은 우리가 성경을 읽는 방식을 바꾸기 시작한 21세기에 환영할 만한 변화를 겪었다. 이 긍정적인 발전에 많은 것이 기여했으며 그 중 가장 중요한 것은 의심할 여지 없이 홀로코스트였다. 나치 정권에 의해 600만 유대인이 학살 된 사건은 기독교가 홀로코스트 이전의 기독교계에 드물지 않게 나타났던 '유대인'에 대한 기괴하고 종종 편견에 찬 묘사가 나치의 인종주의적 이데올로기의 토대를 형성한 반유대주의 정서에 기여했는지에 대한 여부를 재고하도록 했다. 이러한 재검토의 결과로 우리는 오늘날 그리스도인들이 자기를 비판하여 그들이 유대인과 유대교에 대해 말하고 기록하는 방식을 검토하려는 의지가 훨씬 더 커졌다는 것을 알게 되었다.

우리의 신약성경 읽기를 바꾼 또 다른 사건은 고대 사본들, 특히 가장 중요한 것은 1940년대와 50년대의 사해 두루마리의 발견이다. 이 사해 두루마리의 발견과 제2성전 문헌에 대한 더 많은 관심으로 인해 우리는 고대 유대교, 즉 예수와 그를 따르는 자들이 등장하게 된 배경이 되었던 유대교에 대해 20세기 초반보다 훨씬 더 많이 알게 되었다. 고대 문서로부터 얻게된 새로운 통찰은 오래된 고정 관념을 올바르게 잡는데 도움이 되었고 예수 시대와 그 이전의 다양한 고대 유대교 종파들과 그 문헌들, 믿음 그리고 관습에 대해 더 예리하게 이해할 수 있게 해 주었다.

셋째, 유대인과 기독교인이 서로 만나 교류할 수 있는 기회가 최근 수십 년 동안 크게 증가했다. 유대교와 기독교 학자들이 협력하는 것이 불과 한 세대 전보다 훨씬 더 흔해졌고 오늘날 미국의 주요 연구 대학의 종교, 신학 그리고 고대 근동 학부에 유대인과 기독교인이 있으며 박사 학위 프로그램에 유대인, 기독교인, 그리고 일반 학생들을 받아들인다. 학자들이 널리 사용하고 오늘날 대다수의 유대교, 가톨릭 그리고 개신교 학자들이 받아들이는 현대적인 성경 해석 방법은 고대 문헌에 공동으로 참여하도록 공평한 상황을 만들어 준다.

성서, 성서 고고학, 사해 두루마리, 고대 유대교 그리고 더욱이 최근에는 신약성경에 대한 국제 연구 프로젝트에 일반적으로 유대인과 기독교인 학자들이 참여하여 함께 연구한다. 유대인과 기독교인의 이러한 만남은 물론 학자들에게만 국한된 것은 아니다. 학자가 아닌 사람들도 다른 종교 간의 모임이나 시민 참여 프로젝트를 통해 유대인과 기독교인이 만날 수 있는 새로운 기회를 얻어 유익을 얻는다. 이러한 변화로 인해 21세기는 신약의 기독교 독자들에게 이전 세대가 사용할 수 없었던 새로운 기회를 열어준다. 이것은 신선한 관점으로, 오래되고 친숙한 본문을 접할 수 있는 새롭고 흥미로운 기회를 제공해 주지만 몇 가지 실제적인 도전을 제시하기도 한다. 오늘날 신약을 읽는 기독교 독자들에게 주어진 첫 번째 과제는 기독교 성경에 대한 우리의 이해를 넓혀주는, 내가 이미 이 책에서 일부 논의한 풍부한 유대교 본문에 익숙해지는 것이다. 사해 두루마리와 다른 고대 유대교 문서의 영어 번역본은 이제 쉽게 사용할 수 있으며, 독자들이 유대 본문과 그에 상응하는 신약 본문을 연결하는 데 도움이 되는 새로운 자료들tools이 빠르게 출판되고 있다이 책들의 일부 목록은 '더 읽을 자료'에 있다. 이 과제는 성경의 독자들이 먼저 신약성경에 정통하며 정경의 경계를 넘어 성서를 이해하는 지식의 범위와 깊이를 확장하고 익숙하지 않았던 것에 익숙해지는 것이다.

신약을 읽는 기독교 독자들의 두 번째 과제는 교실, 예배 그리고 강단에서 유대교를 폄하하는 대체주의와 다른 이데올로기의 함정에 빠지지 않는 것이다. 반유대주의는 2천 년 동안 교회의 암이었다. 오늘날 기독교의 반유대주의는 대부분 예수의 유대교를 인정하지 않는 신약성경의 왜곡된 해석에 뿌리를 두고 있다. 여기서 현대 독자들이 직면한 과제는 고대 유대교 본문과 신약 본문을 열린 마음으로 탐구하고 기독교가 우월하다는 잘못된 선입견을 거부하는 것이다.

　마지막 세 번째 과제는 한편으로는 예수와 그의 추종자들, 다른 한편으로는 독립적인 종교로서의 기독교 사이를 구분하는 것을 늘 유념하는 것이다. 유대교와 기독교가 각자의 길을 가고 본질적으로 별개의 두 종교가 되기까지 수 세기가 걸렸다. 예수는 유대인이었고 초기 예수 운동은 유대교 내부 운동이었다. 유대교와 기독교의 점진적 분리 과정이라고 불리는 '길의 분화The Parting of the Ways'는 예수 생애 이후 오랜 시간 동안 두 종교가 진화하고 차이점을 제도화하면서 일어났다. 언제부터 기독교를 온전히 독립적인 종교적 믿음과 관습 체계를 가진 유대교와 구별되는 종교로 묘사할 수 있는가? 이것은 상당히 학술적인 논쟁거리이다. 학자들은 유대교와 기독교가 결정적으로 단절된 시점을 기원후 1세기 후반으로 보지만 오늘날 대부분의 학자들은 '길의 분화'가 훨씬 나중에 아마도 2세기나 3세기 또는 그 보다 더 늦은 4세기에 일어났을 것이라고 주장한다. 어떤 경우이든 유대교와 기독교는 점차 멀어지면서 그들의 차이점은 더욱 뚜렷해졌고 각각의 정체성도 더욱 분명해졌다. 구약성경을 통해 그리고 이 책에서 살펴본 메시아에 대한 믿음이나 죽은 자의 부활과 같은 가장 근본적인 믿음으로 기독교는 항상 유대교와 연결되어 있기 때문에 두 종교가 완전히 분리되지는 않았다. 예수 부활에 대한 믿음은 그를 따르는 자들이 예수를 생각하는 방식을 바꾸어 놓았다. 예수를 따르는 자들이 일으킨 작은 운동은 점차 기독교로 발전되었고 "유일하게unique" 되려는 기독교의 열망은 시간이 지나면서 더욱 분명해진다. 성경을 읽는 현대 독자들의 과제는 유대교와 기독교의 분리가 이미 예수와 함께 완성되었다고 잘못 가정하면서 예수의 삶의 독특성에 대한 이러한 후기의 주장을 거꾸로 투사하지 않는 것이다.

무엇보다 21세기에 신약을 읽으려면 겸손이 필요하다. 예수의 생애와 죽음 이후 불과 20년 밖에 지나지 않아 사도 바울은 예수를 따르는 이방 신자들이 교만해지고 그들의 동료 유대 신자들을 반대한다는 것을 이미 알고 있었다. 바울은 로마서에서 예수를 믿게 된 유대인과 이방인의 관계에 대해 숙고한다. 로마서 11장에서 바울은 이것을 설명하기 위해 감람나무 비유를 사용한다. 유대인은 참감람나무의 원 가지요 이방인은 돌감람나무에서 나온 돌감람나무 가지이다. 하나님께서 원 가지들 중 일부를 꺾어 돌감람나무 가지를 위한 자리를 만드셨고 그것을 참감람나무에 접붙이셨다. 이제 바울은 이방인에게 말한다.

> 19 그러면 네 말이 가지들이 꺾인 것은 나로 접붙임을 받게 하려 함이라 하리니 20 옳도다 그들은 믿지 아니하므로 꺾이고 너는 믿으므로 섰느니라 높은 마음을 품지 말고 도리어 두려워하라 21 하나님이 원 가지들도 아끼지 아니하셨은즉 너도 아끼지 아니하시리라 로마서 11:19-21

감람나무의 강력한 비유의 요점은 예수를 따르는 이방인들이 자랑하거나 스스로 이스라엘보다 우월하다고 생각하지 않도록 경고하는 것이라고 바울은 분명히 말한다. 하나님께서 그들을 참감람나무에 접붙이셨기 때문에 다시 그들을 꺾을 수 있다. 그들은 원 가지를 향해 자랑하기보다 두려워해야 한다. 오늘날 그리스도인들은 사도 바울의 음성에 귀를 기울여야 할 것이다.

감사의 말

어떤 책도 한 사람에 의해서만 쓰여지는 것은 없으며 이 책도 예외가 아닙니다. 그동안 나를 도와주신 분들에게 진심으로 감사의 마음을 전하게 되어서 기쁩니다. 무엇보다 이 책의 일부를 발표할 수 있도록 나를 초대해 준 회당과 교회의 회중들에게 감사를 표하고 싶습니다. 활발한 토론과 내가 받은 피드백은 나에게 엄청난 도움이 되었고 나는 바로 이러한 청중을 염두에 두고 이 책을 썼습니다.

여러 동료들과 친구들은 나와 함께 이 책 프로젝트에 대해 논의하고 새로운 원고의 일부를 읽고 친절하게 조언해 주었습니다. 나는 특히 에이브릴 알바Avril Alba, 리처드 바우츠Richard Bautch, 유진 보링M. Eugene Boring, 켈리 바우츠Kelley Coblentz Bautch, 신디와 존 도우슨Cindy and John Dawson, 로버트 얼와인Robert Erlewine, 옌스 헤르처Jens Herzer, 존 레벤슨Jon Levenson, 유디트 뉴먼Judith Newman, 조지 니켈스버그George Nickelsburg 그리고 멜리사 바이닝거Melissa Weininger에게 감사드립니다. 그러나 이 책에 있는 모든 실수는 전적으로 나의 책임입니다.

나는 2016년 가을과 겨울에 이 책의 많은 부분을 썼습니다. 가을 학기에 공개 강의 펠로우쉽을 허락해 준 라이스 대학교의 인문학 연구 센터와 그곳의 책임자 파레스 엘-다다Farès el-Dahdah와 부책임자 멜리사 빌라Melissa Bailar에게 감사합니다. 2016년 8월과 9월에 나는 호주 시드니 대학교의 아름다운 캠퍼스에 있는 유대인 기숙제 대학인 맨델바움 하우스Mandelbaum House에 거주하는 학자였습니다. 맨델바움에 있는 동안 지금 이 책의 3장부터 6장에 해당하는 내용에 대해 네 차례 공개 강연을 했습니다.

맨델바움 트러스트, 특히 에이브릴 알바Avril Alba, 이안 영Ian Young, 나오미 윈튼Naomi Winton, 샤나 컬랜더Shana Kerlander 그리고 모든 맨델바움 학생들의 따뜻한 환대에 감사드립니다. 맨델바움 가족의 일원이 되어 너무 기쁩니다.

포트리스 출판사Fortress Press의 네일 엘리엇Neil Elliott은 이 프로젝트가 시작된 이후 이 프로젝트를 지지해 주었으며 이 책이 나올 때까지 계속 신경써 주었습니다. 나의 아내 카린 리베스터Karin Liebster는 반려견 쉬미티와 거의 매일 저녁 함께 산책을 하는 동안 나의 설익은 아이디어를 잘 들어주었으며 풍부한 통찰력을 제공해 주었습니다. 깊은 애정을 담아 나의 아내 카린에게 이 책을 바칩니다.

Über allem aber steht, Deo gratias.

더 읽을 자료

나는 여러 회중들에게 강연을 한 후 그들로부터 일반 청중들을 위해 쓰여진 고대 유대교와 초기 기독교에 관한 책을 추천해 달라는 질문을 자주 받았다. 최근 수십 년 동안 제2성전 시대의 유대 문헌들에 대한 관심이 급격하게 증가함에 따라 대단히 유용하고 상당히 새로운 이 연구 분야를 넓은 독자층에게 열어주는 훌륭한 책들이 많이 출판되었다. 다음은 각 해당 분야에서 지도적인 유대인과 기독교인 전문가들이 저술한 책 제목 중 일부이다. 이 책들은 사전 지식이나 고대 언어를 읽을 수 있는 능력을 요구하지 않을 만큼 평이한 언어로 쓰여졌다.

구약성경 개론서 Introductions to the Old Testament

성서를 학문적으로 읽는 것을 여전히 어려워하는 독자들이라면 구약성경에 대한 현대 개론서로 시작하기를 원할 것이다. 그러한 책들은 부족하지 않다. 나는 제임스 쿠겔James L. Kugel이 쓴 *How to Read the Bible: A Guide to Scripture, Then and Now*New York: Free Press, 2008[12]을 높이 추

---

[12] 역주-『하버드대 유대인 학자가 쓴 구약성경 개론: 성경을 어떻게 읽을 것인가?』(김구원 · 강신일 옮김, CLC, 2011)로 역간되었다.

천한다. 쿠겔은 오늘날 저명한 유대인 성서 학자 중 한 명으로 전근대의 유대인 및 기독교인 학자들이 성서를 해석한 방식에 주목하면서 구약성경이라는 매혹적인 여행으로 안내한다. 주로 대학생과 신학생을 위한 교과서로 만들어진 또 하나의 탁월하고 접근하기 쉬운 개론서는 마이클 쿠건Michael D. Coogan의 *The Old Testament: A Historical and Literary Introduction to the Hebrew Scriptures*, 3rd ed. New York: Oxford University Press, 2014이다. 그리고 나는 존 콜린스John J. Collins의 *A Short Introduction to the Hebrew Bible*, 2nd ed. Minneapolis: Fortress Press, 2014[13]도 높이 추천한다.

초기 유대교 개론서Introductions to Early Judaism

초기 유대교에 관한 몇 가지 탁월한 개론서가 있다. 제임스 C. 밴더캠James C. VanderKam은 제2성전 시대와 그 문헌들에 관한 대단히 유용한 책인 *An Introduction to Early Judaism* Grand Rapids: Eerdmans, 2001[14]을 썼다. 밴더캠은 먼저 바벨론 포로 말기부터 바르 코크바 반란까지의 역사를 개관한 다음 고대 유대교 문헌을 하나씩 살펴보고 마지막으로 다양한 유대 종파와 그들의 믿음에 대해 다룬다. 초기 유대교 분야의 고전은 샤이 코헨Shaye J. D. Cohen의 *From the Maccabees to the Mishnah*, 3rd ed. Louisville: Westminster John Knox, 2014[15]이다. 이 책은 마카비 반란에서 랍비 유

---

13 역주-『히브리성서 개론』(유연희 옮김, 한국기독교연구소, 2011)으로 역간되었다. 이 한국어판은 초판이다.
14 역주-『초기 유다이즘 입문』(박요한 옮김, 성서와함께, 2011)으로 역간되었다.
15 역주-『고대 유대교 역사』(황승일 옮김, 은성, 1994)로 역간되었다. 이 한국어판은 초판이다.

대교의 발흥까지의 기간에 초점을 맞춰 유대 고대사에 관한 지도적인 학자 중 한 명이 쓴 초기 유대교의 훌륭한 입문서이다. 코헨은 초기 유대교의 몇 가지 주요 개념, 사상 그리고 사회 제도의 기원과 초기 역사에 관한 논의에서 특히 통찰력이 있다. 고대 유대교의 유대 문헌 입문서를 찾고 있는 독자들을 위해 조지 니켈스버그George W. E. Nickelsburg는 권위 있는 개론서인 *Jewish Literature between the Bible and the Mishnah*, 2nd ed. Minneapolis: Fortress Press, 2005을 썼다. 이 책은 제목에서 알 수 있듯이 고대 유대 문헌 자체와 그것들의 문학적 구성 그리고 주요 주제를 집중적으로 다룬다.

초기 유대교의 특정 주제

내가 이 책에서 간략하게 다루었던 초기 유대교의 구체적인 측면에 초점을 맞춘 수많은 현대 연구들이 있다. 제임스 C. 밴더캠과 피터 플린트Peter Flint는 탁월한 사해 두루마리 개론서인 *The Meaning of the Dead Sea Scrolls: Their Significance for Understanding the Bible, Judaism, Jesus, and Christianity*San Francisco: HarperSanFrancisco, 2004를 공동 집필했다. 조셉 피츠마이어Joseph A. Fitzmyer가 쓴 메시아 주제에 관한 책인 *The One Who Is to Come* Grand Rapids: Eerdmans, 2007는 관련된 유대교와 기독교 본문에 대해 철저하지만 쉽게 따라올 수 있는 논의를 제공한다. 조금 더 학문적인 책으로는 아델라 야브로 콜린스Adela Yarbro Collins와 존 콜린스가 쓴 *King and Messiah as Son of God: Divine, Human, and Angelic Messianic Figures in Biblical and Related Literature* Grand Rapids: Eerdmans, 2008가 있다. 데일 앨리슨Dale C. Allison의 마태복음 주석 *Matthew:*

A Shorter Commentary London: T&T Clark, 2004은 입문자와 학자 모두에게 대단히 유용하다. 존 게이저John G. Gager는 사도 바울에 관해 이전의 잘못 이해된 부분을 바로잡은 "새로운 바울"에 관한 얇지만 중요한 책인 *Reinventing Paul* Oxford: Oxford University Press, 2000을 썼다. 케빈 마디간Kevin J. Madigan과 기독교인이며 유대인인 존 레벤슨Jon D. Levenson은 부활에 관한 우아하고 깊이 있는 책인 *Resurrection: The Power of God for Christians and Jews* New Haven: Yale University Press, 2009을 공동 저술했다.

초기 유대교와 신약성경

최근 수십 년 동안 점점 더 많은 학자들이 유대적 관점으로 신약을 읽고 그것에 관한 글을 쓰기 시작했다. 이것은 익숙한 본문을 읽는 상당히 새로운 접근 방식으로 현대 성서학을 아주 풍성하게 만든다. 이것과 관련하여 매우 유용한 도구는 두 명의 지도적인 유대인 학자 에이미-질 레빈Amy-Jill Levine과 마크 쯔비 브레틀러Marc Zvi Brettler가 편집한 *The Jewish Annotated New Testament* Oxford: Oxford University Press, 2011이다. 레빈과 브레틀러는 이 책을 위해 신약성경의 각 권에 풍성한 주석을 제공하는 유대인 학자들을 모았다. 이 책은 초기 유대교와 기독교에 관한 다양한 주제를 다룬 수많은 뛰어난 에세이로 끝을 맺는다. 에이미-질 레빈은 초기 기독교의 유대학 분야의 베테랑이다. 그녀의 책 *The Misunderstood Jew: The Church and the Scandal of the Jewish Jesus* New York: HarperCollins, 2007는 제2성전 유대교와 그 문헌들에 대한 관심은 적지만 예수와 유대교에 대한 현대의 고정 관념에 초점을 맞추고 있다. 이 분야의 고전은 게자 베르메쉬Geza Vermes의 *Jesus the Jew: A Historian's*

Reading of the Gospels London: SCM, 2001이다. 마지막으로 조지 니켈스버그는 Ancient Judaism and Christian Origins: Diversity, Continuity, and Transformation Minneapolis: Fortress Press, 2003이라는 중요한 책을 저술한 기독교 신약 학자이다. 이것은 제2성전 시대의 유대교 본문이 어떻게 신약과 기독교의 탄생에 빛을 비추어 줄 수 있는지를 깊이 있게 성찰한 책이다.

초기 유대교 본문의 영어 번역본

고대 본문을 직접 읽는 것만큼 초기 유대교 세계를 열 수 있는 것은 없다. 세 명의 저명한 유대인 학자인 루이스 펠드만Louis H. Feldman, 제임스 쿠겔, 그리고 로렌스 쉬프만Lawrence H. Schiffman은 최근에 영어로 번역된 방대한 세 권의 초기 유대교 본문 세트인 Outsidethe Bible: Ancient Jewish Writings Related to Scripture Philadelphia: The Jewish Publication Society, 2013을 출판했다. 이 책은 성서, 사해 두루마리 그리고 다른 중요한 고대 저작에서 발췌한 주석이 달린 다양한 고대 유대교 본문을 제공한다. 주석은 주로 유대인 독자를 위한 것이지만 이 중요한 유대 본문 선집이 신약성경과 관련이 있다는 것은 즉시로 분명해질 것이다. 조지 니켈스버그와 마이클 스톤Michael E. Stone은 영어로 번역된 고대 유대 본문의 가장 유용한 선집인 Early Judaism: Texts and Documents on Faith and Piety, rev. ed. Minneapolis: Fortress Press, 2009를 편집했다. 이 책에는 주제별로 묶은 고대 본문의 짧은 발췌문이 포함되어 있다.

사해 두루마리에 대한 몇 가지 뛰어난 현대 번역본이 있다. 게자 베르메쉬의 The Complete Dead Sea Scrolls in English, rev. ed. London:

Penguin, 2011가 특히 좋다. 내가 번역한 사해 두루마리 번역본은 마주하는 페이지에 히브리어/아람어 본문과 영어 번역 본문을 인쇄한 보다 학술적인 사해 두루마리 판인 Donald W. Parry and Emanuel Tov, eds., *The Dead Sea Scrolls Reader*, 2nd ed., revised and expanded 2 vols.; Leiden: Brill, 2014을 기초로 했다.

이 책에 있는 에녹 1서의 번역문은 조지 니켈스버그와 밴더캠의 *1 Enoch: A New Translation* Minneapolis: Fortress Press, 2004에서 가져왔다. 에스라 4서와 바룩 2서의 번역문은 마이클 스톤과 마티아스 헨즈의 *4 Ezra and 2 Baruch: Translations, Introductions, and Notes* Minneapolis: Fortress Press, 2013에서 가져왔다. 그리고 희년서와 솔로몬의 시편의 번역문은 약간 오래되었지만 여전히 가장 유용한 두권으로 구성된 구약 위경 본문의 모음집인 *The Old Testament Pseudepigrapha* New York: Doubleday, 1983 and 1985에서 가져왔다. 이 모음집은 제임스 찰스워스 James H. Charlesworth가 편집했다.

용어집

참고 : 이 용어집은 성서학에서 흔하게 사용되고 또 이 책에서도 사용하지만 일반 독자들에게는 익숙하지 않을 수 있는 이름과 문구를 설명한다.

알렉산더 대왕 | Alexander the Great - 이 마케도니아-그리스 왕기원전 336-323년 통치은 페르시아 제국을 정복하여 마케도니아에서 인도까지 이르는 거대한 자신의 제국을 건설했다. 알렉산더는 유대인 삶의 모든 면에 깊은 영향을 미친 그리스 언어와 문화의 확산, 즉 헬레니즘 때문에 초기 유대교 연구에 중요하다. 1장을 참조하라.

안티오코스 4세 에피파네스 | Antiochus IV Epiphanes - "하나님의 현현"이라는 이름의 뜻을 가진 시리아-그리스 통치자로 기원전 175-164년에 통치했으며 헬레니즘의 적극적인 지지자였다. 기원전 167-164년에 안티오코스는 예루살렘 성전을 약탈하고 모독했으며 유대인들의 종교 관습을 금지시켰다. 이것으로 인해 마카비 혁명이 일어났다. 다니엘 7-12장과 마카비 1서와 2서는 안티오코스의 공격에 대한 반응으로 기록되었다. 1장을 참조하라.

묵시 문학 | apocalypse - 그리스어로 *apokalypsis*드러냄; 계시이다. 마지막 때에 일어날 일에 대해 하나님이 다른 방법으로는 접근할 수 없는 지식을 인간에게 계시하는 유대교와 기독교 문학의 특정 장르다니엘 7-12장; 요한계시록; 에녹 1서이다. 묵시 사상은 신약에서도 자주 나타난다예, 마태복음 24장; 마가복음 13장; 데살로니가전서 4장; 요한계시록.

외경 | Apocrypha단수 Apocryphon - 그리스어로 *apokryphos*숨겨진; 모호한; 비밀스러운이다. 외경은 구약의 그리스어 번역본인 70인역이 포함된 유대 문헌들이지만 유대 성경에는 포함되지 않는다외경을 히브리어로 스파림 히쪼니임sefarim hisoniyyim[밖에 있는 책]이라고 부른다.

아람어 | Aramaic - 히브리어와 밀접한 관련이 있는 북서 셈어로 페르시아 시대기원전 539-333년에 고대 근동 지역에서 광범위하게 사용되었고 그 이후에도 계속해서 사용되었다. 구약의 매우 적은 부분이 아람어로 쓰여졌다. 예수와 그를 따르는 자들이 아람어로 말했다.

바벨론 유배 | Babylonian exile - 기원전 587년에 신바벨론 왕 느부갓네살은 예루살렘을 정복하고 솔로몬 왕이 세운 제1성전을 파괴했다. 그리고 엘리트층을 추방했다. 기원전 539년에 바벨론은 페르시아 왕 고레스 대왕에게 멸망하고 1년 후인 기원전 538년에 포로들은 고향으로 돌아가는 것이 허용되었다에스라 1:1-4; 6:1-5. 따라서 바벨론 유배는 기원전 587년부터 538년까지 지속되었고 고대 이스라엘 역사를 제1성전 시대와 제2성전 시대로 나누었다. 1장을 참조하라.

바룩 2서 | 2 Baruch - 기원후 70년 제1성전이 파괴된 것에 대한 반응으로 쓰여진 기원후 1세기 후반의 유대 묵시 문학. 외경의 일부인 바룩 1서 또는 단순히 바룩서와 구별하기 위해 바룩 2서라고 불렀다. 에스라 4서와 밀접한 관련이 있다. 2장을 참조하라.

기원전 | BCE - 약어 BCE_{Before the Common Era}와 CE_{Common Era}는 이제 BC_{Before Christ}와 AD_{라틴어 anno Domini [in the year of our LORD]}를 대신하여 광범위하게 사용된다.

벤 시라 | Ben Sira - 기원전 180년경에 쓰여진 유대 책으로, 히브리어로는 벤 시라의 지혜서, 그리스어로는 시락서 그리고 라틴어로는 집회서_{Ecclesiasticus}로 알려져 있다. 이 책은 시라의 손자, 엘르아살의 아들, 예수가 예루살렘에서 히브리어로 기록했다_{벤 시라 50:27}. 벤 시라의 그리스어 번역본은 외경에 포함되어 있다. 사해 두루마리에서 벤 시라의 히브리어 단편이 발견되었다. 이것은 유대 지혜서에 속한다. 5장을 참조하라.

감찰자들의 책 | Book of the Watchers - 기원전 300년경에 쓰여진 초기 유대 묵시 문학이며 에녹 1서 1-36장에 있는 감찰자들의 책은 인간 여자와 성관계를 맺기 위해 지상에 내려온 타락한 천사 또는 감찰자_{잠을 자지 않기 때문에 이렇게 불린다}에 관한 이야기이다_{창세기 6:1-4}. 2장을 참조하라.

정경 | canon - 그리스어 *kanon*_{측정, 막대}에서 왔다. 이것은 히브리어 *qaneh*_{갈대}에서 차용한 단어이다. 권위 있는_{신학적 언어로는 영감이 있어서 신성한} 성경에 포함된 책들의 공식적이고 닫혀진 목록이다. 그 이후로 정경이

라는 용어는 권위 있는 모든 책들의 모음을 부를 때 사용되기 시작했다. 정경적이라는 말은 항상 '권위 있는' 이라는 말과 동의어이기 때문이다.

기원후 | CE - 기원전BCE을 보라

그리스도 | Christ - 그리스어로 *christos*이다. 메시아Messiah를 보라.

그리스도인 | Christian - 그리스어로 *christianos*그리스도에게 속한 사람이다. 이 단어는 신약성경에 세 번 나오는데, 사도행전 11장 26절, 26장 28절 그리고 베드로전서 4장 16절에서 예수를 이스라엘의 메시아로 믿게 된 사람들에게 사용되었다. 이 용어는 지금도 그대로 남아 있지만 신약성경에서 처음 사용될 때는 기독교가 독자적인 종교로 존재한다는 의미는 아니었다.

기독론 | Christology - 그리스어로 *christos*기름 부음 받은 자와 -*logia*가르침의 합성어이다. 그리스도의 본성에 대한 기독교의 신학적 가르침을 말한다. 예수의 본성과 인격 그리고 그의 삶과 죽음, 부활의 의미를 탐구하는 기독교 신학의 한 부분이다.

코덱스 | codex복수 codices - 라틴어로 *codex*책, 문서이다. 현대의 책처럼 손으로 쓴 분리된 두 개의 면sheets을 한쪽 가장자리를 따라 묶은 고대 사본. 초기 그리스도인들은 코덱스를 사용한 반면, 유대인들은 계속해서 두루마리 위에 본문을 기록했다.

고레스 대왕 | Cyrus the Great - 기원전 539년 유명한 키루스 실린더에 기록되어 있음 바벨론을 정복한 페르시아 왕. 고레스 대왕은 바벨론 유배를 종식시키고 기원전 538년에 모든 포로들이 고향으로 돌아가 예루살렘에 성전을 재건할 수 있도록 칙령을 내렸다 에스라 1:1-4; 6:1-5. 이사야 45장 1절에 고레스는 하나님의 "기름 부음을 받은 자"라고 불렸으며 하나님을 대신하여 포로들이 안전하게 귀환할 수 있도록 했다. 1장을 참조하라.

사해 두루마리 | Dead Sea Scrolls - 1940년대와 1950년대에 사해 북서쪽 해안에서 발견된 고대 유대교 사본 모음집. 대부분이 기원전 2세기부터 공동체가 로마에 의해 파괴된 기원후 68년까지의 사본들이며 에세네파의 분파일 가능성이 있는 고대 유대 종파의 문헌을 포함하고 있다. 2장을 참조하라.

제2정경 | deuterocanonical - 외경 Apocrypha을 보라.

디아스포라 | diaspora - 그리스어로 *diaspora* 흩어짐, 이산이다. 유배 exile라는 용어가 자신의 나라에서 강제적인, 그리고 대부분 일시적인 추방을 의미하는 반면, 디아스포라라는 용어는 이스라엘 땅에서 멀리 떨어져 있는 유대인의 영구적인 고향을 말한다. 구약의 에스더서와 다니엘 1-6장은 디아스포라 요한복음 7:35 참조를 배경으로 하며 디아스포라 유대인의 뚜렷한 생활 방식을 반영한다.

교회 | ecclesia 복수 ecclesiae - 그리스어로 *ekklesia* 모임이며 *ek*- 밖으로와 *kalein* 부르다의 합성어이다. 70인역에서 에클레시아 ekklesia는 "이스라엘

백성들의 모임"히브리어로 카할qahal을 의미한다. 신약성경에서 에클레시아는 "교회, 그리스도인의 몸"을 의미한다.마태복음 16:18; 고린도전서 11:22.

교회론 | ecclesiology - 그리스어 *ekklesia*모임와 *-logia*가르침의 합성어이다. 교회의 본질과 조직에 관한 가르침.

에녹 1서 | 1 Enoch - 에녹의 에디오피아 묵시 문학으로도 알려진 에녹 1서는 그 연대가 기원전 3세기부터 기원후 1세기까지 거슬러 올라가며, 대홍수 이전의 족장 에녹에게 돌려진 초기 유대 묵시 문학 모음이다창세기 5:21-24. 2장을 참조하라.

종말론 | eschatology - 그리스어로 *eschatos*가장 먼 곳, 맨 뒤이다. 마지막 일에 대한 가르침. 종말론은 시간의 끝과 유대교와 기독교 믿음에 따라 하나님이 역사의 끝에 전개되도록 정하신 사건들, 즉 하나님의 개입, 이스라엘의 회복, 부활, 대심판 그리고 완전무결한 내세의 삶과 관련이 있다.

에세네파 | Essenes - 기원전 2세기부터 기원후 1세기까지의 고대 이스라엘의 유대교 종파. 필로와 유세푸스에 따르면 에세네파는 주로 도시에 살았고 고도로 조직화되었으며 연장자에게 순종하고 금욕을 실천했으며 재산을 공유했다. 많은 학자들은 사해 두루마리 공동체가 에세네파라고 믿는다.

사복음서 저자 | evangelist - 그리스어 *euangelion*좋은 소식에서 왔다. 신약성경에서 사복음서 저자에게 가장 일반적으로 사용되지만 문자적으

로는 '좋은 소식의 선포자'라는 뜻이다.

주해 | exegesis - 그리스어로 *exegesis*설명, 해석이다. 그리스어 *ex-*밖으로와 hegeisthai인도하다, 이끌다의 합성어이다. 본문의 비평적 설명 또는 해석이다.

에스라 4서 | 4 Ezra - 기원후 70년에 제2성전이 파괴된 것에 대한 반응으로 기원후 1세기 후반에 쓰여진 유대 묵시 문학. 바룩 2서와 밀접한 관련이 있다. 2장을 참조하라.

제1성전, 제1성전 시대 | First Temple, First Temple period - 기원전 10세기에 솔로몬 왕이 예루살렘에 지은 제1성전은 기원전 587년 바벨론 왕 느부갓네살에 의해 파괴될 때까지 이스라엘 예배의 중심지였다. 제1성전 시대는 기원전 10세기에서 6세기까지 지속되었다. 1장을 참조하라.

갈릴리 | Galilee - 현대 시리아와 레바논 바로 남쪽에 있는 갈릴리 바다를 포함한 이스라엘 최북단 지역.

복음서 | Gospel - 중세 영어로 godspell이며 그리스어로는 *euangelion* 좋은 소식이다. 원래 예수의 생애와 죽음에 관한 좋은 소식로마서 1:1이었으나 이 용어는 예수에 대한 기록을 의미하게 되었다. 신약성경의 사복음서 외에도 여러 외경 복음서가 있는데 그 중에 도마 복음서과 유다 복음서가 있다.

할라카 | halakhah - 히브리어로 *halakhah* 행동 방식이며 히브리어 *halakh* 가다에서 왔다. 할라카는 랍비 유대교에서 법적 문서를 말하며 더 일반적으로는 유대법토라을 따른 모든 법적 결정을 말한다.

하스모니안 왕조 | Hasmoneans - 마카비 왕조라고도 알려져 있는 하스모니안은 기원전 167-164년에 예루살렘을 더럽힌 셀류시드그리스 통치자 안티오코스 4세 에피파네스에 대항하여 마카비 항쟁으로 알려진 봉기를 일으킨 제사장 가족이다. 그들은 성전을 재탈환했다하누카 절기로 기념된다. 하스모니안 왕조는 기원전 63년 로마가 예루살렘을 점령할 때까지 약 1세기 동안 유대를 통치했다. 그 이야기는 외경인 마카비 1, 2서와 1세기 유대인 역사가 요세푸스에 의해 전해진다.

히브리 성경 | Hebrew Bible - 그리스도인들은 구약성경이라고 부르지만 유대인이나 오늘날 대부분의 학자들은 더 기술적descriptive이고 교파적이지 않은 히브리 성경이라는 용어를 선호한다. 히브리 성경/구약성경은 하나의 형태 이상으로 존재한다. 가장 중요한 버전은 마소라 본문MT이고 70인역LXX이다. 2장을 참조하라.

헬레니즘, 헬라화, 헬레니즘 시대 | Hellenism, Hellenization, Hellenistic period - 그리스어로 *hellen*그리스 또는 *hellenismos*그리스처럼 되는 것이다. 헬레니즘 시대는 그리스 통치와 지배 시기로 알렉산더 대왕 시대인 기원전 332년부터 로마가 예루살렘을 정복한 기원전 63년까지 지속되었다. 헬레니즘이라는 용어는 그리스 언어, 문화, 생활 방식 및 정치의 광범위한 진보를 말한다. 그리스어 *Hellenismos*는 외경인 마카비 2서 4:13에서

발견되며, 그리스어 *Ioudaismos* 유대교와 대조되어 사용된다. 1장을 참조하라.

유대인 | Jew - 유대교를 보라.

요세푸스 | Josephus - 대략 기원후 37-100년에 살았던 유대인 헬레니즘 역사가이며 다작의 작가, 로마 시대에 유대 문화의 주요 증인이다. 그의 『유대 고대사』는 20권으로 된 유대 역사 기록이며 창조에서 로마에 대항한 유대 반란까지를 다룬다. 그의 『유대 전쟁사』는 실패하여 결과적으로 기원후 70년 예루살렘이 파괴되고 성전이 불태워진 로마에 대항한 유대 반란의 기록이다.

희년서 | Jubilees - 창세기의 창조 기록부터 출애굽기 20장의 시내산에 있는 이스라엘까지 성서 이야기를 재진술한 기원후 2세기에 기록된 유대 저작이다. 희년서 사본이 사해 두루마리에서 발견되었다. 2장을 참조하라.

유대교 | Judaism - 그리스어로 *Ioudaismos* 유대교이다. 이 용어는 외경인 마카비 2서 2:21, 8:1, 14:38에 처음 등장한다. 신약의 갈라디아서 1장 13절도 참조하라. 고대에 그리스어 *Ioudaios* 복수 *Ioudaioi*; 라틴어 *Iudaeu*, 복수 *Iudaei*; 이 단어는 히브리어 Yehudi 에서 왔다는 주로 *Ioudaia* 유대 주민에 대한 민족적/지리적 용어였다. 제2성전 시대 이후에 이 용어는 인종적으로나 지리적으로 유대 출신이 아닌 사람들에게 사용되었다.

유대 또는 유다 | Judea or Judah - 히브리어로 *Yehuda*이다. 사마리아 남쪽 이스라엘 남부 지역. 기원전 922년에 솔로몬 왕이 죽은 후 다윗이 세운 통일 왕조는 북이스라엘 왕국과 예루살렘을 수도로 하는 남유다 왕국으로 나뉘어졌다.

율법 | law - 그리스어 *nomos*의 영어 번역, '토라_{torah}'를 보라.

70인역 | LXX - '셉투아진트_{Septuagint}'를 보라.

마카비 | Maccabees - '하스모니안 왕조_{Hasmonean}'를 보라.

마소라 본문 | Masoretic Text - 약어로 MT. 마소라 본문은 구약성경의 히브리어 본문을 학문적으로 지칭한 말이다. 기원후 7세기부터 11세기까지 성서 본문을 필사하고 보존한 유대인 서기관인 마소라 학자의 이름을 따라 명명되었다. MT는 구약 본문의 또 다른 중요한 증거인 70인역과 종종 비교된다.

메시아 | messiah - 히브리어로 *mashiach*_{기름 부음 받은}이다. 그리스어로는 *christos*_{기름 부음 받은 자}로 영어 단어 christ가 여기에서 왔다. 구약에서 왕, 제사장, 일부 선지자는 그들의 직무를 위해 기름 부음을 받았다. 제2성전 시대에는 마지막 때의 구세주를 지칭하는 용어가 되었다. 3장을 참조하라.

구약성경 | Old Testament - '히브리 성경'을 보라.

메시아 신앙 | messianism - 히브리어 *mashiach* 기름 부음 받은에서 왔다. 하나님께서 마지막 때에 회복된 이스라엘의 왕국을 다스리기 위해 보내실 하나님의 대리인에 대한 유대인의 믿음. 3장을 참조하라.

미드라쉬 | Midrash - 히브리어 *darash* 구하다, 공부하다에서 왔다. 본문의 평범한 의미를 넘어서는 성경 본문에 대한 유대적 해석 기술과 그것으로부터 나오는 해석된 본문 자체 모두를 가리킨다.

미쉬나 | Mishnah - 히브리어 *shanah* 반복하다에서 왔다. 따라서 "반복해서 공부하다"라는 뜻이다. 미쉬나는 대략 기원후 200년에 편집된 최초의 주요 랍비 문서로 주제별로 구성되어 있고 제2성전 시대까지 거슬러 올라가는 구전 전통 모음집이다. 미쉬나는 예루살렘 탈무드와 바벨론 탈무드의 기초가 되었다.

구약성서 | Old Testament - '히브리 성서'를 보라.

수난 사화 | passion narrative - 라틴어 *passio* 고통받다, 견디다에서 왔다. 예수의 예루살렘 입성과 체포, 심문, 십자가형, 매장에 관한 사복음서의 마지막 기록. 마태복음 26-27장, 마가복음 14-15장, 누가복음 22-23장 그리고 요한복음 18-19장을 보라.

유월절 | Passover - 페사흐 Passover를 보라

오경 | Pentateuch - 그리스어로 *pentateuchos* 다섯 개의 두루마리이다. 성

서의 처음 다섯 권의 책—창세기, 출애굽기, 레위기, 민수기, 신명기—를 가리키는 학문적 명칭이다. 토라를 보라.

페르시아 시대 | Persian period - 고레스 왕이 바벨론을 무찔렀던 기원전 539년부터 페르시아가 알렉산더 왕에게 패했던 기원전 333까지, 제2성전 시대에 페르시아가 고대 근동을 다스렸던 시대. 1장을 참조하라.

페사흐 | Pesach - 히브리어로 *pasach* 넘어가다이다. 따라서 영어로는 passover이다. 출애굽을 기념하는 성경의 절기 출애굽기 12장. 신약성경에서 예수는 유월절에 희생된 유월절 어린양 고린도전서 5:7, 즉 예수께서 십자가에 못 박히신 때의 유월절 양과 동일시 된다 마가복음 14:12.

바리새파 | Pharisees - 히브리어로 *parash* 분리된이다. 요세푸스가 언급한 제2성전 시대의 세 유대 종파 운동 중 하나로 유대 율법의 엄격하고 정확한 해석에 관심을 가졌다. 기원후 70년에 제2성전이 파괴된 후에 바리새파의 가르침은 랍비 유대교 형성에 기초가 되었다. 신약에서 바리새인들의 모습은 적대적으로 그려진다. 사도 바울은 그가 바리새인이었다고 말한다 빌립보서 3:5; 사도행전 23:6; 26:5.

알렉산드리아의 필로 | Philo of Alexandria - 대략 기원전 20년-기원후 50년. 필로는 이집트 알렉산드리아 출신의 유대인 헬레니즘 철학자, 다작의 작가, 대규모 알렉산드리아 유대인 공동체의 뛰어난 구성원이었다. 그는 유대 성경 Jewish Bible에 대한 알레고리적 해석으로 가장 잘 알려져 있으며 이를 통해 조상들의 전통을 헬레니즘 철학과 통합하려고 했다.

위경 | Pseudepigrapha단수 Pseudepigraphon - 그리스어로 *pseudepigraphos* 거짓 제목을 가진, 거짓으로 귀속된 글이다. 구약, 70인역 또는 신약성경의 일부가 아닌 다양한 고대 유대교와 기독교 서적에 대해 학자들이 일반적으로 사용하는 명칭이다. 이 본문들의 대부분은 실제로 훨씬 나중에 쓰여졌음에도 불구하고 과거 성서의 고대 인물에게로 돌려진다. 따라서 그 명칭이 "거짓으로 귀속된 글"이다. 2장을 참조하라.

쿰란 | Qumran - 성경에 언급된 적이 없는 쿰란은 사해의 북서쪽 해안에 위치한 고대 유적지의 현대식 아랍어 이름이다. 이 유적지는 사해 두루마리를 남긴 에세네파의 분파일 수 있는 유대 분파의 본거지였다. 2장을 참조하라.

랍비 | rabbi - 아람어로 *rabbi*나의 위대한 분, 나의 스승이다. 학생이 유대인 교사를 부를 때 사용하는 호칭. 신약 시대에 랍비는 율법과 그 주석을 가르치는 유대인 교사였다. 복음서에서 제자들이 예수를 랍비로 부른다마태복음 6:25, 49; 마가복음 9:5; 요한복음 1:38.

랍비 유대교 | rabbinic Judaism - 기원후 70년 예루살렘 성전이 파괴된 후, 랍비들은 매일 기도, 토라 공부, 회당 예배에 초점을 맞춘 성전 없는 형태의 유대교를 조직했다. 여러 세기에 걸쳐 랍비들은 오늘날까지 기초가 되는 여러 문헌들을 만들었고 그 중에는 미쉬나와 탈무드도 포함되어 있다.

계시록 | revelation - 라틴어 *revelare*드러내다에서 왔다. 그리스어로는

apokalypsis 계시이며 이 그리스 단어에서 영어 단어 apocalypse 열다가 왔다. 하나님이나 천사가 이전에 알려지지 않은 어떤 것을 인간에게 드러내는 것. 계시록은 또한 기독교 성서의 마지막 책 제목이다.

로마 시대 | Roman period - 기원전 63년 로마가 유대를 통치하면서 시작된 제2성전 시대의 마지막 부분.

안식일 | Sabbath - 샤밧을 보라.

사두개파 | Sadducees - 히브리어 *zaddiq* 의로운에서 유래하기도 하지만 더 일반적으로는 다윗의 제사장인 사독 Zadok이라는 이름에서 유래한다 사무엘하 20:25; 열왕기상 4:4. 기원전 2세기부터 기원후 70년에 예루살렘 성전이 파괴될 때까지 예루살렘 성전 주변에서 활동했던 유대교 운동. 요세푸스는 사두개인들은 사회적으로나 경제적으로 유대 사회에서 상류층이였다고 주장한다. 바리새인들과는 달리 그들은 토라의 해석과 부활에 대한 믿음을 거부했다 마가복음 12:18. 6장을 참조하라.

사마리아, 사마리아인 | Samaria, Samaritans - 기원전 722년 아시리아가 이 지역을 침공하고 그 주민들을 추방한 후 이스라엘 북부에 있는 사마리아 주민들의 후손. 사마리아인들은 스스로를 유대인 남은 자들의 후손으로 여겼고 바벨론 유배에서 돌아온 사람들은 자신을 이방인의 후손으로 여겼다. 사마리아인들은 그리심 산에서 예배하고 있다. 그들의 성경은 오직 토라만으로 구성되어 있다. 매우 적은 사마리아 인구가 오늘날에도 여전히 이스라엘에서 살고 있다.

사탄 | Satan - 히브리어로 *satan*대적자, 참소자이다. 구약성경에서 인간을 시험하는 천상의 존재로 하나님께 종속되어 있다욥기 1장. 신약시대에 사탄은 하나님을 대적하는 초자연적 존재가 되었다마가복음 3:19-27.

경전 | Scripture - 라틴어로 *scriptura*저작이다. 영감되어 권위있는 것으로 간주되는 성경 구절이나 책. 정경biblical canon은 성경의 책들이 쓰여진지 오랜 후에 모아졌기 때문에 성경 시대에 성경을 언급하는 것은 시대착오적이다. 따라서 대부분의 초기 유대교 학자들은 나중에 성경이 된 권위있는 책들을 언급할 때 성경 대신에 경전이라고 부르는 것을 선호한다.

두루마리 | scroll - 초기 유대교에 코덱스나 책이 아닌 두루마리 위에 쓰여진 문서. 두루마리는 양피지양피지는 동물의 가죽을 가공 처리한 것이다의 작은 조각들을 꿰매어 말아 올린 긴 양피지 띠이다. 본문은 양피지 위에 직접 세로 단column으로 기록된다. 두루마리는 한쪽은 펼치고 다른 한쪽은 말면서 읽는다. 오늘날까지 토라 두루마리는 전 세계 회당에서 사용된다.

제2성전, 제2성전 시대 | Second Temple, Second Temple period - 바벨론 포로에서 귀환한 사람들이 예루살렘에 세운 제2성전은 기원전 515년에 봉헌되었다. 제2성전은 기원후 70년 로마에 의해 파괴되었다. 따라서 제2성전 시대는 기원전 6세기에서 기원후 1세기까지 지속되었다. 1장을 참조하라.

셉투아진트 | Septuagint - 라틴어 *septuaginta* 칠십에서 온 것으로 로마 숫자 LXX를 약어로 사용한다. 유대 성경의 가장 초기 그리스어 번역이다. 전통적으로 토라는 72인의 장로에 의해 번역되었다고 전해지며 번역은 기원전 3세기에 시작되었다. 70인역은 히브리 구약성경 또는 마소라 본문에 포함되지 않는 외경이라고 알려진 일부 책들을 포함하고 있다. 70인역은 초기 그리스도인들의 성경이 되었고 로마 가톨릭을 포함한 여러 교회의 구약으로 남아 있다. 2장을 참조하라.

샤밧 | Shabbat - 히브리어로 *shabbat* 멈춤, 휴식이다. 안식일 출애굽기 20:8-11; 35:1-3.

쉐마 | Shema - 히브리어 *shema* 들으라!에서 왔다. 신실한 자들이 매일 두 번 암송하는 유대교의 기도명으로 "이스라엘아 들으라. 우리 하나님 여호와는 오직 유일한 여호와이시니" 신명기 6:4의 첫 줄을 따라 명명되었다. 쉐마 기도는 신명기 6:4-9, 11:13-21과 민수기 15:37-41로 구성되어 있다. 복음서에 하나님을 사랑하라는 계명 신명기 6:5과 이웃을 사랑하라는 계명 레위기 19:18은 모세 율법을 요약한다 마태복음 22:34-40; 마가복음 12:28-34. 5장을 참조하라.

시락서 | Sirach - 벤 시라서를 보라

인자 | Son of Man - 히브리어로 *ben adam* 필멸의 인간이다. 구약에서 시편 8편과 에스겔서 "인자"는 인간을 가리키는 반면, 다니엘 7:13-14에 있는 아람어 구절 *bar enosh*는 "인자와 같은" 천상의 존재를 지칭한다. 신약 시

대에 이 용어는 메시아의 칭호가 되었다 마태복음 8:20; 18:11; 마가복음 2:10; 누가복음 9:26; 요한복음 1:51; 5:27.

대체주의 | supersessionism - '대체 신학'으로도 알려진 대체주의는 기독교 교회가 유대 민족을 대신하거나 대체하여 새 이스라엘이 되었다는 일종의 기독교 믿음이다. 신약성경에서 가장 흔한 증거 본문은 갈라디아서 6:14-16이다. 7장을 참조하라.

회당 | synagogue - 그리스어로 *synagoge* 집합, 모임이며 그리스어 *sun-* 함께와 *agein* 가져오다의 합성어이다. 지역 사회가 기도, 토라 읽기, 연구 및 학습을 위해 모이는 봉헌된 건물이다. 누가복음 4장 16절에 따르면 예수는 일상적으로 안식일에는 회당에 갔다.

공관복음서 | Synoptic Gospels - 그리스어로 *synopsis* 함께 보다이며 그리스어 *sun-* 함께와 *opsis* 보다의 합성어이다. 마태복음, 마가복음 그리고 누가복음을 공관복음서 또는 단순히 공관 Synoptics이라고 하는데 이것은 종종 세 복음서들이 같은 순서와 유사한 언어로 예수에 대한 많은 동일한 이야기를 전하기 때문이다. 일반적으로 요한복음은 다르다. 세 개의 공관복음서와 요한복음 사이의 정확한 문학적 관계를 설명하려는 시도를 '공관복음 문제'라고 부른다.

탈무드 | Talmud - 히브리어 *lamad* 공부하다, 배우다에서 왔다. 랍비 연구의 두 중심지인 이스라엘과 바벨론에서 유래한 랍비 유대교의 두 기본 문헌의 이름이다. 팔레스타인 탈무드라고도 알려진 예루살렘 탈무드와

바벨론 탈무드기원후 500년 이후에 완성가 있다. 탈무드의 편집 작업은 기원후 200년에 시작되었다. 그것은 여러 주제에 대한 자료들뿐 아니라 미쉬나에 대한 주석과 확장을 포함한다.

성전 | Temple - 예루살렘에서 제사를 드리는 예배의 중심 장소. 제1성전은 솔로몬 왕이 건축하고 느부갓네살 왕에 의해 파괴되었으며기원전 922-587년 제2성전은 바벨론 포로 귀환 이후에 건축되었고 로마에 의해 파괴되었다기원전 515-기원후 70년.

신명사문자 | Tetragrammaton - 그리스어로 *tetragrammaton*네 문자 [구성]이다. 구약성경에서 이스라엘 하나님의 이름에 대한 학문적인 명칭이다. 히브리어로는 일반적으로 야훼YHWH로 음역되며 영어로는 대부분 '주the Lord'로 번역된다. 율법을 지키는 유대인들은 테트라그라마톤 Tetragrammaton이라고 발음하지 않는다. 히브리어 단어의 어원에 대해서는 알려져 있지 않다. 아마도 동사 '있다, 존재하다, 발생하다to come to pass'일 것이다.

토라 | Torah - 히브리어로 *torah*지시, 가르침이다. 유대인의 가르침잠언 1:8이나 법적 판결신명기 17:11을 광범위하게 가리키는 용어이다. 더 일반적으로 토라라는 용어는 창세기, 출애굽기, 레위기, 민수기, 신명기로 구성된 오경이라고도 알려진 유대 성경의 첫 번째 부분을 지칭한다. 몇개의 단어를 제외하고 토라는 전체적으로 히브리어로 쓰여있다. 70인역에서 토라는 보통 nomos율법으로 번역된다. 5장을 참조하라.

야훼 | YHWH - 신명사문자를 보라

저자 및 주제 색인

감찰자들　63, 131-144
기독론　108, 186
길의 분화　240
고레스 실린더　38,
교회론　186
거인(들)　128-135, 139, 145,
귀신(들)　17, 18, 21, 22, 51, 52, 66, 112-145, 186, 231
그리스어　24, 26, 32, 38-40, 47, 58-61, 65, 75, 118, 121, 125, 128-129
꾸란　26
네피림　127, 128
디아스포라　38, 40, 44, 45
대체주의　236-239
데일 앨리슨　176, 246
마카비 혁명　41, 46, 198, 204, 250
마사다　67
메시아　68, 72-111, 122, 147, 169, 177, 178-181, 184, 187, 208-211, 240
메시아 비밀　122
마이클 스톤　248, 249
모세 오경　154, 206
묵시 문학　45, 70, 90, 134, 207
바로　120
바리새인(들)　17-19, 52, 146, 147, 148, 172-174, 234
바벨론 유배　35, 36
바르 코크바 반란　245
빌헬름 드 베테　156
부활　18, 22, 51, 52, 68, 89, 101, 177, 186-224, 231, 234, 240
라틴어　118, 125, 153
랍비(들)　17-19, 69, 70, 72, 147, 159, 160, 175, 211, 231
팔복　170
페르시아 시대　38, 39, 43-46, 156, 159
샬롬 벤-코린　16-18, 22, 29
새 예루살렘　89
사두개인(들)　52, 221
산상수훈　146, 169, 170, 171, 176
샤밧　41
사마리아인　73
사탄　114, 119, 138, 140, 145
서기관　34, 43, 49, 50, 53-56, 58, 60-64, 69, 70, 90, 148, 157, 159, 160, 172, 173, 212
성령　84, 97-100, 120
순교　202, 204
쉐마　174
외경　26, 60, 102, 163, 198, 202, 235
아람어　56, 87, 102, 103
아카드어　38, 232
안식일　18, 99, 109, 116, 117, 148, 166, 234
어둠의 천사　140, 145
언약의 책　164
언약　52
에세네파　56, 231
에디오피아　27
이방인　66, 95, 120, 169, 177-184, 241
이스라엘 왕　81, 94, 124
인자　86-89
역사적 예수　27, 28
예루살렘 성전　35, 38, 41, 44, 67, 68, 77, 156, 202, 208
위경　61, 62, 235

저자 및 주제 색인　**269**

고대 이름 및 장소 색인

적그리스도 104
조지 니켈스버그 246
존 콜린스 106
종의 노래 88
정경 27, 114, 239
지극히 높으신 이 105-109
지혜/지혜 문학 161, 167
황금율 146, 175
하프타라 109
하누카 41
히브리어 25, 26, 56, 59, 60, 65, 75, 77, 90, 128, 138, 141, 150, 217, 218
헬레니즘 40, 42, 59
헬레니즘 시대 39, 40, 41, 46, 163
홀로코스트 16, 17, 238
하나님의 거룩한 자 120
할례 41, 148, 177, 178
흠정역 183
하나님의 아들 72, 73, 82, 102, 103-109, 120, 127, 210, 232
회당 17, 18, 19, 26, 69, 98, 99, 108-110, 116-121, 231
토라 26, 42-44, 52, 58, 59, 66, 68, 109, 150-185, 191, 203, 214
통곡의 벽 36
천사(들) 22, 63, 66, 87, 88, 91, 92, 105, 127-145, 190, 209, 212-214, 219-221, 231
출애굽 100, 125, 126, 164
최후의 심판 172, 199, 211
70인역 26, 47, 58-60, 70, 125, 128, 150

아브라함 34, 62, 178, 179
아담 44, 62
아합 왕 124, 125
알렉산더 대왕 39, 40, 59
알렉산드리아 59
안드레 72, 73, 75, 78
안티오코스 4세 에피파네스 40, 46, 87, 198
아세라 233
소아시아 39, 59
앗시리아 102
바알 233
바벨론 35-38, 43, 68, 77, 81, 132, 156, 157, 160, 190, 194-197
바르 코크바 42
바룩 66-68, 212, 215, 216
벨제붑 145
벨리알 140
벤 시라 159, 163-165, 168
베다니 188
가버나움 116
고레스 대왕 77
다니엘(서) 33, 34, 45, 45, 49, 70, 86, 87, 102, 198-200, 216
다윗 왕 36, 76, 83, 98
이집트 39, 58, 59, 82
엘르아살 41, 202
엘리야 47, 77, 187
엘리사 77
에녹 62-65, 67, 137
에스라 43, 44, 46, 67, 68, 157-160, 209
가브리엘 87, 105, 106, 108
갈릴리 98, 116, 117, 119, 226

하스모니안 41, 42, 90, 93
하사엘 77
헤롯 왕 36, 186
히스기야 85
힐기야 156
힐렐 175, 176
훌다 156
인도 250
이삭 77
이스라엘 17, 20-28, 33-59, 65-83, 86-89, 93-95, 98, 100, 106, 107, 120, 123-126, 153, 154-169, 176-185, 190, 191, 194-200, 208, 228-231, 236, 241
야곱 73, 77
야손 41
여호사밧 124
예후 77
예레미야 43, 60, 62, 68
예루살렘 16, 32, 35-44, 52, 56, 58, 67, 68, 77, 79, 81-89, 93-95, 156-158, 163, 194, 198, 202, 204, 207
이새 78, 84
세례 요한 47, 72, 100, 105, 116, 187-190
요단강 124
요세푸스 56, 221
여호수아 154, 155
요시아 155
유다 마카비 41, 202
유다 38-42, 124, 156, 157, 196
재판관 85, 151, 152, 208
나사로 188, 189
마카비 41, 42, 46, 198, 202, 204, 206, 245
마리아 18, 21, 72, 105, 111, 188
마스테마 136, 138-141, 145
마타디아스 41

메소포타미아 39
미가야 124, 125
미가엘 87, 198, 199
모디인 41
모르드개 44
모세 22, 42, 44, 48, 62, 63, 65, 72, 125, 126, 146, 148, 149, 152-161, 164, 165, 169, 171, 172, 181, 184, 189
나단 79, 80, 81, 83, 104
나사렛 18, 72, 74, 98, 99, 108, 111, 118, 186
느부갓네살 35, 36, 102, 194
노아 62, 133, 135-140
바울 22, 28, 32, 60, 149, 165, 169, 179-185, 214-216, 222
페르시아 35-46, 76, 156, 157, 159
필로 56
플리니우스 56
폼페이우스 42, 93, 204
프톨레마이오스 39
프톨레마이오스 2세 필라델포스 58
길르앗 라못 124
로마 32, 36, 41, 42, 56, 66-68, 81, 93, 94, 208, 212
사무엘 76, 98, 123
사울 왕 76
시몬 베드로 39, 75, 78
시내산 65
솔로몬 왕 93
티투스 42
스가랴 105
시드기야 35
시온 81, 82
제우스 올림피우스 41

고대 문헌 색인

창세기
1
1:1-2:4   210
1:26-27   18
5:21-24   137
5:24   134
6   139
6:1-4   127
6:4 (LXX)   128
6:5-7   130
6:9   137
9:1   138
9:7   138

출애굽기
3:14   189
15   33
19-24   169
24   169

레위기
4   77
11:7-8   175
19:18   265
25   65

민수기
15:37-41   174, 265

신명기
6:4-9   174, 265
6:5   265
11:13-21   174, 265

12-26   151
17   151, 153, 162
17:10-11   152
17:14-20   153
17:18   153
17:19   153
18:15-22   48
28:58   153
29:29   166
31:9   154
31:11-12   153
32   33, 125, 126
32:16-17   126
34   154
34:10   48

여호수아
1:8   162
8:31   154
8:32   155
23:6   155

사사기
5   23

사무엘상
16   78, 84, 98, 123
16:13   76

사무엘하
7   82, 83, 93, 104, 108
7:11-16   80
7:14   210

열왕기
34

열왕기상
 8   77
 19   77
 22   124
 22:19-23 125

열왕기하
 2:11   187
 22-23 155
 22:8-11 155

역대기 상하 44

에스라
 1:1-4   38
 1:2-4   46
 6:1-5   38
 7:6, 10 157
 7:11, 12, 21 157
 10:10, 16 157

느헤미야
 8   44, 158
 8:5-8 158

에스더서 44-46

욥기 161

시편
 1   162, 168
 1:1-2 162
 2   81, 83, 95, 104, 108
 2:1-2 81
 2:6   81
 2:7   210

 2:7-9 82
 6   192, 193, 207
 6:1-2 192
 6:4-5 192
 30:8-10 193
 105   78
 105:15 77
 106:37 126
 119   162, 168
 119:1, 18 162
 146   95-97
 146:7-8 96

잠언
 1:8   267
 6:20   151, 161
 8   163

전도서
 3   45

이사야
 6   273
 9   83
 11   83
 11:1-9 84
 11:2   95
 11:3-5 273
 11:4   95
 11:6-9 95
 26:13-15 194
 26:14 195
 26:19 195
 42:1-4 88
 43:10-11 189
 45:1   76

49:1-6	88	4:1	47
50:4-11	88	4:1-2	47
52:13-53:12	88	4:5-6	187
56-66	43		
58:6	99	**마태복음**	
61	68-101, 108-111	1:22-23	48
61:1-2	97	2:5-6, 15, 17-18	48
		3:1-2	47
예레미야		5-7	169
36	68	5:1-2	170
		5:13-16	274
에스겔서		5:17	170
37	196, 197, 217	5:18	151
37:11	197	5:17-20	170
37:11-14	197	5:20	274
		5:21-48	274
다니엘서		5:48	274
1-6	45, 46	11:2-15	47
2	102	17:12	47
4	102	22:34-40	256
7-12	45, 250, 251	23:23	179
7	45, 86-88		
7:13-14	88	**마가복음**	
7:22	274	1:1	75
7:27	274	1:2-11	275
11:35	200	1:10	120
12	200, 208	1:12-15	274
12:1-3	198	1:14-15	186
		1:16-20	116
미가		1:21-28	116
6:8	173	1:22	117
		1:23, 26, 27	118
학개	43	1:24	118
		1:25	121,122
말라기		1:27	118
3:1	47	1:29-31	117

1:32, 34, 39	118	4:1	99
1:32-34, 39	115	4:14	99
1:34	122	4:14-22	99
1:34, 39	275	7:20-22	101
3:1-6	117	11:15	114
3:6	118,	24:44	155
3:11-12, 22-30	115		
3:15	115	요한복음	
5	118, 119, 120	1	72
5:1-20	115	1:1-18	165
5:9	118	1:41	75
5:11-13	119	4:25	73
5:30	187	4:25-26	73
6:2	187,	6:35	189
6:7, 13	115	6:69	120
6:12-16	275	7:22	152
7:10	152	7:23	155
7:24-30	115	8:12	189
7:29-30	121	10:7, 9	189
8:27-28	187	10:14	189
9:9-13	187	11:21-25	188
9:14-29	115	11:25	189
9:28-29	115	14:6	189
9:38-39	115	15:1, 5	189
12:24-25	221		
15:39	120	사도행전	
		9:1-19	177
누가복음		11:26	25
1	105, 107	26:28	25
1:1-4	27		
1:26-35	105	로마서	
1:32	106	3	181, 183
1:33	106	3:21-22	182
1:35	106	3:29	178
2:22	155	3:31	182
4	98, 99	4	178

9-11   178, 180, 184,
9:1-5   179
9:4-5   276
10:1   180
10:4   183
10:5   152
11   241
11:1   179
11:11   181
11:19-21   241
11:26   185
11:28-31   181
11:33   184

고린도전서
 1:24   165
 9:9   155
 10:11   222
 15   214
 15:17   222
 15:19   222
 15:20   222
 15:35-36   215
 15:42-44   216
 15:52-53   216

에베소서
 5:8   143

갈라디아서
 1:16   169

빌립보서
 3:4-6   176

데살로니가전서

4:17   223
5:5   143

베드로전서
4:16   25

유다서
 6, 14-16   230

요한계시록   33

공동체 규칙서(1QS)
 11:7-9   220

다마스쿠스 문서(CD)
 3:12-16   166

마카비 2서
 6-7   202
 4:7-17   41
 7:7-9   203
 7:11   203
 7:14   203
 7:29   204

메시아 묵시록(4Q385-86, 4Q388, 4Q391)
 2 II, 1-13   91

바벨론 탈무드
샤밧 31a   175

바룩 1서   68

바룩 2서
 49:2-3   212
 50:2-3   213

51:7-12   214
51:8   276
51:9   216

벤 시라   159, 163-165

사해 두루마리   50, 51, 55-58, 63-67, 89, 90-93, 102 108-111, 138, 140, 141, 165, 167, 168, 190, 216, 219, 226, 230, 238, 239

솔로몬의 노래(아가)   45

솔로몬의 시편
3:9-12   205
15:12-13   277
17:21-25, 32   94

시락(벤 시라)
51:23   163
24   164, 165, 168
24:8   164
24:23   164

쉐모네 에스레이(아미다)   223
게부라   223

이사야 두루마리(1QIsaa)   56, 99

아람어 묵시록(4Q246)   102, 103

아리스테아스의 편지   58, 59

위-에스겔(4Q385-86, 4Q388, 4Q391)   217

에스라 4서
7:26, 28-36   210

하나님의 아들 본문(4Q246)
II, 1-9   103

할라카 서신(4QMMT)   167

호다욧(1QHa)
19:6-17   218

현자의 노래(4Q510)
II, 1-9   277

에녹 1서   20, 27, 61, 63, 65, 67, 131, 137, 207, 216

에녹의 서신(에녹 1서 91-108)
104:1-2, 4, 6   201

에녹의 비유서(에녹 1서 36-71)
51:1-3   207

감찰자들의 책(에녹 1서 1-36)
15:6-16:1   133

플라비우스 요세푸스
유대 고대사
18:16   221

희년서
10:1-13   137

코헬렛   44-46

4QInstruction   167

4QBeatitudes (4Q525)
  Ⅱ 3:3-4   168